Gefährliche Güter als Seefracht

Teil I

Gesetzliche Vorschriften für die Seeverfrachtung gefährlicher Güter im Auszuge.

Teil II

Technische Erläuterungen zu den Stoffen des Güterverzeichnisses der Seefrachtordnung unter besonderer Berücksichtigung ihrer Zusammensetzung und gefährlichen Eigenschaften nebst Beispielen aus Seeunfällen. Für Schiffsoffiziere insbesondere Ladungsoffiziere, Verlader und Verfrachter.

Von

Kapitän zur See a. D. Schmaltz
Oberregierungsrat

Neue, durch Nachträge vermehrte Ausgabe

Berlin und Leipzig 1925
Verlag von Walter de Gruyter & Co.

Druck von Walter de Gruyter & Co., Berlin W 10

Vorwort.

Erhöhte Sicherheit der deutschen Seeschiffahrt stärkt unsere Wettbewerbskraft auf dem Weltmarkt. Das Fernhalten aller hindernden Einflüsse liegt im dringenden Interesse einer schnellen Wiedererstarkung der deutschen Seefahrt. Zu den Faktoren, die hier nachteilig wirken, gehören die Seeunfälle mit ihren Folgen für die Seeleute, Schiff und Ladungen und die damit zusammenhängenden Wirtschaftsschädigungen. Soweit höhere Naturgewalten hierbei im Spiele sind, werden sich solche Unfälle nicht ganz verhüten lassen. Nach Ausschaltung dieser bleibt aber immer noch ein erheblicher Teil von Unfällen auf See übrig, der seinen Ursachen nach vermeidbar ist, das ist der Teil, der auf mangelhafter Kenntnis oder Nichtbeachtung von Gesetzesvorschriften beruht, und der Anteil an Seeunfällen, die durch Unvorsichtigkeit oder gar Fahrlässigkeit herbeigeführt werden.

Diese lassen sich durch pflichtbewußte Mitarbeit jeder verantwortlichen Stelle an Bord auf ein kleineres Maß zurückschrauben. An das Wissen und Können der Seeleute werden schon hohe Anforderungen gestellt, und diese werden mit fortschreitender Entwicklung der Seeschiffahrt und ihrer Hilfsmittel immer weiter erhöht, doch läßt sich nicht der ganze Stoff, dessen Kenntnis für Schiffer und Steuerleute erwünscht ist, in die Schulausbildungszeit oder in die staatlichen Prüfungen hineinzwängen. Ein guter Teil an sich wichtiger Wissenszweige muß der eigenen Durcharbeitung durch den Seemann überlassen bleiben.

Hierzu gehören auch bis jetzt die Bestimmungen über die Beförderung gefährlicher Güter über See.

Gerade durch diese Art von Fracht sind vor dem Kriege ungezählte Millionen an Werten verloren gegangen. Eine verhältnismäßig große Zahl verschollener Schiffe muß auf dieses Konto gesetzt werden.

Mit wieder zunehmender Zahl der deutschen Schiffe wird die Menge der zu verfrachtenden Gefahrgüter erheblich steigen, und zwar unserer jetzigen Lage entsprechend in stärkerem Maße als vor dem Kriege.

Ein erhöhter Schutz vor den in derartigen Gütern liegenden Gefahren auf See wird am sichersten durch den Seemann selbst bewirkt, indem er sich mit den gesetzlichen Sicherheitsvorschriften, soweit sie ihn angehen, vertraut macht und ihre Durchführung sicherstellt und überwacht.

Diese Kenntnisse zu vermitteln, ist das vorliegende Büchlein bestimmt. Die Form der gesetzlichen Vorschriften, die für alle beteiligten Stellen vom Fabrikanten bis zum Verfrachter und Verlader bestimmt sind, ist für den Gebrauch des Seemanns nicht handlich und übersichtlich genug.

Der I. Teil soll daher ausschließlich das, was dieser für die Verschiffung wissen muß, um den gesetzlichen Vorschriften zu genügen, in möglichst einfacher, übersichtlicher, daher zum Teil in Tabellenform, die jedem Seemann geläufig ist, bringen.

Der II. Teil geht zunächst näher ein auf wichtige Vorgänge auf Seeschiffen, die häufig den Verlust von Schiff und Ladung herbeiführen, nämlich die Verbrennung und Explosion. Hierzu wird die Besprechung der einfachsten Grundlagen chemischer Vorgänge erforderlich. Diese ist auch für die weitere Erklärung der Zusammensetzung und der Eigenschaften der für die Seebeförderung in Betracht kommenden Gefahrgüter nicht zu umgehen Sie ist aber in solchen Grenzen gehalten, daß der Seemann nicht zu befürchten braucht, allzu viel davon zu erhalten[1]). Hier ist nur das gebracht, was für das Verständnis der gesetzlich zur Seebeförderung zugelassenen Gefahrgüter und für die Vorbeugung und Beseitigung von Gefahren, die durch sie entstehen können, wichtig ist.

Für diejenigen, denen das Wenige noch zu viel ist, ist im übrigen in den Beispielen aus Seeamtssprüchen so viel Material geboten, daß sie sich auch über die Gefährlichkeit einzelner Stoffe und ihre sachgemäße Behandlung daraus allein oberflächlich unterrichten können. Da auch auf dem VIII. Deutschen Seeschiffahrtstage im Jahre 1921 zu Berlin anläßlich der Beratungen über die Ausbildung der Seeleute von einem der Redner das Fehlen einer Ausbildung in der Ladungs- und Warenkunde sowie gewisser Kenntnisse chemischer Vorgänge bemängelt und auf die Wichtigkeit dieser Wissenszweige hingewiesen war, habe ich mich veranlaßt gesehen, meinen lediglich wegen des Krieges zurückgestellten Plan einer einschlägigen Veröffentlichung jetzt durchzuführen, um so mehr, als jetzt auch eine Reihe längst geplanter Änderungen in den Seetransportbestimmungen über gefährliche Güter gesetzliche Geltung erhalten soll.

Diese sind im Teil I bereits berücksichtigt worden. Dem Zweck des Buches entsprechend, allen beteiligten Seeleuten vom Großschiffer bis zum Küstenschiffer ohne Rücksicht auf ihre Vorbildung ein Hilfsmittel für die sichere Beförderung gefährlicher Ladungen über See und für die Sicherung von Schiff und Besatzung zu sein, sind die Ausführungen und die Wahl von Beispielen und Vergleichen möglichst einfach gehalten.

Darüber hinaus wird das Buch und besonders der I. Teil allen am Seetransport gefährlicher Güter beteiligten Kreisen (Exporteuren, Spediteuren und Versicherern usw.) das Eindringen in die gesetzlichen Bestimmungen erleichtern.

Berlin, im Dezember 1921.

Der Verfasser.

---

[1]) Sollte das Interesse daran geweckt werden, was für die Erkennung und Beurteilung von Vorgängen an Bord nur zu begrüßen wäre, so gibt es für das Selbststudium sehr brauchbare und allgemein verständliche kleinere Bücher, z. B. aus der Sammlung Göschen, die ihm alles Nötige sagen.

Inhaltsverzeichnis.

I. Teil.

II. Teil.

I. Teil.

Gesetzliche Vorschriften.

Allgemeines.

Die Seeverfrachtung gefährlicher Gegenstände, mit denen sich bis dahin die Unfallverhütungsvorschriften der Seeberufsgenossenschaft befaßt hatten, wurde vom 1. Juli 1912 ab durch die von allen Küstenländern Deutschlands gleichlautend erlassene „Polizeiverordnung, betreffend die Beförderung gefährlicher Gegenstände mit Kauffahrteischiffen“, zu der als wichtiger Teil 2 Anlagen gehören, geregelt.

Durch die §§ 58, 80 und 83 der verschiedenen Unfallverhütungsvorschriften der Seeberufsgenossenschaft (S. B. G.) sind diese Vorschriften für alle der S. B. G. unterstellten Kauffahrteischiffe als verbindlich eingeführt worden. Ihre Internationalisierung wird angestrebt. Zur Abkürzung sollen im folgenden die Vorschriften mit der jetzt schon im amtlichen Verkehr benutzten Bezeichnung: „Seefrachtordnung“ (S. F. O.) bezeichnet werden, ihre Anlagen als Anlage 1 und Anlage 2. Sie sind veröffentlicht worden für

Preußen im Ministerialblatt der Handels- und Gewerbe-Verwaltung vom 30. März 1912 S. 183,

Hamburg im Amtsblatt der Freien und Hansestadt Hamburg vom 29. Mai 1912 S. 481,

Mecklenburg-Schwerin im Regierungsblatt für das Großherzogtum Mecklenburg-Schwerin vom 2. Mai 1912 S. 203,

Oldenburg im Gesetzblatt für das Großherzogtum Oldenburg 1912. Bekanntmachung vom 18. März 1912 S. 149,

Bremen im Gesetzblatt der Freien und Hansestadt Bremen vom 7. Mai 1912 S. 69,

Lübeck in der Sammlung Lübeckischer Gesetze und Verordnungen vom 17. April 1912.

Änderungen und Ergänzungen der Anlagen sind in denselben Blättern nach Bedarf erschienen. Die letzte größere Abänderung wird mit Wirkung vom 1. April 1922 ab in Kraft treten.

Im nachstehenden ist dasjenige, was der Schiffer oder sein Stellvertreter wissen muß, um die Bestimmungen befolgen zu können, in möglichst einfacher und übersichtlicher Form angegeben. Die Paragraphen der Verordnung sind dabei, wo nötig, in ( ) hinzugefügt.

Von der Anlage 1 ist das Güterverzeichnis vollständig, die Verpackungsbestimmungen nur, soweit sie dem Schiffsoffizier für die Übernahme und Behandlung der Güter an Bord bekannt sein müssen, und die Bestimmungen über Verladescheine, Bescheinigungen usw. und Verladungsbedingungen vollständig, aber umgearbeitet, in besonderen Tabellen aufgenommen worden. In diese Übersichten sind auch Bestimmungen aus der Verordnung selbst sowie aus der Anlage 2, die das Zusammenpacken mehrerer gefährlicher Stoffe in ein Versandstück regelt, eingearbeitet, so daß sich jeder Interessent an Bord aus dem Nachfolgenden in Verbindung mit den Tabellen leicht und schnell über seine Verpflichtungen aus der S. F. O. unterrichten kann. Zur weiteren Erleichterung ist ein alphabetisches Verzeichnis angefügt, aus dem die einzelnen Stoffe unter Hinweis auf die wichtigsten bei ihrer Beförderung zu beachtenden Punkte und ihre Eingruppierung in die Klassen zu ersehen sind.

Die Seefrachtordnung.

(Zusätze des Verfassers, die nicht in der S.F.O. inhaltlich zu finden sind, sind in [ ] gesetzt.)

(§ 1.) Die Verordnung verbietet grundsätzlich die Beförderung aller explosionsgefährlichen und selbstentzündlichen Gegenstände mit Kauffahrteischiffen. Zu ersteren gehören alle explosionsfähigen Stoffe.

[Nur für ganz bestimmte, durch Namen und Eigenschaftsangaben gekennzeichnete Stoffe dieser Art werden bei einer ganz bestimmten Verpackung Ausnahmen zugelassen.]

(§ 2.) Sie erlaubt daher die Beförderung derartiger Stoffe, wenn sie a) im Güterverzeichnis der Anlage 1 unter einer der folgenden Klassen angegeben sind:

I. Explosionsgefährliche Gegenstände[1]:

- Ia) Sprengstoffe;
- b) Munition;
- c) Zündwaren und Feuerwerkskörper;
- d) verdichtete und verflüssigte Gase;
- e) Stoffe, die in Berührung mit Wasser entzündliche oder die Verbrennung unterstützende Gase entwickeln.

II. Selbstentzündliche Stoffe,

und wenn b) die in der S. F. O. und ihren Anlagen gegebenen Verpackungs- und Verladungsbestimmungen innegehalten sind. Bei den Stoffen der Klassen

[1]) Explosionsfähige Stoffe, die nicht Schieß- oder Sprengzwecken dienen, durch Flammenzündung nicht zur Explosion gebracht werden können und gegen Stoß und Schlag nicht empfindlicher sind als Dinitrobenzol, gehören nicht zu den Sprengstoffen im Sinne dieser Vorschrift.

Ia Sprengstoffe,
Ib Munition,
Ic Zündwaren und Feuerwerkskörper

wird auch gefordert, daß sie ihrer Beschaffenheit nach den Anforderungen des Güterverzeichnisses der Anlage 1 entsprechen.

(§ 2.) Gefährliche Stoffe anderer Art sind grundsätzlich bedingungslos zur Seeverfrachtung zugelassen. Nur für die in der Anlage 1 namentlich aufgeführten Stoffe, das sind die in den folgenden Klassen

III. brennbare Flüssigkeiten,

IV. giftige Stoffe,

V. ätzende Stoffe,

VI. sonstige gefährliche Güter, und zwar

VIa) feste, nicht selbstentzündliche, feuergefährliche Stoffe,

b) Massengüter, die der Selbsterhitzung unterliegen,

enthaltenen Stoffe, bestimmt die S. F. O., daß sie ebenfalls nur unter Beachtung der Bestimmung der Verordnung und insbesondere der Verpackungs- und Verladungsvorschriften befördert werden dürfen.

Für die Seeverfrachtung aller dieser Stoffe sind besondere Bestimmungen über Verladescheine erlassen, die aus der Tabelle I „Verladescheine" im allgemeinen und für jeden Einzelfall zu ersehen sind.

(§ 3.) Der Ablader ist durch die Forderung der Abgabe einer eigenen Erklärung auf diesen Verladescheinen dafür verantwortlich gemacht, daß die Verpackung der Stoffe vorschriftsmäßig ist, und daß die Stoffe der Klassen I a, I b und I c ihrer Beschaffenheit nach den Zulassungsbedingungen des Güterverzeichnisses der Anlage 1 entsprechen (s. Tabelle I, Verladescheine △).

Der Ablader hat sich seinerseits auf Bescheinigungen der Auftraggeber hinsichtlich der von ihm geforderten Erklärungen zu stützen, und diese letzteren Bescheinigungen sind bei Sprengstoffen (I a) und Munition (I b) noch besonders durch vereidete Sachverständige oder von der Eisenbahn anerkannte Chemiker zu bestätigen.

Diese Bescheinigungen sind als Unterlagen für die verantwortliche Erklärung des Abladers nicht nötig,

a) wenn Stoffe der Klassen I a, I b und I d aus Beständen der Heeres- oder Marineverwaltung stammen, oder

b) wenn Stoffe der Anlage 1 vor dem beabsichtigten Seetransport schon auf einer dem öffentlichen Verkehr dienenden deutschen Eisenbahn zur Beförderung angenommen waren, falls für diese Stoffe die Bestimmungen der Anlage 1 mit denen der Anlage C zur Eisenbahnverkehrsordnung (E. V. O.) übereinstimmen.

[Zur Erläuterung sei hierzu bemerkt, daß die Bestimmungen der Anlage 1 im allgemeinen mit denen der Anlage C zur E. V. O. übereinstimmen, soweit nicht die besonderen Verhältnisse des Seetransports Abweichungen erforderlich machen. Diese Abweichungen sind in der Anlage 1 der Gesetzesvorschriften durch starken Druck hervorgehoben. In der nachstehenden Zusammenstellung für den Schiffsgebrauch sind sie nicht besonders gekennzeichnet, da ihre Befolgung durch die verantwortliche Erklärung des Abladers sichergestellt sein muß. Waren gefährliche Stoffe der S. F. O. schon auf einer deutschen Eisenbahn befördert, so gilt die Befolgung der Vorschriften im allgemeinen durch die seitens der Eisenbahn erfolgte Kontrolle als sichergestellt, jedoch bestehen hiergegen vereinzelt Bedenken. Eine Abänderung dieser Bestimmung ist nicht unwahrscheinlich.]

(§ 4.) Für Durchfuhrgüter gelten besondere Bestimmungen. Diese finden sich unter v der Tabelle I und unter 40 der Tabelle II. Die Ausnahmebestimmungen für diese Güter können unter besonderen, der Würdigung der zuständigen Schiffahrtsbehörde unterliegenden Umständen auch auf inländische Sendungen angewendet werden.

(§ 5.) Ein Seeschiff gilt als Personenschiff nach dieser Vorschrift, wenn in der Nah-, Küsten- und Kleinen Fahrt mehr als 10, bei weiteren Reisen mehr als 24 Reisende an Bord sind. Die im § 35 und 36 der Vorschrift über Auswandererschiffe vom 14. März 1898 (Reichs-Gesetzbl. Nr. 10) gegebenen Bestimmungen bleiben von dieser Vorschrift unberührt.

[In dem auch deutscherseits angenommenen internationalen Vertrag zum Schutze des Lebens auf See vom 20. Januar 1914 werden unter Passagierschiffen solche verstanden, die 12 und mehr Reisende an Bord haben. Nach späterer gesetzlicher Übernahme der Bestimmungen dieses Vertrages durch Deutschland wird daher auch diese Zahl für die deutschen Personenschiffe voraussichtlich maßgebend werden.]

(§ 6—10.) Die Allgemeinen Verladungsvorschriften siehe unter Tabelle II, Verladungsvorschriften, Vorbemerkung A.

(§ 11.) In Verfolg der Bestimmungen des § 1 Absatz 1 des Reichsgesetzes gegen den verbrecherischen und gemeingefährlichen Gebrauch von Sprengstoffen vom 9. Juni 1884 (Reichs-Gesetzbl. S. 61) fordert die Verordnung vom Führer eines Kauffahrteischiffes, auf welchem sich Sprengstoffe befinden, daß er während des Aufenthalts seines Schiffes im Reichsgebiet den vorgeschriebenen Erlaubnisschein zum Besitze von Sprengstoffen oder dessen beglaubigte Abschrift an Bord hat und auf Verlangen vorzeigt.

[Nach einer reichsgerichtlichen Entscheidung ist „Besitz von Sprengstoffen“ nicht der juristische Besitz, sondern „jedes bewußte tatsächliche Innehaben“.

Der § 1 Absatz 1 des oben erwähnten Reichsgesetzes lautet: Die Herstellung, der Vertrieb und der Besitz von Sprengstoffen sowie die Einführung derselben aus dem Auslande ist unbeschadet der bestehenden sonstigen Beschränkungen nur mit polizeilicher Genehmigung zulässig.

Der § 2 lautet: Die Zentralbehörden der Bundesstaaten erlassen die zur Ausführung der Vorschriften in dem § 1 Abs. 1 und 2 sowie in dem § 15 erforderlichen näheren Anordnungen und bestimmen die Behörden, die über die Gesuche um Gestattung der Herstellung, des Vertriebes, des Besitzes und der Einführung von Sprengstoffen Entscheidung zu treffen haben.

Anmerkung: Zu diesen Ausführungsvorschriften gehört die Anlage C zur Eisenbahnverkehrsordnung und die hier behandelte Seefrachtordnung.

Der § 9 desselben Gesetzes bestimmt:

Wer es unternimmt, ohne polizeiliche Ermächtigung Sprengstoffe herzustellen, vom Ausland einzuführen, feilzuhalten, zu verkaufen oder sonst an andere zu überlassen, oder wer im Besitze derartiger Stoffe betroffen wird, ohne polizeiliche Erlaubnis hierzu nachweisen zu können, ist mit Gefängnis von 3 Monaten bis zu 2 Jahren zu bestrafen.]

(§ 12.) Über Führen der schwarzen Flagge mit weißem P als Warnungszeichen für Sprengstoff- und Munitionsladungen s. Tabelle II, P.

(§ 13.) Die Verordnung bedroht Zuwiderhandlungen gegen diese Vorschriften und gegen die Beförderungsbedingungen mit Geldstrafe bis zu 100 *M*.

[Diese an sich unter den heutigen Verhältnissen kaum nennenswerte Strafe wird voraussichtlich anders festgesetzt werden, sobald die gesetzliche Regelung des internationalen Vertrags zum Schutze des menschlichen Lebens auf See in Deutschland erfolgt.

Im Anschluß an diese Strafandrohung bei Verstößen gegen die Verordnung sei noch darauf hingewiesen, daß der für die Durchführung Verantwortliche gegebenenfalls wegen Verstoßes gegen das Sprengstoffgesetz (s. oben zu § 11) oder gegen das Strafgesetzbuch (z. B. fahrlässige Tötung § 222; fahrlässige Körperverletzung § 230; absichtliche oder fahrlässige Herbeiführung der Strandung oder des Sinkens eines Schiffes § 323, 326) strafrechtlich verfolgt werden kann.

Ferner kann nach den §§ 1201, 1202, 1207 und 1208 der Reichsversicherungsordnung vom 19. Juli 1921 gegen Zuwiderhandelnde wider die Unfallverhütungsvorschriften vom Vorstande der Seeberufsgenossenschaft mit Geldstrafe vorgegangen werden, und schließlich kann eine Handlungsweise, durch die Seeunfälle verschuldet sind, zur Entziehung der Gewerbebefugnis als Schiffer oder Steuermann seitens des Seeamtes führen.]

(§ 14.) Die Bestimmungen der Verordnung und ihrer Anlagen finden in vollem Umfange Anwendung bei Beladung deutscher und ausländischer Kauffahrteischiffe mit gefährlichen Gegenständen im Gebiete jedes einzelnen Küstenlandes des Reichs.

Schiffe, die mit einer gefährlichen Ladung an Bord Häfen des Deutschen Reichs nur zum Aufenthalt oder zum Entlöschen anlaufen, unterliegen nur den allgemeinen Verladungsvorschriften und den Strafbestimmungen (§§ 7—13), jedoch können gefährliche Gegenstände, die nach diesen Vorschriften zur Beförderung nicht zugelassen werden, von der Entlöschung ausgeschlossen werden.

Etwaige weitere polizeiliche oder andere Sicherheitsvorschriften sind außerdem zu beachten.

[Da die Befolgung der genannten Landespolizeiverordnungen durch die Unfallverhütungsvorschriften der Seeberufsgenossenschaft für alle der S. B. G. unterstehenden deutschen Kauffahrteischiffe zur Pflicht gemacht ist, sind sie von diesen auch überall im Auslande bei der Beladung mit gefährlichen Gegenständen zu beachten.

Hiernach dürfen also deutsche Kauffahrteischiffe auch in ausländischen Häfen gefährliche Gegenstände, die diesen Vorschriften nicht entsprechen, nicht verladen.

Es wird noch einer späteren Vereinbarung mit andern Ländern vorbehalten bleiben müssen, gleichartige Bestimmungen dieser als den unsrigen gleichwertig anzuerkennen, falls nicht eine internationale Regelung Platz greift. Dies schließt nicht aus, daß in Häfen fremder Staaten die dortigen Gesetze und Sicherheitsvorschriften befolgt werden müssen.]

Pflichten des Abladers.

(§ 6.) Neben der im (§ 3) erwähnten Pflicht der Abgabe einer verantwortlichen Erklärung über Beschaffenheit (I a, I b, I c) und Verpackung der gefährlichen Stoffe des Güterverzeichnisses Klasse I—VI a hat der Ablader dafür Sorge zu tragen, daß die Verladescheine über gefährliche Gegenstände der Anlage 1 so rechtzeitig dem Verfrachter oder seinem Stellvertreter übergeben werden, daß die Anordnungen für die der Vorschrift entsprechende Verladung auch unter Berücksichtigung etwa schon eingetretener Teilladungen getroffen werden können. Gegebenenfalls ist eine besondere Anmeldung rechtzeitig vorauszuschicken aus der Art, Umfang und Eigenschaft der Sendung sowie die Gattungsziffer nach Anlage 1 zu ersehen ist.

[Durchführung der Vorschriften und Pflichten des Schiffers und seines Stellvertreters.]

Wie bei allen gesetzlichen Bestimmungen, so liegt es auch hier jedem Beteiligten ob, an seiner Stelle für die richtige Durchführung zu sorgen. Im Bereich des Bordbetriebes liegt diese Sorge dem Kapitän (Schiffsführer, Schiffer) ob. Die gesetzlichen Vorschriften, die die Pflichten des Schiffers behandeln, finden sich in der Seemannsordnung und dem Handelsgesetzbuch. Die wichtigsten Paragraphen, die die Behandlung der Ladung betreffen, seien hier unter kurzer Inhaltsangabe angeführt.

Die Seemannsordnung regelt im § 2 die Stellung des Kapitäns, seine Stellvertretung, die Stellung der Schiffsoffiziere und der Schiffsmannschaft, im § 3 das Vorgesetzten- und das dienstliche Verhältnis dieser verschiedenen Personenklassen zueinander, in den §§ 84—89 die Disziplinarvorschriften und das Verbot für die Mannschaft, ohne Erlaubnis Güter an Bord zu bringen.

Im Handelsgesetzbuch sind im 2.—4. Abschnitt Vorschriften für Reeder, Schiffer und Güterfracht enthalten. Von besonderem Interesse sind hier der § 511, der bestimmt, daß der Führer des Schiffes (Kapitän, Schiffer) verpflichtet ist, bei allen Dienstvorrichtungen, namentlich bei Erfüllung der von ihm auszuführenden Verträge die Sorgfalt eines ordentlichen Schiffers anzuwenden. Er haftet für jeden durch sein Verschulden entstehenden Schaden, insbesondere für den Schaden, der aus der Verletzung der in diesem oder den folgenden Abschnitten ihm auferlegten Pflichten entsteht.

Anm. Er haftet danach auch für das Verschulden der von ihm zur Erfüllung seiner Verpflichtungen angestellten Schiffsmannschaft nach B. G. B § 831. Hierdurch wird aber die Haftung der Schiffsangestellten nicht ausgeschlossen.

§ 512. Diese Haftung besteht gegenüber Reeder, Befrachter, Ablader, Ladungsempfänger, Reisende, Besatzung und Schiffsgläubiger. Der Schiffer wird dadurch, daß er auf Anordnung des Reeders gehandelt hat, den übrigen genannten Personen gegenüber von der Haftung nicht befreit.

§ 513. Der Schiffer hat vor Antritt der Reise dafür zu sorgen, daß das Schiff seetüchtig, gehörig eingerichtet, ausgerüstet, bemannt usw. ist, und daß die zum Ausweis für Schiff, Besatzung und Ladung erforderlichen Papiere an Bord sind.

Anm. Das Schiff muß auch im Innern so beschaffen sein, daß keine Beschädigung der Ladung zu befürchten ist.

§ 514. Der Schiffer hat für Tüchtigkeit der Gerätschaften zum Laden und Löschen sowie für gehörige Stauung nach Seemannsbrauch, auch wenn die Stauung durch besondere Stauer bewirkt wird, zu sorgen.

Er hat dafür zu sorgen, daß das Schiff nicht überladen, mit nötigem Ballast und der erforderlichen Garnierung versehen wird.

Anm. Die Überwachungspflicht liegt ihm ob, eine Vernachlässigung dieser begründet seine Haftpflicht.

§ 515. Wenn der Schiffer die im Auslande geltenden Vorschriften, insbesondere Polizei-, Steuer- und Zollgesetze nicht beobachtet, hat er den daraus entstehenden Schaden zu ersetzen.

§ 517. Vom Beginn des Ladens bis zur Beendigung des Löschens darf der Schiffer das Schiff gleichzeitig mit dem Steuermann nur in dringenden Fällen verlassen. Er hat in solchen Fällen zuvor aus den Schiffsoffizieren oder der übrigen Mannschaft einen geeigneten Vertreter zu bestellen.

Dasselbe gilt auch vor Beginn des Ladens und nach Beendigung des Löschens in einem nicht sicheren Hafen oder Reede. Bei drohender Gefahr oder in See muß der Schiffer an Bord sein.

§§ 519, 520, 521. Bestimmungen über Tagebuchführung.

§ 559. Bei jeder Art von Frachtvertrag hat der Verfrachter das Schiff im seetüchtigen Stand zu liefern. Er haftet dem Befrachter für den Schaden, der aus dem mangelhaften Zustand des Schiffes entsteht, es sei denn, daß der Mangel bei Anwendung der Sorgfalt eines ordentlichen Verfrachters nicht zu entdecken war.

§ 563. Der Befrachter oder Ablader, der die verladenen Güter unrichtig bezeichnet usw. oder der bei Abladung die gesetzlichen Vorschriften übertritt, wird, falls ihm ein Verschulden zur Last fällt, für den durch sein Verschulden veranlaßten Aufenthalt und jeden andern Schaden verantwortlich.

Dadurch, daß er mit Zustimmung des Schiffers gehandelt hat, wird seine Verantwortlichkeit nicht ausgeschlossen usw.

Gefährden die Güter das Schiff oder die übrige Ladung, so ist der Schiffer befugt, die Güter an Land zu setzen oder in dringenden Fällen über Bord zu werfen.

§ 564. Auch derjenige, der ohne Wissen des Schiffers Güter an Bord bringt, ist zum Ersatz des daraus entstehenden Schadens verpflichtet. Der Schiffer kann die Güter an Land setzen oder sie bei Gefährdung des Schiffes oder der Ladung über Bord werfen.

§ 566. Ohne Zustimmung des Abladers dürfen dessen Güter weder an Deck verladen noch an die Seite des Schiffs gehängt werden.

Für Küstenschiffahrt können bezüglich der Verladung an Deck Ausnahmen bestimmt werden.

§ 606. Der Verfrachter haftet für den Schaden, der durch Verlust oder Beschädigung der Güter in der Zeit von der Annahme bis zur Ablieferung entsteht, es sei denn, daß der Verlust oder die Beschädigung auf Umständen beruht, die durch die Sorgfalt eines ordentlichen Verfrachtens nicht abgewendet werden konnten usw.

§ 652. Der Verfrachter ist für die Richtigkeit der im Konnossement enthaltenen Bezeichnung der übernommenen Güter dem Empfänger verantwortlich usw.

§ 653. Diese Haftung tritt auch ein, wenn die Güter dem Schiffer in Verpackung oder in geschlossenen Gefäßen übergeben sind. Ist dies aus dem Konnossement ersichtlich, so ist der Verfrachter für die Richtigkeit der Bezeichnung dem Empfänger nicht verantwortlich, wenn ungeachtet der Sorgfalt eines ordentlichen Schiffers die Unrichtigkeit der im Konnossement enthaltenen Bezeichnung nicht wahrgenommen werden konnte usw.

§ 654. Das Konnossement kann den Zusatz erhalten „Inhalt unbekannt". Dieser Zusatz entlastet den Verfrachter bei Nichtübereinstimmung des abgelieferten Inhalts mit dem im Konnossement angegebenen in gewisser Weise.

§ 657. Der Verfrachter haftet nicht für Bruch, Leckage und Beschädigung, wenn das Konnossement mit dem Zusatz „frei von Bruch, oder frei von Leckage" oder „frei von Beschädigung" versehen ist. Es sei denn, daß den Schiffer oder eine Person, für die der Verfrachter verantwortlich ist, ein Verschulden trifft.

§ 658. Werden dem Schiffer Güter übergeben, deren Beschädigung, schlechte Beschaffenheit oder schlechte Verpackung sichtbar ist, so hat er diese Mängel im Konnossement zu bemerken, widrigenfalls er dem Empfänger dafür verantwortlich ist, auch wenn das Konossement mit einem der im § 657 erwähnten Zusätze versehen ist.

Abgesehen von den sonst allgemein üblichen, für die Verladung von Gütern an Bord zu treffenden Maßnahmen oder der seitens der Reedereien gegebenen diesbezüglichen Anweisungen hat der Kapitän unter Beobachtung der Sorgfalt eines ordentlichen Schiffers nicht nur die wörtliche, sondern auch die singemäße Durchführung dieser Vorschriften sicherzustellen. Hierzu muß er und das beteiligte Schiffspersonal die in den nachfolgenden Tabellen gegebenen Versandbedingungen, die denen der S. F. O. entsprechen, für die zu versendenden Stoffe kennen und richtig ausführen lassen. Über die Gefahren bei falscher oder mangelhafter Befolgung der Bestimmungen, über Eigenart und Gefahrquellen aus diesen Stoffen sowie über die Mittel zur Vermeidung dieser Gefahren kann er sich im zweiten Teil dieser Zusammenstellung unterrichten.

Zunächst geben ihm die Verladescheine Aufschluß darüber, welche Stoffe versandt werden sollen und zu welcher Klasse sie gehören. Aus der nachfolgenden Tabelle I über Verladescheine erhält er einen allgemeinen Überblick über ihre Eigenschaften sowie darüber, welche Bescheinigungen für sie erforderlich werden und unter welchen Verhältnissen eine besondere Behandlung der verfrachteten Stücke einzutreten hat. Hiernach kann er sich für die zu verladenden Güter aus der Tabelle II über die Verladungsvorschriften für ganze Klassen sowie für bestimmte Gruppen oder Einzelstoffe unterrichten und danach seine Vorbereitungen treffen lassen. Das Güterverzeichnis gibt ihm das, was er von der äußeren Verpackung und Bezeichnung der Versandstücke wissen muß und sonstige Sondervorschriften, deren Kenntnis für ihn unter gewissen Umständen von Wert sein kann.

Bei der Verladung gefährlicher Güter an Bord kommt es ganz besonders darauf an, daß der Stoff als gefährlich deutlich gekennzeichnet ist, daher muß die vorgeschriebene Bezeichnung deutlich und einwandfrei lesbar sein, ferner daß die äußere Verpackung wirklich der Vorschrift entspricht in Bezug auf Art, Festigkeit, Verschluß, Undurchlässigkeit, Gewicht und ähnliche Anforderungen, sowie, daß auffällige Abweichungen von der inneren Verpackung bei der Übernahme nicht vorliegen, z. B., daß Versandstücke mit Flüssigkeiten nicht lecken, fest gepackte Gegenstände in den Kisten nicht beweglich sind, klappern oder schlottern. Solche bei gewöhnlichen Gütern manchmal als unbedenklich anzusehenden Vorkommnisse können bei den gefährlichen Gütern zu falscher Verstauung (bei unleserlicher Inhaltsangabe) oder zu schwerwiegenden Unfällen wie Bränden und Explosionen führen, die die Schiffsmannschaft und Ladung auf das ernsteste gefährden.

Ein besonderes Gewicht ist auch auf die sorgsame Übernahme der einzelnen Stücke und auf den vorsichtigen Transport im Schiff zu legen. Harte Stöße, Fall oder unzulässige Belastung sind gefährlich, bei einzelnen Stoffen schon Rollen der Gefäße oder starkes Schütteln. Diesbezügliche Vorschriften sind unter Allgemeine Verladebedingungen A und bei einzelnen Gruppen der Verladetabelle II aufgeführt.

Es ist Bedacht darauf zu nehmen, daß auch im Laderaum während der Reise die zu vermeidenden Umstände nicht eintreten und daß vielfach sehr schwere Unfälle durch das harte Arbeiten des Schiffes im hohen Seegang und dadurch hervorgerufene Beschädigung des Packmaterials eingetreten sind. Gerade die tage- und wochenlang andauernden Schlingerbewegungen eines Schiffes mit wechselndem Druck auf die Ladung können schon bei der sonst üblichen Sorgfalt der Stauer beim Verladen Lockerung der Ladung und Beschädigung der Packgefäße herbeiführen. Es sei in dieser Hinsicht auf die im zweiten Teil angeführten seeamtlichen Feststellungen aus Anlaß von Seeunfällen hingewiesen. Der Schiffer wird sich über die zu versendenden Güter rechtzeitig und möglichst eingehend unterrichten und sich selbst darüber klar werden müssen, welche Maßnahmen am zweckmäßigsten sind zur Vermeidung von Unfällen oder zur Bekämpfung entstandener Gefahren.

Der richtigen Art der Beleuchtung in den Arbeitrsäumen ist ganz besondere Sorgfalt zu widmen. Der kleinste Verstoß gegen die Vorschriften kann schwere Explosionen hervorrufen und Millionenwerte vernichten. Ganz besonders streng ist darüber zu wachen, daß an verbotenen Plätzen keine Streichhölzer oder Feuerzeuge usw. gebraucht werden, nicht geraucht und überhaupt jede Funkenbildung ausgeschlossen wird.

Dies wird besonders bei ausländischem Arbeitspersonal auf das strengste zu kontrollieren und durchzuführen sein. (Vgl. die Seeamtsprüche im zweiten Teil über Ladungsbrände.)

Eine Gefahr, deren Ursache rechtzeitig erkannt wird, läßt sich bei energischem Angriff mit zweckmäßigen Mitteln unter Umständen schnell beseitigen, ehe großer Schaden angerichtet ist.

Der zweite Teil dieser Abhandlung ist zu dem Zwecke geschrieben, dem Schiffsoffizier das Wesen der Stoffe der Anlage 1 näher zu vermitteln und ihn dazu anzuregen, sich über die Ursache von Seeunfällen selbst klar zu werden und event. diesen Ursachen sachgemäß entgegenzuarbeiten.

Der Seemann kann sich auf See, wo er auf eigene Kenntnisse und Mittel angewiesen ist, nicht den Rat von Sachverständigen einholen. Er muß handeln, und zwar schnell und zweckentsprechend handeln, um das Übel nicht noch zu vergrößern. Hierzu muß er sich die nötigen grundlegenden Kenntnisse vorher verschaffen, wenn er seinen Pflichten als ordentlicher Schiffer gerecht werden und Schiff und Ladung sicher in den Bestimmungshafen bringen will.

Güterverzeichnis [1]).

Einteilung.

I. Explosionsgefährliche Gegenstände.
- I a. Sprengstoffe.
  - A. Sprengmittel.
  - B. Schießmittel.
  - C. Andere explosionsgefährliche Stoffe.
- I b. Munition.
- I c. Zündwaren und Feuerwerkskörper.
- I d. Verdichtete und verflüssigte Gase.
- I e. Stoffe, die in Berührung mit Wasser entzündliche oder die Verbrennung unterstützende Gase entwickeln.

II. Selbstentzündliche Stoffe.

III. Brennbare Flüssigkeiten.

IV. Giftige Stoffe.

V. Ätzende Stoffe.

VI. Sonstige gefährliche Güter.
- VI a. Feste, nicht selbstentzündliche feuergefährliche Stoffe.
- VI b. Massengüter, die der Selbsterhitzung unterliegen.

---

[1]) Das Güterverzeichnis entspricht dem in der Anlage 1 zur Seefrachtordnung nach dem Stande vom 1. Januar 1922 gegebenen.

Die Verpackungsbestimmungen der Anlage 1 sind hier nur im Auszuge soweit aufgenommen, als sie dem Schiffsoffizier bekannt sein müssen. Hinzugefügt sind Zulassungsbedingungen und andere Erläuterungen, deren Kenntnis für die Behandlung der Stoffe an Bord von Wert sein kann.

Die Anlage 2 der Seefrachtordnung ist ebenfalls nur im Auszuge gegeben und zum Teil in das Güterverzeichnis eingearbeitet. Die wesentlicheren neuen Vorschriften, die erst vom 1. April 1922 ab in Wirkung treten, sind durch das vorgesetzte Zeichen ■ gekennzeichnet.

I. Explosionsgefährliche Gegenstände.

Ia. Sprengstoffe.

A. Sprengmittel.

Klasse Gruppe Ziffer	Zur Beförderung mit Seeschiffen sind bedingungsweise zugelassen	Verpackungsart		Höchstgewicht eines Stückes	Deutliche Aufschrift auf einzelnem Stück	Zulassungsbedingungen
		außen	innen			
IaA1a	Ammoniaksalpetersprengstoffe[1]), sofern sie in allgemeinen Eigenschaften und Zusammensetzung der Anlage C. zur Eisenbahnverkehrsordnung (E. V. O.) unter a der 1. Gruppe der Sprengmittel entsprechen und die dort angegebenen Namen[2]) tragen z. B. Ammon-cahücit, Astralit, Gelatine-Gesteins-Kohlen-Westfalit usw.	Starke, dichte, sicher verschlossene Holzbehälter. **Fest verpackt.**	Patroniert in luftdicht verschlossenen Blechbüchsen. Paraffin oder Zeresin getränkte Patronen auch in Papierpaketen. Ungetränkte Patronen bis 2,5 kg auch in paraffingetränkten Papierpaketen.	50 kg (Inhalt)	Ammoniaksalpetersprengstoff[1]) (Name) 1. Gruppe **Explosiv**	Zu 1a. Die Stoffe dürfen, 48 Stunden lang bei 75° C. gelagert, keine Stickoxyde abspalten, auch vor und nach der Lagerung bei Stoß, Reibung oder Entzündung nicht gefährlicher sein als Donarit von der Zusammensetzung: 80% Ammoniaksalpeter[1]), 12% Trinitrotoluol, 4% Roggenmehl, 4% Nitroglyzerin.
IaA1b	Organische Nitrokörper von der in der Anlage C zur E. V. O. unter 1b der Sprengmittel bezeichneten Art und Namen[1]).	Starke, dichte, sicher verschlossene Holzbehälter. **Fest verpackt.**			Zu α u. β. Nitrokörper 1. Gruppe **Explosiv**	
	α) In Wasser unlösliche, keine explosiven Salze bildend, z. B. Trinitrotoluol, Trinitroanisol, Trinitrobenzol u. dgl. β) In Wasser lösliche, z. B. Pikrinsäure, auch mit Wasser oder mit Wasser und Melasse zusammen bis 5%, Trinitrokresol, Trinitronaphthol. Die Stoffe zu α und β auch im Gemenge miteinander.	Sogenannte amerikanische Pappefässer sind statt der Holzbehälter zulässig. Für flüssiges Trinitrotoluol auch eiserne Behälter mit völlig dichtem Verschluß, der im Falle eines Brandes dem Druck der sich im Behälter entwickeln den Gase nachgibt.			Außerdem zu β. In Wasser löslich	

[1]) Auch als Ammonsalpetersprengstoff bezeichnet.

[2]) Die Anführung aller Namen der zugelassenen Stoffe ist hier wegen des öfteren Wechsels der Bezeichnung unterblieben. Der Ablader haftet durch seine Bescheinigung im Verladeschein für die Zulässigkeit der Beförderung der aufgeführten Stoffe.

Klasse Gruppe Ziffer	Zur Beförderung mit Seeschiffen sind bedingungsweise zugelassen	Verpackungsart außen	Verpackungsart innen	Höchstgewicht eines Stückes	Deutliche Aufschrift auf einzelnem Stück	Zulassungsbedingungen
Ia A1 c	Nitrozellulose, und zwar α) Schießbaumwolle in Flockenform und Kollodiumwolle, auch ungepreßt, mit mindestens 25% Wasser- oder Alkoholgehalt (75 Teile Trockenstoff, 25 Teile Flüssigkeit).	Wie zu Ia A 1b. Holzbehälter, amerikanische Pappefässer oder innen verzinkte (verbleite) Eisenfässer, letztere mit Verschluß, der innerem Druck nach gibt, wie zu Ia A 1b. Wasser- u. alkoholdicht, **fest verpackt.**			Zu α u. β. Nasse Nitrozellulose 1. Gruppe **Explosiv**	Nitrozellulose mit 50 oder mehr Prozent Wassergehalt in Gummibeuteln kann unbeschränkt befördert werden, desgl. Nitrozellulose mit 50 oder mehr Prozent Alkoholgehalt, dessen Bestand durch die Verpackung sichergestelltist. Letztere ist nach Klasse III Ziffer 9 zu behandeln.
	β) Schießbaumwolle und Kollodiumwolle gepreßt mit mindestens 15% Wassergehalt.	Wie zu α.			Wie zu α	
IaA1d	Schwarzpulverähnliche handhabungssichere Sprengstoffe, die nach Eigenschaften, Zusammensetzung und Bezeichnung [1]) der Anlage C zur E. V. O. unter 1 d der Sprengmittel entsprechen, z. B. Präposit, Sprengsalpeter usw.	Wie zu Ia A 1a. **Fest verpackt.**	Patroniert oder in Blechbüchsen, Präposit auch in Hüllen aus Pergamentpapier.		Schwarzpulverähnliche, handhabungssichere Sprengstoffe (Name) 1. Gruppe **Explosiv**	Diese Stoffe dürfen bei Stoß, Reibung oder Entzündung nicht gefährlicher sein als Sprengsalpeter von der Zusammensetzung: 75% Natronsalpeter, 10% Schwefel und 15% Braunkohle.
IaA2a	Organische Nitrokörper, nasse, von der in Anlage C zur E. V. O. unter 2a, α und β, der Sprengmittel bezeichneten Art.	Haltbare Holzbehälter mit Zinkblecheinsatz und Gummidichtung des Deckels. **Fest verpackt.**	Bei in Wasser löslichen (Ia A 2β) Stoffen muß der Einsatz aus einem Stoff bestehen, der mit den Nitrokörpern keine Verbindung eingeht, z. B. Ton	25 kg (Inhalt)	Nasse Nitrokörper 2. Gruppe **Explosiv**	Diese Stoffe dürfen in trocknem Zustande bei Stoß, Reibung oder Entzündung nicht gefährlicher sein als Tetranitromethylanilin und müssen 48 Stunden bei 75° C. gelagert beständig sein.

[1]) Siehe Anmerkung 2) zu Ia A 1 a.

Klasse Gruppe Ziffer	Zur Beförderung mit Seeschiffen sind bedingungsweise zugelassen	Verpackungsart		Höchstgewicht eines Stückes	Deutliche Aufschrift auf einzelnem Stück	Zulassungsbedingungen
		außen	innen			
IaA2b	Chlorat und Perchloratsprengstoffe (Eigenschaften, Zusammensetzung, Name [1]), vgl. E.V.O. Anlage C, Gruppe 2b der Sprengmittel.	Starke, dichte, sicher verschlossene Holzbehälter. **Fest verpackt.**	Patroniert in Paraffin usw. getränkten Papierpaketen vereint	25 kg (Inhalt)	Chloratsprengstoff (Name) oder Perchloratsprengstoff (Name) 2. Gruppe **Explosiv**	Diese Stoffe dürfen nicht gefährlicher sein als Cheddit von der Zusammensetzung: 75% Kaliumchlorat, 1% Nitronaphthalin, 15% Dinitrotoluol, 5% Rizinusöl.
IaA2c	Nitrierte Chlorhydrine.	Jedes Metallgefäß einzeln in starkem Holzbehälter mit Sägemehl **fest eingesetzt.**	Starke, dicht verschlossene Metallgefäße nur zu 9/10 gefüllt	25 kg Inhalt	Nitriertes Chlorhydrin 2. Gruppe **Explosiv**	
IaA2d	Triplastit.	Starke, dichte, sicher verschlossene Holzbehälter, auch amerikanische Pappefässer.		25 kg Inhalt	Sprengstoff Triplastit 2. Gruppe **Explosiv**	Gemenge von: Trinitrotoluol 50—60%, flüssigem Dinitrotoluol 10—14% und Schieß- oder Kollodiumwolle 0,4—2%, Bleinitrat 2 bis 40%.
IaA3a	Organische Nitrokörper und Gemenge von solchen, vgl. Anlage C zur E.V.O. Gruppe 3a, α und β, der Sprengmittel.	Wie Ia A 1b.			Nitrokörper 3. Gruppe **Explosiv**	Vgl. Ia A 2a Vergleichsstoff Tetramethylanilin.
IaA3b	Nitrozellulose, und zwar α) Schießbaumwolle und Kollodiumwolle ungepreßt mit mindestens 15% Wassergehalt.	Zu α) Haltbare Holzbehälter, ohne eiserne Reifen, Bänder oder Nägel. **Fest verpackt,** so daß Reibung des Inhalts vermieden wird, auch amerikanische Pappefässer zulässig.			Zu α u. β. Nitrozellulose 3. Gruppe **Explosiv**	
	β) Gemahlene Schießbaumwolle, auch mit Zusatz von 30—50% Kali- oder Barytsalpeter in Patronenform gepreßt mit Paraffinüberzug.	Zu β) Holzbehälter wie zu α.	In Papierpaketen vereint			

[1]) Siehe Anmerkung 2) zu Ia A 1a.

Klasse Gruppe Ziffer	Zur Beförderung mit Seeschiffen sind bedingungsweise zugelassen	Verpackungsart		Höchstgewicht eines Stückes	Deutliche Aufschrift auf einzelnem Stück	Zulassungsbedingungen
		außen	innen			
I a A3c	Chlorat und Perchloratsprengstoffe, vgl. Anlage C zu E.V.O. 3c der Sprengmittel hinsichtlich Art, Zusammensetzung und Namen [1]), z. B. Alkalsite, Orkanit, Cheddit usw.	Wie I a A 2b.		25 kg (Inhalt)	Chloratsprengstoff (Name) oder Perchloratsprengstoff (Name) 3. Gruppe **Explosiv**	Vergleichsstoff: Silesia I von Zusammensetzung 85% Kaliumchlorat, 15% Kolophonium.
I a A3d	Schwarzpulver und schwarzpulverähnliche Gemenge. Art vgl. Anlage C zur E.V.O. Gruppe 3d der Sprengmittel.	Haltbare, dichte, sicher verschlossene Holzbehälter, auch amerikanische Pappefässer. Behälter müssen ohne eiserne Nägel, Schrauben, Bänder, Reifen u. dgl. sein. Packgefäße aus Metall außer Eisen auch zulässig. Deckel muß innerem Druck bei Brand nachgeben.	Loses Kornpulver in dichte, haltbare Säcke, Mehlpulver in Lederbeutel. Kornpulver in dichten Fässern bis 10 kg braucht nicht in Säcken zu sein.	90 kg 10 kg	Sprengpulver 3. Gruppe **Explosiv**	Vergleichsstoff: staubfein gemahlenes Jagdpulver von Zusammensetzung 75% Kalisalpeter, 10% Schwefel, 15% Faulbaumkohle.
I a A3e	Dynamite und dynamitähnliche Sprengstoffe, vgl. Anlage C zur E.V.O. Gruppe 3e der Sprengmittel, z. B. Gelatinedynamit, Gurdynamit, Nobelit usw.	Starke, dichte, sicher verschlossene Holzbehälter. **Wasserdicht. Fest verpackt.**	Patroniert zu wasserdichten Paketen vereint	35 kg	Dynamitpatronen usw. 3. Gruppe **Explosiv** und Angabe des Ursprungsorts (Fabrikmarke)	Müssen stammen aus einer zur Herstellung berechtigten deutschen Fabrik oder aus einer zum Versand auf deutschen Bahnen ermächtigten ausländischen Fabrik. Dürfen nicht gefährlicher als Sprenggelatine oder Gurdynamit sein.
I a A3f	Nicht handhabungssichere Ammoniaksalpetersprengstoffe. Art und Name [1]) s. Anlage C zur E.V.O. Gruppe 3f. der Sprengmittel.	Wie 3e.	Wie 3e	35 kg	Wie 3e	Wie 3e

[1]) Siehe Anmerkung 2) zu I a A 1 a.

Klasse Gruppe Ziffer	Zur Beförderung mit Seeschiffen sind bedingungsweise zugelassen	Verpackungsart außen	Verpackungsart innen	Höchstgewicht eines Stückes	Deutliche Aufschrift auf einzelnem Stück	Zulassungsbedingungen
Ia A3g	Proben anderer neuer Sprengstoffe bei Versand zur Untersuchung an amtliche Prüfstellen im In- und Ausland.	Wie 3e. (Stoffe, die nicht gefährlicher sind als Donarit (Ia A 1a), können bis 5 kg wie die Stoffe unter Ia A **1a** verpackt und gezeichnet werden)	Wie 3e	Bis 15 kg	Sprengstoffproben 3.Gruppe **Explosiv**	Dürfen nicht gefährlicher als Gurdynamit oder Sprenggelatine sein.

Ia B. Schießmittel.

Ia B1	Rauchschwache, gelatinierte Nitrozellulosepulver und nitroglyzerinhaltige Nitrozellulosepulver.	Haltbare, dichte Holzbehälter, die nicht streuen, ohne eiserne Nägel, Schrauben, Bänder usw., auch amerikanische Pappefässer. Eiserne Metallgefäße verboten. **Fest verpackt.**			Rauchschwaches Pulver 1.Gruppe **Explosiv**	1. Die verwendete Nitrozellulose und das Nitroglyzerin müssen von bester Beschaffenheit, Nitroglyzerin völlig säurefrei sein und bestimmten Bedingungen entsprechen in bezug auf Abspaltung von Stickoxyd bei Erhitzung auf 132°. Die Verpuffungstemperatur muß über 180° C. liegen. In einem Behälter dürfen weder verschiedenartige Schießmittel noch Schießmittel mit anderen explosionsfähigen Stoffen **zusammengepackt** sein.
2	Rauchschwache gelatinierte Nitrozellulosepulver und nitroglyzerinhaltige Nitrozellulosepulver, die den Anforderungen der Gruppe 1 nicht entsprechen.	Wie 1. Prismatische Pulver in starke, dichte, sicher verschlossene Holzbehälter ohne Eisenteile. **Fest verpackt.**	Loses Kornpulver in Säcken Ohne Säcke bis	90 kg (Behälter mit Inhalt) 10 kg (Inhalt)	Schießpulver 2.Gruppe **Explosiv**	
	Rauchschwache, nicht gelatinierte Nitrozellulosepulver. Schwarzpulver und ähnliche Pulver für Schießzwecke, gut durchgelatinierte Pulverfäden u. Fabrikate daraus.	Bei Mengen bis höchstens 200 kg Ausnahmen der Innenverpackung zulässig, Außenpackung starke, feste Holzbehälter. **Fest verpackt.** Mit Plombenverschluß oder Siegel auf zwei Schraubköpfen oder über Deckel und Wände geklebten, die Schutzmarke enthaltenden Zeichen verschlossen.			Genauer Inhalt u. **Explosiv**	

Ia C. Andere explosionsfähige Stoffe.

Ia C.	Explosionsfähige, nicht selbst entzündliche chemische Produkte, die nicht unter A und B aufgeführt sind. Mechanische Gemenge explosiver Natur rechnen nicht hierzu.	Haltbare, dichte, sicher verschlossene Behälter, die Verstreuen, Verstauben und Auslaufen verhindern.			Explosionsfähige, nicht selbstentzündliche chemische Produkte	Stoffe dürfen in trockenem Zustande bei Prüfung auf Schlagempfindlichkeit und Feuergefährlichkeit nicht gefährlicher sein als gepulverte, reine Pikrinsäure.

Klasse Gruppe Ziffer	Zur Beförderung mit Seeschiffen sind bedingungsweise zugelassen	Verpackungsart außen	Verpackungsart innen	Höchstgewicht eines Stückes	Deutliche Aufschrift auf einzelnem Stück	Zulassungsbedingungen
		Ausnahmen von den Verpackungsvorschriften: Bei Sendungen von Stoffen dieser Klasse, die nachweislich von der Heeres- oder Marineverwaltung ausgehen, oder von diesen Verwaltungen abgenommen sind, sind die dort gebräuchlichen Packungen zuzulassen.				

Ib. Munition.

Ausnahmen s. am Schluß d. Klasse.

Klasse Gruppe Ziffer	Zur Beförderung mit Seeschiffen sind bedingungsweise zugelassen	Verpackungsart außen	Verpackungsart innen	Höchstgewicht eines Stückes	Deutliche Aufschrift auf einzelnem Stück	Zulassungsbedingungen
Ib 1	**Leucht- und Signalmittel.**					
	Raketen und geladene Raketenhülsen für Krieg und Rettungswesen. s. auch Ib 8, Ic, 3a und 4.	Holzkisten von mindestens 18 mm Wandstärke mit verzinkten Wänden. Böden und Deckel mit Messingschrauben oder verzinkten Eisenschrauben gut befestigt. **Fest verpackt.**	Mit zähem Papier vollständig ausgelegt	100 kg (Behälter mit Inhalt)	Leuchtmittel oder Signalmittel, Ib **Munition**	Treibsatz muß von so stark verdichtetem Kornpulver sein, daß er bei Abbrennen nicht mehr explodiert.
Ib 2	**Zündschnüre ohne Zünder.**					
	a) Schnellzündschnüre. b) Momentzündschnüre.	Haltbare, dichte, sicher verschlossene Holzbehälter, Kisten oder Tonnen, die nicht streuen oder stauben, auch amerikanische Pappefässer. Eiserne Reifen, Bänder, Nägel usw. verboten. **Fest verpackt.**		Zündschnur 60 kg, mit Behälter 90 kg	Zündschnüre Ib **Munition**	Zu a. Zündschnüre aus dickem Schlauch mit Schwarzpulverseele von großem Querschnitt oder mit Seele aus nitrierten Baumwollfäden. Zu b. Dünnwandige Metallröhren von geringem Querschnitt mit Seele aus Sprengstoffen nicht gefährlicher als reine Pikrinsäure oder gesponnene Schnur von geringem Querschnitt mit einer Seele aus abgestumpftem Knallsatz von nicht größerer Gefährlichkeit als Schwarzpulver.

Klasse Gruppe Ziffer	Zur Beförderung mit Seeschiffen sind bedingungsweise zugelassen	Verpackungsart Ausnahmen s. am Schluß d. Klasse außen	innen	Höchstgewicht eines Stückes	Deutliche Aufschrift auf einzelnem Stück	Zulassungsbedingungen
Ib 3	**Nichtsprengkräftige Zündungen.**					
	a) Zündhütchen, Zündspiegel, Munitionszündspiegel. b) Leere Patronenhülsen mit Zündvorrichtung. c) Brandeln, Schlagröhren, Zündschrauben, elektrische Zünder ohne sprengkräftige Zündung, Sicherheitszündschnuranzünder, Schlagzündschrauben oder ähnliche Zündungen mit kleiner Zündladung. d) Geschoßzünder ohne Sprengkapseln usw., Zündmittel zu Geschoßzündern. e) Platzpatronen.	Starke, dichte, sicher verschlossene Holzkisten; bei Zündhütchen unter a) auch Holzfässer, bei leeren Patronenhülsen unter b) auch Säcke, bei elektrischen Zündern ohne sprengkräftige Zündung unter c) auch hölzerne Tonnen oder amerikanische Pappefässer. **Fest verpackt.**	In Blechbehältern, steifen Pappschachteln oder Holzkisten nach besonderer Vorschrift.	Behälter mit Zündhütchen unter a) 200 kg mit Zündungen unter c) d) 150 kg	Nicht sprengkräftige Zündungen Ib **Munition**	Zündungen, die weder durch Sprengkapseln noch infolge sonstiger Einrichtungen eine brisante Wirkung äußern. Zu a) Metallhütchen mit festsitzendem Zündsatz. Zu b) Pappnäpfchen mit festsitzendem Zündsatz (höchstens 40 mg).
Ib 4	**Sprengkräftige Zündungen.**					
	a) Sprengkapseln (Sprengzündhütchen).	Starke (25 mm Wandstärke), dichte mit Messingschrauben sicher verschlossene hölzerne Überkisten. **Fest verpackt** und besonders verschlossen durch Plombenverschluß oder Siegel auf zwei Schraubenköpfen oder mit einem über Deckel und Wände geklebten, die Schutzmarke enthaltenden Zeichen. Kisten mit Gewicht über 25 kg müssen Handhaben oder Leisten haben.	In Blechbehältern und Pappe fest verpackt	Eine Kiste darf höchstens 20 kg Sprengstoff enthalten	Sprengkapseln, Ib **Munition**	Für das Zusammenladen dieser Stoffe mit Sprengstoffen oder mit Munitionsgegenständen (Ib Ziff. 5, 7, 8) auf Segelschiffen ohne Schotten sind besondere verschärfte, innere Verpackungsvorschriften, deren Innehaltung der Ablader bescheinigen muß, vorgesehen.
	b) Minenzündungen, wirksam durch Elektrizität oder Reibung oder Sicherheitszünder.	In hölzernen Überkisten — wie Ib, 4a — **fest zu verpacken** und zu sichern.	Gruppenweise in Paketen in Holz- oder Blechkisten für sich fest verpackt		Minenzündungen, Ib **Munition** Nicht stürzen	
	c) Geschoßzünder (brisante Geschoßzünder ohne Detonatoren).	Wie vor.	Wie vor.		Sprengkräftige Geschoßzünder Ib **Munition**	

Klasse Gruppe Ziffer	Zur Beförderung mit Seeschiffen sind bedingungsweise zugelassen	Verpackungsart Ausnahmen s. am Schluß d. Klasse: außen	innen	Höchstgewicht eines Stückes	Deutliche Aufschrift auf einzelnem Stück	Zulassungsbedingungen
Ib 4	d) Zündladungen (Sprengzündhütchen).	Wie vor.	Wie vor.		Zündladungen Ib **Munition**	
	e) Geladene Gefechtspistolen für Torpedos ohne Zünder.	Wie vor.	In Holzkisten festgelagert voneinander getrennt		Geladene Gefechtspistolen für Torpedos, Ib **Munition** Nicht stürzen	
Ib 5	**Brisante Sprengladungen für Geschosse, Torpedos und Minen, Sprenpatronen, Sprengbüchsen und dgl. Schrapnellgranaten, Landminen, sämtlich ohne Zünder.**					
	a) Sprengladungen aus reiner Pikrinsäure. (Gepreßte Pikrinsäurekörper.) b) Petarden für Knallhaltsignale. c) Schrapnellgranaten bis 7,5 cm Kaliber ohne Kammerhülsen und Bodenkammerladung und ohne Zünder. d) Landminen.	Zu a) Starke, dichte sicher verschlossene Holzkisten. Zu b) und d) Kisten aus mindestens 22 mm starken, gespundeten Brettern, die durch Verzinkung oder Holzschrauben zusammengehalten werden, völlig dicht und bei den Petarden b) von einer dichten Überkiste umgeben. Kisten über 25 kg Gewicht müssen starke Handhaben haben. Zu c) In starken Holzkisten fest verpackt. Handhaben erforderlich, so daß beim Tragen die Geschosse mit der Zinkverschlußschraube nach oben stehen.	a) und d) Gegeneinander gesichert Zu a) Gepreßte Pikrinsäurekörper **wasserdicht** umhüllt **Fest verpackt** b) **Fest** im Packmaterial **gebettet**	Kiste mit Landminen (d) 100 kg	Brisante Sprengladungen Ib **Munition** Zu a) Gepreßte Pikrinsäurekörper, Ib **Munition** Zu b) Petarden für Haltsignale, Ib **Munition** Zu c) Schrapnellgranaten ohne Kammerhülsen und Bodenkammerladung Ib **Munition** Nicht stürzen Zu d. Landminen, Ib **Munition** Nicht stürzen	
Ib 6	**Patronen für Handfeuerwaffen.**					
	a) Fertige Metallpatronen, Hülsen ausschließlich aus Metall bestehend. b) Fertige Patronen, Hülsen z. T. aus Metall bestehend.	Starke Überkisten. **Fest verpackt**	Behälter aus Blech, Holz, steifer Pappe.	Kiste 200 kg	Patronen für Handfeuerwaffen, Ib **Munition**	

Klasse Gruppe Ziffer	Zur Beförderung mit Seeschiffen sind bedingungsweise zugelassen	Verpackungsart Ausnahmen s. am Schluß d. Klasse: außen	innen	Höchstgewicht eines Stückes	Deutliche Aufschrift auf einzelnem Stück	Zulassungsbedingungen
Ib 6	c) Desgl. in Papierhülsen. d) Fertige Zentralfeuer-Pappepanen. e) Kugelzündhütchen. f) Schrotzündhütchen. g) Flobertzündhütchen ohne Kugel u. Schrot		**Fest verpackt** mit trocknem Packmaterial			
Ib 7	**Geladene Munition für Geschütze ohne Zünder, geladene Handwurfmunition ohne Zünder.**					
	a) Fertige Metallpatronen. Patronen: α) Granat-, β) Schrapnell-, γ) Panzergranat-, δ) Kartätsch-, ε) Schrapnellgranat-, ζ) Sprenggranat- b) Metallpatronen in getrenntem Zustande. α) Geschützladungen. β) Geschosse. c) Handwurf-, Handrohr-, Gewehrgranaten.	Haltbare Holzkisten. **Fest verpackt** und mit Schrauben zu verschließen, mit Zinkblecheinsatz oder innen und außen mit Firnisanstrich und mit sicheren Handhaben versehen.	Zündschrauben besonders gesichert Verschiebung in den Kisten auszuschließen		Zusammengesetzte Munition für Geschütze oder Getrennte Munition für Geschütze oder Geladene Geschosse für Geschütze oder Geschützladungen in Metallkartuschen oder Geladene Handwurfmunition Ib	
Ib 8	**Signalfeuerwerk.** Kanonenschläge usw.	Dichte, haltbare Holzbehälter, die nicht streuen, ohne eiserne Nägel, Schrauben oder eiserne Befestigungsmittel, auch amerikanische Pappefässer. **Ausnahmen wie bei Klasse Ia.**	**Fest verpackt**	90 kg	Signalfeuerwerk Ib **Munition**	

Ic. Zündwaren und Feuerwerkskörper.

Klasse Gruppe Ziffer	Zur Beförderung mit Seeschiffen sind bedingungsweise zugelassen	Verpackungsart außen	Verpackungsart innen	Höchstgewicht eines Stückes	Deutliche Aufschrift auf einzelnem Stück	Zulassungsbedingungen
Ic 1	Zündkörper, Zündschnüre, Zündgarne. a) Gewöhnliche Sicherheitszündhölzer, Sicherheitsreib- und Streichzünder, d. h. solche, deren Köpfe sich nur an **besonders zubereiteten** Streichflächen entzünden.	Starke, dichte, sicher verschlossene Holzkisten mit Blecheinsätzen, auch haltbare, gut verlötete Blechbehälter ohne Überkisten. Im Verkehr mit Nordeuropäischen Häfen können Blecheinsätze fehlen.	**Fest verpackt** in Papier oder Schachteln	27,5 kg (in Blechbehältern)	Sicherheitszündhölzer oder Sicherheitsstreichzünder	
	b) Zündhölzer, Reib- und Streichzünder, deren Köpfe sich auch an anderen als besonders zubereiteten Streichflächen entzünden (Überallzünder), Paraffinzünder usw.	Paraffinzündhölzer in Kisten aus gehobelten und gefügten Brettern, bei Größe über 0,4 cbm Innenmaß Wandstärke 1 mm, bei kleineren geringer. Mit Kopfleisten oder Eisenreifen zu versehen; gewöhnliche Schwefelhölzer wie Sicherheitszündhölzer in Holzkisten, aber stets mit Blecheinsatz.	Holzschachteln zu Paketen vereinigt und in haltbares Blech eingelötet **Fest verpackt**	Inhalt 150 kg	Überallzünder, Ic. Vorsicht.	
	c) Pyrotechnische Zündstäbchen (bengalische Zündhölzer, Sturmzündhölzer, Gold- und Blumenregenhölzer), **ohne** Überallzünder und **ohne** Köpfe bei größerer Länge als 5 cm	Holzkisten wie zu a, aber stets mit Blecheinsatz.	In Schachteln zu Paketen vereint. **Fest verpackt**		Pyrotechnische Sicherheitszündstäbchen. Ic.	
	d) Sicherheitszünder (Zündschnüre).	Zu d und e. Starke, dichte, sicher verschlossene Holzkisten (18 cm Wandstärke) mit Papier ausgelegt oder mit Blecheinsatz.			Sicherheitszündschnüre. Ic.	Zu 1 e. Zündgarn muß folgenden Stabilitätsbedingungen genügen: a) Die Abspaltung von Stickoxyd während einer zweistündigen Erhitzung auf 132° darf für 1 g Nitrozellulose nicht mehr als 3 ccm betragen. b) Die Verpuffungstemperatur der Nitrozellulose muß über 180° liegen. (Anl. C zur E.V.O. Ia B 1 Beförderungs-Vorschrift (1) a und b.)
	e) Zündgarn (Nitrogarn), nitrierte Baumwollfäden.		Zu e. In Kästchen **fest verpackt** bis zu 30 Kästchen in einem Frachtstück		Zündgarn Ic.	

Klasse Gruppe Ziffer	Zur Beförderung mit Seeschiffen sind bedingungsweise zugelassen	Verpackungsart außen	Verpackungsart innen	Höchstgewicht eines Stückes	Deutliche Aufschrift auf einzelnem Stück	Zulassungsbedingungen
Ic 2	Pyrotechnische Scherzartikel, Zündbänder. a) Knallbonbons, Blumenkarten, Kollodiumpapierblättchen u. dgl. b) Knallerbsen, Knallgranaten und dergl. Artikel mit Knallsilber. c) Konfettibomben, Boskozylinder, Kotillonfrüchte u. dgl. d) Zündblättchen (Amorees), Zündbänder, Paraffinzündbänder, Knallkorke, Knallkapseln, Zündspiegel (Liliputmunition) u. dgl. e) Spanisches Feuerwerk. Radauplätzchen, Krawallstengel, Gewitterhagel u. dgl.	Dichte, sicher verschlossene Holzkisten von mindestens 18 mm Wandstärke, innen mit gutem, zähen Papier ausgelegt oder mit dünnem Zinkeinsatz durch Zinken oder Kopfleisten verbunden. **Fest verpackt.**	In Papier- oder Pappeschachteln besonders gesichert oder in Blechhülsen	2 b—e 100 kg pro Behälter	Zu 2 b-e. Pyrotechnische Scherzartikel Ic	Zu a. Dürfen nur geringe Mengen des Explosionsstoffes enthalten. Zu b. 1000 Stück dürfen nicht über 1 g Knallsilber enthalten. Zu c. Nur mit geringer Ladung von Kollodiumwolle. Zu d und e. Müssen Bedingungen der Anlage C zu E.V.O. unter Ic, 2d u. 2e entsprechen.
Ic 3	Feuerwerkskörper. a) Kunstfeuerwerkskörper, Raketen, römische Lichter, Fontänen, Feuerräder, Sonnen usw. b) Klein- und Salonfeuerwerk, Fire Crakers, Schwärmer, Silber- und Goldregen usw. c) Bengalische Feuer, bengalische Fackeln, Signal blue lights usw.	Wie Ic 2. **Fest verpackt.**	Wie Ic 2. Jede Bewegung muß ausgeschlossen sein	100 kg pro Behälter	Feuerwerkskörper Ic	Das Gewicht des Inhalts an Feuersatz darf 20 kg und des darin enthaltenen Feuerwerkskornpulvers 2,5 kg nicht übersteigen.
Ic 4	Signalfeuerwerk. Kanonenschläge u. dgl.	Wie Ic 3. **Fest verpackt.**	Wie Ic 3	100 kg pro Behälter	Signalfeuerwerk Ic	Bestehend aus einer mit Bindfaden umschnürten und geleimten Papierhülse, die höchstens 75 g Kornpulver mit Zündschnur aber ohne Detonationszünder enthält. Siehe auch Ib 8.
		Ausnahmen wie bei Klasse Ia am Schluß.				

Id. Verdichtete und verflüssigte Gase.

Klasse Gruppe Ziffer	Zur Beförderung mit Seeschiffen sind bedingungsweise zugelassen	Verpackungsart Ausnahm. wie bei Kl. Ia am Schluß		Höchstgewicht eines Stückes	Deutliche Aufschrift auf einzelnem Stück	Zulassungsbedingungen
		außen	innen			
	Verdichtete Gase.	Dicht verschlossene Gefäße aus Schweißeisen, Flußeisen oder Gußstahl, die bei bestimmten Stoffen und bei Überdruck von mehr als 20 Atm. nahtlos sein müssen. Kisten als Schutzumhüllung für Gefäße zulässig. Zum Füllen und Entleeren, Ventile an Gefäßen. Bei Fett- und Mischgas auch eingeschraubte Stopfen. Verschluß muß jeden Geruch nach dem betr. Gas verhüten. Ventile, die mit Azetylen in Berührung kommen, nicht aus Kupfer. Vorstehende Ventile müssen Schutzkappen aus Eisen oder Stahl, kupferne Gefäße auch aus Kupfer haben. Nicht in Kisten verpackte Gefäße müssen Vorrichtungen zum Verhindern des Rollens haben.			Genaue Bezeichnung des Stoffes, z.B. „verdichtete Kohlensäure" Behälter mit **Sammelsendungen,** die Stoffe dieser Klasse enthalten, sind nach dieser Vorschrift zu zeichnen.	Über Bezeichnung der verschiedenen Gase als „Entzündlich", „Giftig", „Entzündlich und giftig" s. Verladescheine. Tabelle I.
Id 1.	Kohlensäure.					
Id 2.	Azetylen, in Azeton gelöstes und in porösen Massen aufgesaugtes.					
Id 3.	Leuchtgas, Wassergas, Fettgas. a) Schwach gepreßt, auch mit Zusatz von höchstens 30% Azetylen (Mischgas). Füllungsdruck 10 Atm. b) Stark gepreßt. Füllungsdruck 10bis 125 Atm.					
Id 4.	Sauerstoff, Wasserstoff, Grubengas, Stickstoff, Preßluft.					
		Die Beförderung der verdichteten Gase ist nur zulässig: wenn auf Gefäßen dauerhaft und leicht sichtbar vermerkt ist: a) Höhe des zulässigen Drucks; b) Tag der letzten Prüfung und Stempel des prüfenden Sachverständigen.				
Ausnahme zu Id 4.	Verdichteter Sauerstoff und Wasserstoff.	Auch in Behältern, die laut angebrachtem Stempel nach besonderen Vorschriften der Militärverwaltung amtlich geprüft oder nachgeprüft sind.				
	Verflüssigte Gase.					
Id 5.	Kohlensäure, Stickoxydul. Ammoniak, Chlor, schweflige Säure, Chlorkohlenoxyd (Phosgen), Stickstofftetroxyd,	Gefäße wie Id 1—4. Bei Phosgen und Äthan auch kupferne Gefäße zulässig.			Genaue Bezeichnung des Stoffes, z.B. „verflüssigte	Der Tag der letzten Prüfung der Gefäße darf nur um eine bestimmte, in der E.V.O. genau festgelegte Frist

Klasse Gruppe Ziffer	Zur Beförderung mit Seeschiffen sind bedingungsweise zugelassen	Verpackungsart Ausnahm. wie bei Kl. Ia am Schluß		Höchstgewicht eines Stückes	Deutliche Aufschrift auf einzelnem Stück	Zulassungsbedingungen
		außen	innen			
	Äthan, verflüssigtes Ölgas, z. B. Blaugas.	**Die Beförderung der verflüssigten Gase ist nur zulässig,** wenn auf Gefäßen dauerhaft und leicht sichtbar vermerkt ist: a) Gewicht des leeren Behälters einschließlich Zubehörteile; b) zulässiges Höchstgewicht der Füllung; c) Tag der letzten Prüfung und Stempel des prüfenden Sachverständigen.			Kohlensäure", „verflüssigtes Chlor", „verflüssigtes Äthan"	zurückliegen. Der Füllungsdruck sowie der Füllungsgrad sind genau vorgeschrieben und dürfen nicht überschritten werden ohne Gefährdung der Gefäße, z. B. bei außergewöhnlicher Erwärmung.
Ausnahmen zu Id 5.	**Kleine Mengen** und zwar: Kohlensäure, Äthan, Stickoxydul bis 3 g Ammoniak, Chlor, Stickstofftetroxyd bis 20 g, wasserfreie, schweflige Säure, Chlorkohlenoxyd (Phosgen) bis 100 g dürfen auch befördert werden in folgender Verpackung:	in einer starken Holzkiste fest verpackt.	In starken zugeschmolzenen Glasröhren, jede Röhre in einer mit Kieselgur gefüllten zugelöteten Blechkapsel	3 g 20 g 100 g		Die entzündlichen Gase der Ziffer 5 und 6 dürfen nicht in einem Versandstück zusammenverpackt befördert werden mit Stoffen der Klasse II 1, 2, 4 und 11, Ie, 1, 2a, b, c, 3 und 4 sowie nicht mit konzentrierter Schwefelsäure und konzentrierter Salpetersäure (V 1). (Vgl. Anlage 2 Nr. 14.)
Weitere Ausnahmen zu Id 5.	Metallene Kohlensäurekapseln (Sodor Sparklet).	Ohne Beschränkung zu befördern, wenn sie enthalten nicht mehr wie 25 g Flüssigkeit pro Kapsel, und sonstige Vorschriften über Füllungsgrad und Luftgehalt befolgt sind.				
	Behälter von Eismaschinen, die die betriebsschweflige Säure bis zur Menge von 20 l dauernd enthalten.	In sicheren, haltbaren Holzbehältern **fest verpackt.**				
Id 6.	Chlormethyl und Chloräthyl, letzteres auch parfümiert (Lance Parfum), Methyläther, Methylamin, Äthylamin.	wie Id 5	wie Id 5		wie Id 5	wie Id 5

Klasse Gruppe Ziffer	Zur Beförderung mit Seeschiffen sind bedingungsweise zugelassen	Verpackungsart Ausnahm. wie bei Kl. Ia am Schluß außen	innen	Höchstgewicht eines Stückes	Deutliche Aufschrift auf einzelnem Stück	Zulassungsbedingungen
Ausnahme zu Id 6.	In **kleinen Mengen,** s. Spalte Höchstgewicht.	Starke Holzkisten mit verlötetem Blecheinsatz.	Starke Glas- od. Metallröhren, zugeschmolzen oder mit Schraubkappe oder durch Hebelverschluß mit Gummieinlage sicher verschlossen Diese in weiches Material gut und gesichert in haltbaren Holz- oder Pappekästen fest verpackt	Eine Röhre bis 100 g Inhalt Ein Holzbehälter bis 600 g Inhalt Ein Versandstück bis 60 kg	Genauer Inhalt ist anzugeben	Röhren mit **Ammoniak** dürfen nicht in einem Versandstück mit Röhren mit **Chlor** versandt werden.
Id 7	Flüssige Luft,	Zu a. Metallkästen, Holzkisten mit Blecheinsatz, oben offen oder mit Drahtnetz, durchlöchertem Deckel oder ähnlich geschlossen; Behälter müssen bis zu solcher Höhe dicht sein, daß bei Bruch der Flaschen die Flüssigkeit nicht auslaufen kann.	Entweder a) Glasflaschen mit luftleeren Doppelwänden, mit Filz umkleidet und mit Filzpfropfen so geschlossen, daß verdampfende Gase entweichen können und Inhalt bei Kippen nicht ausläuft. Ein oder mehrere		„Flüssige Luft", „Oben", „Unten" „Sehr zerbrechlich" an den betreffenden Stellen.	In den Kisten dürfen keine leicht brennbaren Stoffe, wie Sägespäne, Torf, Stroh, Heu u. dgl. als Packmaterial sein. Holzwolle ist zulässig.

Klasse Gruppe Ziffer	Zur Beförderung mit Seeschiffen sind bedingungsweise zugelassen	Verpackungsart Ausnahm. wie bei Kl. Ia am Schluß außen	Verpackungsart innen	Höchstgewicht eines Stückes	Deutliche Aufschrift auf einzelnem Stück	Zulassungsbedingungen
			Flaschen durch sicher stehenden Drahtkorb oder ähnliches Gefäß gegen Stöße zu schützen,			
		Zu b. Äußere Verpackung nicht erforderlich.	oder b) gegen Wärmedurchgang geschützte Gefäße aus anderen Stoffen			
	Allgemeines.	**Sammel**behälter, die Stoffe dieser Klasse enthalten, sind in starke, dichte, sicher verschlossene Holzbehälter zu verpacken.				

Ie. Stoffe, die in Berührung mit Wasser endzündliche oder die Verbrennung unterstützende Gase entwickeln.

Ie 1	Metalle der Alkalien oder alkalischen Erden (Natrium, Kalium, Kalzium u. dgl.), Legierungen dieser Metalle untereinander.	a) Holzkisten mit wasserdichtem Blecheinsatz. b) Holzkisten wie a) oder dichte, eiserne Übergefäße. **Fest verpackt** in nicht brennbarem Packmaterial (Kieselgur) und gegen Eindringen von Wasser geschützt. Ausnahme zu a. Bei Glasgefäßen mit Mengen bis 250 g sicher und dicht verschlossene Blechgefäße als Außenpackung zulässig.	a) Starke, sicher verschlossene Glasgefäße b) Starke, dichte sicher verschlossene Eisengefäße (auch Eisenblech) trocken oder in Petroleum	bei Mengen bis 5 kg über 5 kg. 250 g	„Vor Nässe zu schützen", außerdem genaue Inhaltsangabe. Behälter mit **Sammelsendungen,** die Stoffe dieser Klasse enthalten, sind nach dieser Vorschrift zu zeichnen	Stoffe der Klasse Ie, 1 dürfen nicht in einem Versandstück **zusammenverpackt** befördert werden mit Säure u. Wasser in irgendwelcher Form (V 1), mit den entzündlichen Gasen (I d 2—6) und brennbaren Flüssigkeiten (III), mit Flammpunkt unter 21° C. (vgl. Anlage 2 Nr. 2). Zu 2 a—c (wie zu 1).
Ie 2	a) Kalziumkarbid. Kalziumhydrür,	Feste Holzumschließungen. Bei Reisen	Eiserne Gefäße,	135 kg	„Vor Nässe	

Klasse Gruppe Ziffer	Zur Beförderung mit Seeschiffen sind bedingungsweise zugelassen	Verpackungsart Ausnahm. wie bei Kl. Ia am Schluß außen	innen	Höchstgewicht eines Stückes	Deutliche Aufschrift auf einzelnem Stück	Zulassungsbedingungen
■	Hydrolith, Kalkstickstoff (Kalziumzyanamid) mit mehr als 0,5% Kalziumkarbidgehalt.	unter 5 Tage normaler Dauer und Innehaltung bestimmter Wandstärken der eisernen Gefäße kann Holzumschließung fortfallen. **Fest verpackt.**	auch Schwarzblech, verzinntes oder verbleites Eisenblech. Von bestimmter Blechstärke je nach der Größe; **luft-** und **wasserdicht** verschlossen		zu schützen" u. genaue Inhaltsangabe	
		Schwarzblechbehälter müssen Schutzanstrich haben.				
■	b) Kalkstickstoff von 0,1 bis 0,5 % Kalziumkarbidgehalt.	Luft- und wasserdicht verschlossene eiserne Trommeln.			„Vor Nässe zu schützen" u. genaue Inhaltsangabe	
■	c) Kalkstickstoff mit einem vom Absender bescheinigten Gehalt von höchstens 0,1% Kalziumkarbid.	Wie 2 b und in starken, gegen Feuchtigkeit gedichteten Säcken.				
Ie 3	Natriumsuperoxyd, auch in Mischungen die nicht gefährlicher sind als der Stoff.	Holzkisten mit wasserdichtem Blecheinsatz.	Starke, dichte, sicher verschlossene Eisengefäße		„Vor Nässe zu schützen" u. genaue Inhaltsangabe	**Zusammenpacken** wie zu Ziffer 1 und außerdem nicht mit Metallpulver, Zucker, Mehl und ähnlichen organischen Stoffen in Pulverform (vgl. Anlage 2 Nr. 20).
Ie 4	Natriumazid.	Wie Ie 3.	Völlig trocken wie Ie 3		Wie Ie 3.	Wie zu Ziffer 1 (Anl. 2 Nr. 19).
	Allgemein.	**Sammelsendungen** die Stoffe dieser Klasse enthalten, in starke, dichte, sicher verschlossene Holzbehälter.	Petroleumbeschikkung zulässig			

■ Vgl. Vorbemerkung zum Güterverzeichnis.

II. Selbstentzündliche Stoffe.

Klasse Gruppe Ziffer	Zur Beförderung mit Seeschiffen sind bedingungsweise zugelassen	Verpackungsart außen	Verpackungsart innen	Höchstgewicht eines Stückes	Deutliche Aufschrift auf einzelnem Stück	Zulassungsbedingungen
II 1	Gewöhnlicher (weißer, gelber) Phosphor.	Zu 1 und 2. Starke, sicher verschlossene Holzbehälter. **Fest eingebettet.**	In starken, dichten, gut verlöteten Blechgefäßen in Wasser, bei 2 auch in starken Glasflaschen, Kruken oder Kisten		Zu 1. Genaue Inhaltsangabe, „oben"	Phosphor der Klasse II 1 u. 2 darf nicht in einem Versandstück **zusammenverpackt** befördert werden mit brennbaren Stoffen der Klasse III 1—7 und 9, entzündlichen Gasen der Klasse Id 2—6, Baryumsuperoxyd, bromsauren, chlorsauren, überchlorsauren, übermangansauren Salzen, Bromsalz (VI a 1—9), Phosphorkalzium, Phosphorstrontium, Phosphoreisen usw., nicht mit Säuren oder Wasser in irgend welcher Form (vgl. Anlage 2 Nr. 21, 22).
II 2	Amorpher (roter) Phosphor, Phosphorsesquisulfid, Phosphorkalzium, Phosphorstrontium, Phosphoreisen und ähnliche Phosphormetallverbindungen			Zu 2. In Mengen bis 2 kg	Zu 2. Genaue Inhaltsangabe. Behälter mit **Sammelsendungen,** die Stoffe dieser Klasse enthalten, sind nach dieser Vorschrift zu zeichnen.	
II 3	Mischungen von amorphem Phosphor mit Harzen und Fetten mit Schmelzpunkt über 35° C.	In Kisten verpackt oder in ungeladene Geschosse eingegossen.				
II 4	Zinkäthyl und Zinkmethyl, auch in ätherischer Lösung.	Starke, starre geschlossene Übergefäße (Kübel oder Kisten). **Fest eingesetzt.**	Starke, dichte, gut verschlossene Glas-, Ton- oder Metallgefäße. Erstere einzeln oder zu mehreren in Blech eingelötet		Genaue Inhaltsangabe. Bei innerer Verpackung in Glasgefäßen, außerdem die Angabe: „Vorsichtig tragen"	Zu 4. Dürfen nicht in einem Versandstück **zusammenverpackt** befördert werden mit brennbaren Flüssigkeiten (III) und leicht entzündlichen Gegenständen (vgl. Anlage 2 Nr. 26).
II 5	Frisch geglühter Ruß.	Dichte, gut verschlossene Metallbehälter.				
II 6	Frisch geglühte Holz- und Lederkohle.	Dichte, gut verschlossene Metallbehälter.				
II 7	Hochbeschwerte Seide (Cordonnet-Souple, Bourre de	Starke Kisten mit Luftlöchern und Leisten zum Schutz	**Luftig** ev. durch Holz-			Vgl. auch Tabelle I, Verladescheine, betr. die

Klasse Gruppe Ziffer	Zur Beförderung mit Seeschiffen sind bedingungsweise zugelassen	Verpackungsart außen	Verpackungsart innen	Höchstgewicht eines Stückes	Deutliche Aufschrift auf einzelnem Stück	Zulassungsbedingungen
	Soie und Chappe-Seide) in Strängen.	und Offenhalten der Luftlöcher.	roste getrennt verpackt			Anforderungen an die Stoffe dieser Klasse.
II 8 ■	Folgende Stoffe gefettet, gefirnißt oder geölt: Wolle, Haare, Kunstwolle, Baumwolle, Seide, Flachs, Hanf, Jute — roh oder als Abfälle —, Lumpen, Lappen.	In starken Behältern **luftdicht** verpackt. Metallene Gefäße, Kisten mit dichten Blecheinsätzen zulässig.				
II 8a ■	Gefettete, gefirnißte oder geölte Erzeugnisse aus den Stoffen der Ziffer 8. Schutzdecken, Persenninge, Ölzeug, Seilerwaren, Treibriemen aus Baumwolle oder Hanf, Weber-, Harnisch- und Geschirrlitzen, Garne und Zwirne, Netzwaren (Ölfischnetze u.dgl.), sofern die Tränkungsmittel noch nicht vollkommen trocken, daher selbstoxydieren und Wärme entwickeln können.	Wie 8. Geölte Netze in gut ventilierten Räumen lose aufhängen.				
II 8b	Gemenge aus körnigen oder porösen brennbaren Stoffen mit Leinöl-, Harz-, Harzöl-, Petroleumrückständen u. dgl., sofern Selbstoxydationsgefahr noch vorliegt (z. B. Korkfüllmasse, Lupulin).	Wie 8.				
II 8c	Gummi (Kautschuk) gemahlen, desgl. Staub.	Wie 8.				
II 9	Staub, Grieß, Flitter Pulver, Späne von Magnesium, Aluminium, Zink oder von Legierungen mit einem Aluminium- und oder Zinkgehalt von mehr als 80%, auch fettig oder ölig, Hochofenfilterstaub, fettige oder ölige Eisen- oder Stahlspäne (Dreh-, Bohrspäne u. dgl.).	Wie 8. Bei Magnesiumpulver auch dichte Blechbüchsen, die in Holzkisten eingesetzt sind.				

■ Vgl. Vorbemerkung zum Güterverzeichnis.

Klasse Gruppe Ziffer	Zur Beförderung mit Seeschiffen sind bedingungsweise zugelassen	Verpackungsart		Höchstgewicht eines Stückes	Deutliche Aufschrift auf einzelnem Stück	Zulassungsbedingungen
		außen	innen			
II 10	Mit Fett, Öl oder Firnis getränktes Papier, auch Pappe und Fabrikate daraus (z. B. Hülsen, Pappringe), sofern die Tränkungsmittel noch nicht vollkommen trocken u. daher selbstoxydieren und Wärme entwickeln können.					Gewöhnliches Tauwerk gilt als ungefettet.
II 11	Pyrophorische Metalle.	Verlötete Blechgefäße.	In Glasröhren eingeschmolzen			Zu 11. Dürfen nicht in einem Versandstück **zusammenverpackt** befördert werden mit entzündlichen Gasen (I d 5, 6) und den brennbaren Flüssigkeiten (III) mit Flammpunkt unter 21° C.
II 12	Schwefelkalium, Schwefelnatrium trocken, wasserfrei.	Starke, **luftdicht** verschlossene Metallgefäße.				
II 13	Gebrauchte Hefebeutel, ungereinigt.	**Luftdicht** schließende Behälter.				
	Allgemein.	**Sammelsendungen,** die Stoffe dieser Klasse enthalten, sind in starke, dichte, sicher verschlossene Holzbehälter zu verpacken.				

III. Brennbare Flüssigkeiten.

Klasse Gruppe Ziffer	Die nachstehenden Stoffe dürfen nur befördert werden bei Beachtung der Verpackungs- und Verladevorschriften	Eigenschaften bei Temperatur von °C	spezif. Gewicht von	bis	Verpackung	Deutliche Aufschrift auf Behältern	Besonderes
III 1	Kohlenwasserstoffe. a) Petroleum, roh und gereinigt: Testpetroleum mit **Flammpunkt von 21° C und darüber.**	17,5°	mindestens 0,780 oder im Abelschen Apparat bei 760 mm Druck **nicht unter** 21° C entzündliche Dämpfe gebend		Zu 1.u.2. Starke, dichte, sicher verschlossene Gefäße aus Glas, Ton (Steinzeug oder dergl.) oder Metall. Einzeln oder zu mehreren, in starke Übergefäße, die mit Handhaben versehen sind, **fest eingesetzt** (Kisten brauchen keine Handhaben). Offene Übergefäße müssen Schutzdecken haben, die, wenn aus Stroh, Rohr, Schilf od. ähnl. leicht brennbarem Material hergestellt, mit Lehm, Kalkmilch oder dgl. unter Zusatz von Wasserglas getränkt sein müssen. Diese Verpackungsvorschriften gelten nicht für die Beförderung in **Sammelbehältern von Tankschiffen.**	Kisten u. Kübel an entsprechender Stelle: **„oben“** Stoffe der Ziffern 1a (Abs. 1, 2, 4), 1b, 2, 3, 8 mit Flammpunkt unter 21° C. auf rotem Grunde „Feuergefährlich“. Über Bezeichnung als „brennbar“ (Flammpunkt **über** 21° C.), „feuergefährlich“ (Flammpunkt **unter** 21° C.) s. Verladescheine Tabelle I. Behälter mit **Sammelsendungen,** die Stoffe dieser Klasse enthalten, sind nach dieser Vorschrift zu zeichnen.	Stoffe der Klasse III 1—7 und 9 dürfen nicht in einem Versandstück **zusammen verpackt** befördert werden, a) wenn sie einen Flammpunkt unter 21° C. haben: mit pyrophorischen Metallen (II 11), Phosphor (II 1, 2), Zinkäthyl, Zinkmethyl (II, 4) mit entzündlichen, Gase entwickelnden Stoffen (Ie 1-4) und mit konzentrierter Schwefelsäure und konzentrierter Salpetersäure (V 1); b) wenn sie einen Flammpunkt von 21° C. und darüber haben: mit den Stoffen zu a, ausgenommen die unter II 1, 2, 4 und 11 (vgl. Anl. 2 Nr. 7).
	Öle aus Braunkohlenteer, Torf und Schieferöle, Asphaltnaphtha und Destillate aus solchen (Solaröl, Photogen u. dgl.).	17,5°	mindestens 0,780				
	Steinkohlenteeröle (Benzol, Toluol, Xylol, Kumol u. dgl.).	17,5°	unter 0,950				
	Kohlenwasserstoffe anderen Ursprungs, ausgenommen Schmieröle, die im Pensky-Martens-Apparat einen Flammpunkt von mindestens 100° erweisen.	17,5°	mindestens 0,830				
	b) Petroleum, roh und gereinigt, Braunkohlenteeröle, Torf u. Schieferöle, Asphaltnaphtha sowie Destillate aus solchen.	17,5°	0,680	0,780	■ Für Stoffe mit Flammpunkt **von 21° C und darüber** auch starke, dichte Holzbehälter (Fässer). (vgl. Ziffer 1 und 2 und Flüssigkeiten der Ziffern 4, 5, 6, 7, 8 sowie Steinkohlen-Teeröle unter Ziffer 1a Absatz 3.		
	Petroleumnaphtha und Destillate aus Petroleum und Petroleumnaphtha (Benzin, Ligroin, Putzöl u. dgl.).	17,5°	0,680	und darüber			

■ Vgl. Vorbemerkung zum Güterverzeichnis.

Klasse Gruppe Ziffer	Die Nachstehenden Stoffe dürfen nur befördert werden bei Beachtung der Verpackungs- und Verladevorschriften	Eigenschaften bei Temperatur von °C	spezif. Gewicht von	bis	Verpackung	Deutliche Aufschrift auf Behältern	Besonderes
III 1	c) Petroleumäther (Gasolin, Gasäther, Neolin u. dgl.) und ähnliche aus Petroleumnaphtha oder Braunkohlenteer bereitete, leicht entzündliche Stoffe.	17,5°	höchstens 0,680		■ Flüssigkeiten der Ziffern 1 und 2 mit **Flammpunkt unter 21° C.** dürfen, wenn die Versandstücke **mehr als 16 kg oder 20 l Inhalt** haben, nur in starken, eisernen Gefäßen oder starken, luftdicht verschlossenen Blechkanistern von nicht mehr als 20 l Inhalt, davon höchstens zwei in einer geschlossenen, starken, genau über die Behälter passenden Überkiste verpackt werden. Ausgenommen hiervon sind die Steinkohlenteeröle unter 1 a Abs. 3. Bei einem Inhalt unter 16 kg oder 20 l auch Metallgefäße wie oben. Zulässig, bei Mengen unter 5 l, auch Glas und Tongefäße. Die Glas-, Ton- oder Blechgefäße sind in starke, gut passende Kisten **fest einzusetzen.**		
III 2	Flüssigkeiten, bereitet einerseits aus Petroleumnaphtha oder ähnlichen leicht entzündlichen Flüssigkeiten, andererseits aus Harz, Kautschuk, Guttapercha, Seife, Asphalt, Teer oder dergl. Ester (Äther) aller Art, z. B. Amylazetat (Petroleumäther s. Ziffer 1 c, für Schwefeläther Ziff. 3).						
III 3	Schwefeläther, auch mit anderen Flüssigkeiten gemengt, z. B. Hoffmannstropfen, Lösungen von Nitrozellulose in Schwefeläther (Kollodium), in Amylalkohol, in Äthylalkohol, in Methylalkohol, in Essigäther, in Amylazetat, in Azeton, in Nitrobenzol oder in Gemengen dieser Flüssigkeiten (z. B. Zaponlacke), höchstens 1 prozentige Lösungen von Nitroglyzerin in Alkohol.					■ „Oben“ an entsprechender Stelle und „feuergefährlich“ auf rotem Grunde bei Flammpunkt unter 21° C.	

■ Vgl. Vorbemerkung zum Güterverzeichnis.

Klasse Gruppe Ziffer	Die nachstehenden Stoffe dürfen nur befördert werden bei Beachtung der Verpackungs- und Verladevorschriften	Verpackung	Deutliche Aufschrift auf Behältern	Besonderes
		Zu Ziffer 3. Wie zu 1, keine Fässer zulässig. Blech- und Übergefäße nicht voll gefüllt. Blechgefäße in starke Übergefäße **fest einsetzen.**		
III 4	Lösungen von Nitrozellulose in Essigsäure.	Wie zu Ziffer 3, aber nicht in Metallgefäßen, auch in Holzfässern.	„Oben."	
III 5	Holzgeist, roh und rektifiziert, Azeton, Azetaldehyd (auch in alkoholischer Lösung).	Wie 1 auch in Holzfässern. Blech und Metallgefäße mit Azetaldehyd dürfen nicht vollgefüllt sein.	„Oben."	
III 6	Denaturierungsmittel für Spiritus mit Pyridin versetzter Holzgeist.	Wie 1, auch in Holzfässern.	„Oben."	
III 7	Gemische von Holzgeist und Benzol (mit oder ohne Erdwachs, z. B. Pansol), Monochlorbenzol.	Wie zu 6.	„Oben."	
III 8	Schwefelkohlenstoff und brennbare Flüssigkeiten, die Schwefelkohlenstoff enthalten.	Wie zu 1, bei Inhalt der Versandstücke über 5 kg sind nur starke, eiserne Gefäße zulässig. Blechgefäß in starke Übergefäße fest einsetzen.	Wie zu 1.	
III 9	Fette, Öle, Firnisse, mit Firnis versetzte Farben, Terpentinöl (Kienöl) und andere ätherischeÖle, Fuselöle, absoluter Alkohol, Weingeist (Spiritus) sowie daraus bereitete Flüssigkeiten (Spirituslacke, Sikkative, flüssige Seifen u.dgl.) aus Terpentinöl bereitete brennbare Flüssigkeiten (Terpentinöllacke u.dgl.).	Wie zu 6.	Wie zu 4.	
		Allgemein. **Sammelsendungen,** die Stoffe dieser Klasse enthalten, sind in starke, dichte, sicher verschlossene Holzbehälter zu verpacken.		

IV. Giftige Stoffe.

Klasse Gruppe Ziffer	Die nachstehenden Stoffe dürfen nur befördert werden bei Beachtung der Verpackungs- und Verladevorschriften	Verpackung	Deutliche Aufschrift auf Behältern	Besonderes
IV 1	Nicht flüssige Arsenikalien, arsenige Säure (Hüttenrauch), gelbes Arsenik (Rauschgelb), Auripigment, rotes Arsenik (Realgar), Scherbenkobalt (Fliegenstein u. dgl.)	a) Starke, eiserne Fässer mit aufgeschraubtem Deckel und Rollreifen. b) Doppelte Holzfässer oder Kisten. Innere Gefäße dicht ausgekleidet; an ihrer Stelle auch Blech-, Glas-, Tongefäße im Innern zulässig. c) Auch Säcke von geteerter Leinwand in starken, trockenen Holzfässern. d) **Leere** Behälter **dicht** schließen.	Inhalt dauerhaft angeben, z.B. „Arsenikalien". Auch auf **entleerten** Behältern.	Stoffe der Klasse IV 1 und 4 dürfen nicht in einem Versandstück **zusammenverpackt** befördert werden mit Nahrungs- u. Genußmitteln und nicht mit Säuren, wenn sie mit letzteren Arsenwasserstoff bilden (vgl. Anlage 2, Nr. 4).
IV 2	Ferrosilizium und Ferromangansilizium auf elektrischem Wege gewonnen.	**Trocken** in völlig trocknen, starken Behältern von Holz oder Metall.	Inhalt dauerhaft angeben mit Zusatz **„Vor Nässe zu bewahren"**. „Nicht stürzen."	Darf nur mit trocknen Gegenständen, nicht mit Nahrungs- und Genußmitteln in einem Versandstück **zusammenverpackt** befördert werden (vgl. Anl. 2 Nr. 3).
IV 3	Zyankalium u. Zyannatrium in fester Form.	Wie zu 1 a, b und d.	Inhalt dauerhaft angeben, auch auf **entleerten** Behältern.	Dürfen nicht in einem Versandstück zusammenverpackt befördert werden mit Säuren (V 1) oder sauren Salzen oder Nahrungs- und Genußmitteln (vgl. Anlage 2, Nr. 28).
IV 4	Flüssige Arsenikalien, insbesondere Arsensäure in Lösung.	a) Metall-, Holz- oder Gummigefäße mit guten Verschlüssen. b) In Glas- oder Tongefäßen, in starken Übergefäßen (Weiden- oder Metallkörbe, Kübel oder Kisten) **fest eingesetzt.** Übergefäße außer Kisten mit guten Handhaben zu versehen; **leere** Behälter **dicht** verschließen.	Wie zu 3.	**Zusammenpacken** wie zu Ziffer 1 (vgl. Anlage 2, Nr. 5).
IV 5	Zyankaliumlauge u. Zyannatriumlauge.	Gut verschlossene, eiserne Gefäße in feste Holz- oder Metallbehälter mit aufsaugenden Stoffen (Kieselgur) **fest einsetzen. Leere** Behälter **dicht** verschließen.	Wie zu 3.	Wie zu 3.

Klasse Gruppe Ziffer	Die nachstehenden Stoffe dürfen nur befördert werden bei Beachtung der Verpackungs- und Verladevorschriften	Verpackung	Deutliche Aufschrift auf Behältern	Besonderes
IV 6	Giftige Metallpräparate. a) Sublimat, weißes und rotes Präzipitat; Kupferfarben (Grünspan, grüne, blaue Kupferpigmente); Bleizucker. b) Andere Bleipräparate, insbesondere (Bleiglätte) Glätte, Massikot, Mennige, Bleiweiß und andere Bleifarben. Bleirückstände und sonstige bleihaltige Abfälle.	a) Eiserne Fässer oder dichte Fässer aus festem trockenen Holz oder Kisten mit Umfassungsbändern oder b) Eiserne Gefäße (Hobbocks) oder c) Glas- und Tongefäße oder bis zu 10 kg starke, doppelte Papierbeutel. In starken, dichten, sicher verschlossenen Holzbehältern **fest verpackt.** d) Bei allen Bleifarben auch Gefäße aus Weiß- oder Eisenblech. Zu 6 a. **Leere** Behälter sind **dicht** zu schließen.	Zu a und b. Inhalt dauerhaft angeben sowie Sammelbezeichnungen wie „Giftfarben" „Bleipräparate". Zu 6 a. Auch auf **entleerten** Behältern Angabe des früheren Inhalts.	Dürfen nicht in einem Versandstück **zusammenverpackt** befördert werden mit Nahrungs- und Genußmitteln (vgl. Anlage 2, Nr. 18).
IV 7	Kupfervitriol (Blaustein), Mischungen davon mit Kalk, Soda u. dgl. (Pulver zur Herstellung von Bordelaiser Brühe oder dgl.).	Starke, dichte, sicher verschlossene Holzfässer oder Kisten oder desgl. Säcke.	Inhalt dauerhaft angeben.	Wie zu 6.
IV 8	Bromzyan.	Zugeschmolzene Glastuben, Inhalt höchstens 0,5 kg, nur halb gefüllt. Jede Tube in stark verlötete Blechbüchse mit Kieselgur. Diese in starke Holzkisten mit verlöteter Einsatz aus verbleitem Eisenblech. Höchstinhalt einer Kiste 5 kg Bromzyan.	Inhalt ist dauerhaft anzugeben.	Wie zu 6. ■ Chlorsaure und bromsaure Salze siehe Klasse VI a.
IV 9	Baryt, Barythydrat. Bariumsalze (ausgenommen schwefelsaures Barium). Bariumsuperoxyd s. Klasse VI a 3.	Dichte Holzbehälter (Fässer oder Kisten) oder dichte Säcke aus Jute oder Papier.	Inhalt ist dauerhaft anzugeben.	Wie zu 6.
	Allgemein.	**Sammelsendungen,** die Stoffe dieser Klasse enthalten, sind in starke, dichte, sicher verschlossene Holzbehälter zu verpacken.		

■ Vgl. Vorbemerkung zum Güterverzeichnis.

V. Ätzende Stoffe.

Klasse Gruppe Ziffer	Die nachstehenden Stoffe dürfen nur befördert werden bei Beachtung der Verpackungs- und Verladevorschriften	Verpackung	Deutliche Aufschrift auf Behältern	Besonderes
V 1 ■	Schwefelsäure jeglicher Konzentration, auch rauchende Schwefelsäure (Oleum) einschließlich Schwefelsäureanhydrid, Salzsäure, Salpetersäure (Scheidewasser), Flußsäure, Gemische von Schwefel- und Salpetersäure dürfen a) kein Glyzerin oder Nitroglyzerin enthalten u. müssen b) bei einem Gehalt an Schwefelsäure unter 3% wasserfrei sein, sie dürfen bei einem Gehalt an Schwefelsäure von 3–4% höchstens 4% Wasser und bei einem Gehalt von mehr als 4% dem Schwefelsäuregehalt entsprechend von 4 bis höchstens 18% Wasser enthalten.	Starke, dichte, sicher verschlossene Gefäße, die durch Inhalt nicht angegriffen werden, z. B. bei Salpetersäure auch Aluminiumgefäße mit 99,5% Aluminium. Der Verschluß darf durch äußere oder innere Angriffe nicht beschädigt werden. Glas- oder Tongefäße sind in starke Übergefäße (Weiden- oder Metallkörbe, Kübel oder Kisten) **fest einzusetzen.** Übergefäße außer Kisten müssen Handhaben haben. Bei konzentrierter Salpetersäure spez. Gewicht 1,48 = 46,8 Baumé, oder roter rauchender Salpetersäure sowie bei rauchender Schwefelsäure mit einem Gehalt von 20% reinem Anhydrid sind Glas- und Tongefäße in Übergefäße mit Kieselgur oder anderem trockenerdigem Stoff **fest einzubetten.** Desgl. bei Salpetersäure von 1,3 spez. Gewicht bei Verladung **unter Deck.** In eisernen Mantelkörben können Gefäße auch durch eiserne federnde Schließen gehalten werden. **Leere** Behälter müssen **dicht** verschlossen sein. Feuerlöschvorrichtungen, die Säuren zu 1 enthalten, die Holzgefäße der mit Schwefelsäure gefüllten elektrischen Sammler (Akkumulatoren), sowie die mit schwefelsäurehaltigem Bleischlamm aus Akkumulatoren oder aus Bleikammern gefüllten Holzkisten und die Gefäße (Eisenfässer oder Holzkisten) mit Säureharz, das Schwefelsäure in tropfbarer, flüssiger Form enthält, dürfen nicht lecken.	Inhalt dauerhaft anzugeben; der frühere Inhalt auch bei **leeren** Behältern. Behälter mit **Sammelsendungen,** die Stoffe dieser Klasse enthalten, sind nach dieser Vorschrift zu zeichnen.	Darf nicht in einem Versandstück **zusammenverpackt** befördert werden mit Stoffen der Klasse I e 1, II 2, IV 3, VI a 1–5. Konzentrierte Schwefelsäure und konzentrierte Salpetersäure außerdem nicht mit brennbaren Flüssigkeiten (III 1–7 und 9) und entzündlichen Gasen (I d 5, 6) (vgl. Anlage 2, Nr. 23).

■ Vgl. Vorbemerkung zum Güterverzeichnis.

Klasse Gruppe Ziffer	Die nachstehenden Stoffe dürfen nur befördert werden bei Beachtung der Verpackungs- ung Verladevorschriften	Verpackung	Deutliche Aufschrift auf Behältern	Besonderes
		Zellen von mit Schwefelsäure gefüllten **elektrischen Sammlern (Akkumulatoren)** in Batteriekasten **fest einsetzen,** diese Kasten mit Aufsaugungsstoff in Kisten **fest verpacken.** Für betriebsmäßige Benutzung eingebaute Zellen oder Batterien in Fahrzeugen ist keine besondere Verpackung vorgeschrieben.	„Elektrische Sammler" „(Akkumulatoren)" und „Oben" an entsprechender Stelle	
V 2	Chlorschwefel sowie salpetersaures und schwefelsauresEisen, oxyd (Ferrinitrat-Ferrisulfat, Eisenbeize).	Wie zu 1.	Wie zu 1.	
V 3	Ätzlauge (Natronlauge, Sodalauge, Kalilauge, Pottaschenlauge u. dgl.). Ölsatz (Rückstände von der Ölraffinerie).	Wie zu 1.	Wie zu 1.	Stoffe der Klasse V 3 dürfen nicht in einem Versandstück **zusammenverpackt** befördert werden mit Alkalimetallen und Phosphormetallen (vgl. Anlage 2, Nr. 1).
V 4	Brom.	Bei Brom sind Glas- oder Tongefäße bis zum Halse in starken Holz- oder Metallbehältern in Asche, Sand, Kieselgur usw. **fest einzubetten** und müssen mit gut eingeschliffenem, dichten, gegen Herausfallen gesicherten Glas- oder Tonstöpsel verschlossen sein. Gefäße dürfen nur $^7/_8$ gefüllt sein. **Leere** Behälter müssen **dicht** verschlossen sein.	Wie zu 1.	
V 5 ■	Durch Wasser zersetzliche Chloride wie Antimonpentachlorid, Thionylchlorid und Chlorsulfonsäure.	a) Vollkommen dichte, gut verschlossene Gefäße aus Schweißeisen, Flußeisen, Gußstahl, Blei oder Kupfer, oder b) Glasgefäße. Letztere müssen starkwandig und mit gut dichtenden, gegen Herausfallen gesicherten Glasstöpseln verschlossen sein. Bei Inhalt von mehr als 5 kg in Metallgefäße einzusetzen. Bei weniger	Genauen Inhalt angeben und Glaszeichen.	

■ Vgl. Vorbemerkung zu Güterverzeichnis.

Klasse Gruppe Ziffer	Die nachstehenden Stoffe dürfen nur befördert werden bei Beachtung der Verpackungs- und Verladevorschriften	Verpackung	Deutliche Aufschrift auf Versandstücken	Besonderes
		als 5 kg Inhalt in starke Holzbehälter durch Trennungswände getrennt bis höchstens vier Flaschen und mit Kieselgur oder ähnlichem, nicht brennbarem Stoff **fest verpackt** Bei Azetylchlorid auch Sägespäne erlaubt. **Allgemein.** Für **Sammelsendungen** mit Stoffen dieser Klasse starke, dichte, sicher verschlossene Holzbehälter.		

VI. Sonstige gefährliche Güter.

VI a ■	**Feste nicht selbstentzündliche feuergefährliche Stoffe.**			
VIa 1	Chlorsaure Salze.	Starke, dichte, sicher verschlossene Behälter aus Holz oder Wellblech. Bei Holzbehältern Inhalt gegen Streuen durch dichten Innensack sichern. Wellblechbehälter durch Holzdauben, die mit Weidenstreifen oder in ähnlicher sicherer Weise festgehalten werden, sichern.	Inhalt dauerhaft angeben.	Dürfen nicht in einem Versandstück **zusammenverpackt** befördert werden mit Säuren (V 1) oder sauren Salzen, Phosphor, Schwefel, Zucker, Mehl oder ähnlichen organischen Stoffen in Pulverform (vgl. Anlage 2, Nr. 6, 9).
VIa 2	Bromsaure Salze, Bromsalz (Gemisch aus bromsaurem Natrium und Bromnatrium).	Starke Kisten mit dichtem Einsatz aus verbleitem Eisenblech oder starkem Weißblech.	Wie zu 1.	Wie Ziffer 1.
VIa 3	Bariumsuperoxyd.	Starke, dichte, dicht und sicher verschlossene Wellblechfässer ev. mit Holzdauben und darüber gelegten Reifen gesichert.	Wie zu 1.	Wie Ziffer 1.
VIa 4	Übermangansaure Salze.	Starke, dichte, sicher verschlossene verzinkte Wellblechfässer, deren Deckel mit Asbest abzudichten sind.	Wie zu 1.	Wie Ziffer 1.
VIa 5	Überchlorsaure Salze.	Wie zu 1.	Wie zu 1.	Wie Ziffer 1.
	Allgemein.	**Sammelsendungen,** die Stoffe dieser Klasse enthalten, in starke, dichte, sicher verschlossene Holzbehälter.		

■ Vgl. Vorbemerkung zu Güterverzeichnis.

Klasse Gruppe Ziffer	Die nachstehenden Stoffe dürfen nur befördert werden bei Beachtung der Verpackungs- und Verladevorschriften	Verpackung	Deutliche Inhaltsangabe auf Versandstücken	Besonderes
VI b	**Massengüter, die der Selbsterhitzung unterliegen.**	S. Verladungsvorschriften (Tabelle II) und Unfallverhütungsvorschriften der Seeberufsgenossenschaft.		
VIb 1	Steinkohlen in Schüttladungen oder in Säcken.			
VIb 2	Preßkohlen (Briketts) von Steinkohle [1]) und Braunkohle.			[1]) Genügend ausgekühlte Steinkohlenbriketts sind nur unter dem Einfluß von Schwefelsäure, Salpetersäure und Gemengen daraus gefährlich.
VIb 3	Baumwolle, Jute, Hanf, Flachs und andere pflanzliche Faserstoffe.			
VIb 4	Kopra in Säcken.			
VIb 5	Maisschrot, Maiskleie, Rückstände aus der Maisstärkefabrikation, Hülsenmehl von Getreide (Kleiestaub, Kleiedunst) auch von Erdnüssen und Reis (ricemeal) und ähnliche Nebenerzeugnisse der Mühlenindustrie.			
VIb 6	Biertreber und Malzkeime.			
VIb 7	Rohstoffe für Papierfabrikation, Lumpen, geschlissenes Tauwerk, auch Gräser (Esparto-Gras).			
VIb 8	Schwefelkies.			
VIb 9	Ungelöschter Kalk.			

Aus Anlage 2 der Seefrachtordnung.

■

Zusammenpacken von Stoffen der Anlage 1 untereinander und mit anderen Gegenständen (Sammelsendungen).

Bestimmte, in der Anlage 2 aufgeführte Stoffe der Anlage 1 dürfen nach Maßgabe der dort angegebenen Beschränkungen miteinander und mit andern nicht gefährlichen Gegenständen in einem Versandstück zusammen verpackt werden.

Jeder Stoff der Anlage 1 muß hierbei nach den für ihn gültigen Vorschriften der Anlage 1 und den ergänzenden Vorschriften der Anlage 2 verpackt sein. Letztere sind in vorstehendem Güterverzeichnis so weit erforderlich enthalten.

Die Einzelpackungen sind in starke, dichte, sicher verschlossene Holzbehälter fest einzubetten.

Sammelbehälter mit Stoffen der Klassen Id, Ie, II, III und V sind nach den Vorschriften der Anlage 1 zu zeichnen.

Behälter mit brennbaren Flüssigkeiten mit einem Flammpunkt unter 21° C, mit Ausnahme der in Klasse III 1 a Absatz 3 genannten Steinkohlenteeröle sowie der unter Ziffer 4, 5, 6, 7 und 9 dort aufgeführten Stoffe, müssen mit der Aufschrift „Feuergefährlich" auf rotem Grunde versehen sein, sobald die Gesamtmenge dieser Flüssigkeit 5 kg und die Mengen der Einzelpackungen 1 kg übersteigen.

Für jede derartige Sammelsendung ist ein besonderer Verladeschein auszustellen. Näheres s. Tabelle I Verladescheine, desgl. über Bescheinigung des Abladers, der die Verantwortung für das richtige Zusammenpacken auf Grund von Bescheinigungen seiner Auftraggeber zu übernehmen hat.

■ Vgl. Vorbemerkung zu Güterverzeichnis.

Alphabetisches Verzeichnis.

Vorbemerkung: Das Verzeichnis enthält nur diejenigen Stoffe, die durch ihre vorgeschriebene Bezeichnung im **Verladeschein** nicht schon so genau gekennzeichnet sind, daß sie ohne weiteres im Güterverzeichnis gefunden werden können.

Versandstücke der Stoffe der Klasse I a müssen durch die Aufschrift „explosiv" oder „explosionsgefährlich", Versandstücke der Stoffe der Klasse I b durch den Zusatz „I b Munition", Versandstücke der Stoffe der Klasse I c mit Ausnahme der Zündhölzer durch den Zusatz „I c" gekennzeichnet sein.

Die Stoffe der Klassen III—VI sind zur Erleichterung des Auffindens der verschiedenen Ausnahmebestimmungen und trotzdem sie im Verladeschein genau klassifiziert sein müssen, im Verzeichnis aufgenommen.

Die Angaben der letzten Spalte „Zur Beachtung" usw. machen den Gebrauch der Tabellen I und II nicht entbehrlich.

Stoff	Güterverzeichnis Klasse Gruppe Ziffer	Zur Beachtung für Verladeschein: siehe **a, b** usw., für Verladung: siehe **1, 2** usw. in den Tabellen I u. II.
A.		
Abfälle, bleihaltige	IV 6b	**e, k, 25, 26**
Abfälle von gefetteten, gefirnißten Stoffen, Wolle, Garn u. dgl.	II 8	**d, h, r, 12**
Abfallschwefelsäure	V 1	**e, l, s, 3, 25, 29, 30, 31, 33**
Äthan	I d	**b, d, f, 4, 14, 15**
Äther	III 2	**e, i, 4, 17, 22, 23**
Ätherische Öle	III 9	**e, i 17, 22**
Äthylalkohol mit Nitrozellulose	III 3	**e, i, 4, 17, 22, 23**
Äthylamin	I d 6	**d, f, 4, 14**
Ätzende Stoffe	V	**e, l, 2, 25, 29, 30, 31, 33**
Ätzlauge	V 3	**e, 25, 30**
Akkumulatoren (mit Säure)	V 1 Verpackung	**e, l**
Alkalische Erdmetalle	I e 1	**d, g, 18, 19**
Alkalimetalle	I e 1	
Alkohol, absol.	III 9	**e, i, 17, 22**
Alkohol mit Nitroglyzerin	III 3	**e, i, 4, 17, 22, 23**
Aluminium (Späne, Staub, Grieß usw.)	II 9	**d, h, 12**
Alzünder	I b 3 c	**d**
Ammoniaksalpeter-Sprengstoffe, handhabungssichere [1])	I a A 1 a	
Desgl. nicht handhabungssichere [1])	I a A 3 f	**d**
Amorces (Zündblättchen)	I c 2 d	
Amylalkohol	III 3	
Amylazetat	III 2	**e, i, 4, 17, 22, 23**
Desgl. mit Nitrozellulose	III 3	
Ammoniak	I d 5	**b, d, f, 14**
Anhydrid	V 1	**e, l, s, 25, 29, 30, 31**
Antimonpentachlorid	V 5	**e, l, 25**
Arsenige Säure	IV 1	
Arsenikalien, nicht flüssige	IV 1	**e, k, 25, 26**
Desgl. flüssige	IV 4	
Arsensäure	IV 4	
Asphaltnaphtha	III 1 a	**e, i, 17, 22**
Asphalt mit Petroleumnaphtha	III 2	**e, i, 17, 22, 23**
Auripigment	IV 1	**e, k, 25, 26**
Ausländische Durchfuhrgüter	§ 4	**v 40**
Azetaldehyd	III 5	**e, i, 17, 22**
Azeton	III 5	
Azeton mit Azetylen	I d 2	**d, 4, 14**
Azeton mit Nitrozellulose	III 3	**e, 1, 17, 22, 23**
Azetylchlorid	V 5	**e, l, 25**
Azetylen in Azeton gelöst usw.	I d 2	**d, f, 4, 14**

[1]) Auch als Ammonsalpetersprengstoffe bezeichnet.

Stoff	Güterverzeichnis Klasse Gruppe Ziffer	Zur Beachtung für Verladeschein: siehe **a**, **b** usw., für Verladung: siehe **1**, **2** usw. in den Tabellen I u. II.
B.		
Baryt, Barythydrat, Bariumsalze (Bariumsulfat)	IV 9	**e, k, 25, 26**
Bariumsuperoxyd	VI a 3	**e, 3, 12, 34**
Batteriekasten, elektrische (schwefelsäurehaltig)	V 1 Verpackung	**e, l**
Baumwolle (Massengut)	VI b 3	**3, 12, 14, 17, 22, 35**
Desgl. gefettet, gefirnißt, geölt	II 8	**d, h, r, 12**
Behälter, leere, für Kalziumkarbid usw.	I e 2	**d, m**
Desgl. für giftige Stoffe	IV	**e, k, 26**
Desgl. für ätzende Stoffe	V	**e, l**
Benzin	III 1 b	**e, i, 4, 17, 22, 23**
Benzol	III 1 a	**e, i, 17, 22**
Benzol mit Holzgeist	III 7	
Biertreber (Massengut)	VI b 6	**3, 12, 14, 17, 22, 35**
Blaugas	I d 5	**d, k**
Blaustein	IV 7	**e, 25, 26**
Blei	I a A 1 b, I a A 2 a, I a A 3 a	**6**
Bleifarben	IV 6 b	**e, k, 25, 26**
Bleihaltige Abfälle	IV 6 b	
Bleiglätte	IV 6 b	
Bleischlamm (schwefelsäurehaltig)	V 1 Verpackung	**e, l, 26, 29, 30**
Bleipräparate	IV 6 b	**e, k, 25, 26**
Bleirückstände	IV 6 b	
Bleiweiß	IV 6 b	
Bleizucker	IV 6 b	
Bohrspäne	II 9	**d, h, r, 12**
Bordelaiser Brühe	IV 7	**e, k**
Bourre de Soie (Seide)	II 7	**d, h, r, 12**
Brandeln	I b 3 c	**d**
Braunkohlenteeröl	III 1 a	**e, 12, 14, 17, 22, 35, 37**
Braunkohlenbriketts	VI b 2	**3, 31, 37**
Brennbare Flüssigkeiten	III	**e, i, 3, 17, 22, 23**
Brennbare Stoffe, Gemenge mit Leinöl, Harz, Harzöl, Petroleumrückstände	II 8 b	**d, h, r, 12**
Briketts (Kohle)	VI b 2	**3, 14, 17, 22, 35, 37**
Brisante Sprengladungen	I b 5	**d**
Brom	V 4	**e, l, 25**
Bromsalz	VI a 2	**e, 3, 12, 34**
Bromsaure Salze	VI a 2	
Bromzyan	IV 8	**e, k, 28**
C.		
Chappeseide	II 7	**d, h, r, 12**
Chlor	I d 5	**b, d, f, 14, 15, 16**
Chloratsprengstoffe	I a A 2 b, I a A 3 c	**d**
Chloräthyl	I d 6	**d, f, 4, 14**
Chlorhydrine, nitrierte	I a A 2 c	**d**
Chloride, durch Wasser zersetzlich	V 5	**e, 25**
Chlorkohlenoxyd	I d 5	**b, d, f, 4, 14**
Chlormethyl	I d 6	**d, f, 4, 14**
Chlorsaure Salze	VI a 1	**e, 3, 12, 34**
Chlorschwefel	V 2	**e, l, 25**
Chlorsulfonsäure	V 5	
Chromylchlorid (s. Chloride)	V 5	
Cordonnetseide	II 7	**d, h, r, 12**
Cumol siehe auch Kumol	III 1 a	**e, i, 22**

Stoff	Güterverzeichnis Klasse Gruppe Ziffer	Zur Beachtung für Verladeschein: siehe **a**, **b** usw., für Verladung: siehe **1**, **2** usw. in den Tabellen I u. II.
D.		
Denaturierungsmittel für Spiritus	III 6	**e, i, 22**
Destillate aus Petroleum usw.	III 1 b	**e, i, 17, 22, 23**
Destillate aus Kohlen-Teerölen	III 1 a	**e, i, 22**
Drehspäne, gefettete	II 9	**d, h, r, 12**
Dynamit	Ia A 3 e	**d**
Durchfuhrgütr (ausländische)	§ 4	**v, 40**
E.		
Eisenbeize	V 2	**e, l, 25**
Eisenoxyd, salpetersaures, schwefelsaures	V 2	
Eisenspäne, gefettet	II 9	**d, h r, 12**
Eismaschine mit schwefliger Säure	I d Verpackung	**d**
Entzündliche Flüssigkeiten	III 2	**e, f, i, 17, 22, 23**
Entzündliche Gase	I d, I e	**d, f, 4, 18, 19**
Erdnüsse	VI b 5	**3, 14, 17, 22, 35**
Erdmetalle	I e 1	**d, g, 18, 19**
Espartogras	VI b 7	**3, 14, 17, 22, 35, 36**
Essigäther mit Nitrozellulose	III 3	**e i, 17, 22, 23**
Essigsäurelösung mit Nitrozellulose	III 4	**e i, 22**
Ester	III 2	**e, i, 17, 22, 23**
Explosionsgefährliche Stoffe bei Zutritt von Wasser	I e	**d, g, 18, 19**
Explosionsfähige, nicht selbstentzündliche, chemische Produkte	I a C	**d**
F.		
Fabrikate aus Ölpapier	II 10	**d, h, r, 12**
Farben mit Firnis versetzt	III 9	**e, i, 22**
Faserstoffe, pflanzliche	VI b 3	**3, 14, 17, 22, 35, 36**
Ferrinitrat	V 2	**e, l, 25**
Ferrisulfat	V 2	
Ferromangansilizium	IV 2	**e, k, 27**
Ferrosilizium	IV 2	
Fettgas	I d 3	**d f, 4**
Fettmischung mit Phosphor	II 3	**d, h, 12**
Fette Öle	III 9	**e, i, 17, 22, 24**
Feuerlöschvorrichtungen mit Säure	V 1-4 Verpackung	**e, l**
Feuerwerkskörper	I c I c 3	**d, 3, 11, 12**
Firnisse	III 9	**e, i, 22**
Fischnetze, geölt	II 8	**d, h, r, 12**
Flachs (Massengut)	VI b 3	**3, 14, 17, 22, 35, 36**
Desgl. gefettet usw.	II 8	**d, h, r, 12**
Flammpunkt unter 21° C.	III 1, b 1c, 2, [illegible], 8	**i, 4, 22, 23**
Fliegenstein	IV 1	**e, k, 25, 26**
Flüssige Gase	I d 4	**d, 2, 14**
Flüssige Luft	I d 7	**d, 3, 14, 17**
Flüssigkeitsgemenge aus Petroleumnaphtha mit Harz usw.	III 2	**e, i, 17, 22, 23**
Flüssigkeiten, brennbare	III	**e, i, 17, 22**
Flußsäure	V 1	**e, 3, 25, 26, 29, 30, 31**
Füllungsdruck	I d 1—4 } Verpackung	**14 d**
Füllungsgrad	I d 5—6	
Fuselöle	III 9	**e, i, 22**
G.		
Garne, gefettete usw.	II 8	**d, h, r, 12**
Gasäther	III 3	**e, i, 4, 17, 22, 23**
Gase in Berührung mit Wasser entzündlich usw.	I e	**d, g, 18, 19**
Gase, nitrose	V	**31**
Gase, verdichtete	I	**d, f, 14**
Gase, verflüssigte		

Stoff	Güterverzeichnis Klasse Gruppe Ziffer	Zur Beachtung für Verladeschein: siehe **a**, **b** usw., für Verladung: siehe **1**, **2** usw. in den Tabellen I u. II.
Gase, giftige	I d 1, 5	**f, 14, 15**
Gasolin	III 1 c	**e, i, 4, 17, 22, 23**
Gefettete, gefirnißte, geölte Stoffe	II 8	**d, h, r, 12**
Gemenge aus körnigen oder porösen brennbaren Stoffen mit Leinöl, Harz usw.	II 8 b	
Gemische von Holzgeist und Benzol	III 7	**e, i, 22**
Desgl. von Schwefelsäure und Salpetersäure	V 1	**e, l, 25, 29, 30, 31, 33**
Geschirrlitzen, gefettet usw.	II 8 a	**d, h, r, 12**
Geschoßzünder	I b 4 c	**d**
Geschützmunition	I b 7	**d, n, o**
Getreidehülsenmehl	VI b 5	**3, 14, 17, 22, 35, 36**
Giftige Metallpräparate	IV b	**e, k, 25, 26**
Giftige Stoffe	IV	**e, k, 2, 25, 26**
Glätte	IV 6 b	**e, k, 25**
Gräser (Massengut)	VI b 7	**3, 14, 17, 23, 35, 36**
Grubengas	I d 4	**d, f, 4, 14**
Grünspan	IV 6 a	**e, k, 25, 26**
Gummi, gemahlen usw.	II 8 c	**d, h, 12**
Guttapercha mit Petroleumnaphtha	III 2	**e, i, 17, 22, 23**
H.		
Haare, gefettet usw.	II 8	**d, h, r, 12**
Hanf (Massengut)	VI b 3	**3, 14, 17, 22, 35, 36**
Hanf, gefettet	II 8	**d, h, r, 12**
Harnischlitzen	II 8 a	
Harz mit Petroleumnaphtha	III 2	**e, i, 17, 22, 23**
Harz, Harzöl usw., Gemenge	II 8 b	**d, h, r, 12**
Harz, Mischung mit Phosphor	II 3	**d, h, 12**
Hefebeutel	II 13	
Hochofenfilterstaub	II 9	
Hoffmannstropfen	III 3	**e, i, 17, 22, 23**
Holzgeist	III 5	**e, i, 22**
Desgl. mit Benzol	III 7	
Desgl. mit Pyridin	III 6	
Holzkohle, geglüht	II 6	**d, h, r, 12**
Hülsen (Papier)	II 10	
Hülsenmehl	VI b 5	**3, 14, 17, 22, 35, 36**
Hüttenrauch	IV 1	**e, k, 25, 26**
Hydrolith	I e 2	**d, g, 18, 19**
J.		
Jute (Massengut)	VI b 3	**3, 14, 17, 22, 35, 36**
Jute, gefettet	II 8	**d, h, r, 12**
K.		
Kalilauge	V 3	**e, l, 25**
Kalium	I e 1	**d, 18, 19**
Kalk, ungelöscht	VI b 9	**3, 14, 17, 22, 35, 38**
Kalkstickstoff	I e, 2 a, b, c	**d, q, 8, 20, 21**
Kalzium	I e 1	**d, g, 18, 19**
Kalziumhydrür	I e 2 a	**d, g, q, 18, 21**
Kalziumkarbid	I e 2 a	
Kanonenschläge	I c 4	**d**
Kautschuk, gemahlen	II 8 c	**d, h, 12**
Kautschuk mit Petroleumnaphtha	III 2	**e, i, 17, 22, 23**
Kienöl	III 9	**e, i, 22**
Kleiedunst, Kleiestaub (Massengut)	VI b 5	**3, 14, 17, 22, 35, 36**
Knallhaltsignale	I b 5 b	**d, k**
Knallkorke, Knallkapseln	I c 2 d	
Kohlensäure	I d 1, 5	**b, d, f**
Kohlenwasserstoff	III 1	**e, i, 22**
Kollodium	III 3	**e, i, 4, 17, 22, 23**
Kollodiumwolle	I a A 1 c I a A 3 b	**d**

Stoff	Güterverzeichnis Klasse Gruppe Ziffer	Zur Beachtung für Verladeschein: siehe **a**, **b** usw., für Verladung: siehe **1**, **2** usw. in den Tabellen I u. II.
Kopra	VIb 4	**3, 14, 17, 22, 35**
Korkfüllmasse	II 8b	**d, h, r, 12**
Kumol	III 1a	**e, i, 22**
Kunstwolle, gefettet	II 8	**d, h, r, 12**
Kupferfarben	IV 6a	**e, k, 25, 26**
Kupferpräparate	IV 6a, 7	**e, k, 26**
L.		
Lacke von Spiritus	III 9	**e, i, 22**
Lance Parfum	Id 6	**d, 14**
Lappen, gefettet usw.	II 8	**d, h, r, 12**
Laugen	V 3	**e, l, 25**
Lederkohle, geglüht	II 6	**d, h, r, 12**
Leere Behälter	Ie, 2, IV, V	**k, l, m, 26**
Legierungen	Ie 1, II 9	**d, g, h, r**
Leicht entzündliche Flüssigkeiten	III 2	**e, i, 17, 22, 23**
Leinöl	II 8b	**d, h, r, 22, 23**
Leuchtgas	Id 3	**d, f, 4, 14**
Leuchtmittel	Ib 1	**d**
Ligroin	III 1b	**e, i, 4, 17, 22, 23**
Lösungen s. betr. Stoffe	II 4, III 3, 4	**d, e, h, i**
Luft, flüssige	Id 7	**d, f, 3, 14, 17**
Lumpen usw.	II 8, VIb 7	**d, r, 3, 14, 17, 22, 35, 36**
Lupulin	II 8b	**d, h, r, 12**
M.		
Magnesiumpulver	II 9	**d, h, 12**
Maiskleie	....	**t**
Maisschrot	VIb 5	**3, 14, 17, 22, 35, 36**
Maisstärke		
Maisrückstände	....	**t**
Malzkeime	VIb 6	**3, 14, 17, 22, 35**
Massengüter, selbst erhitzende	VIb	**3, 14, 17, 22, 35, 36, 37, 38**
Massikot	IV 6b	**e, k, 25, 26**
Mennige	IV 6b	
Metalle, pyrophorische	II 11	**c, d, 2**
Metallpräparate, giftige	IV 6	**e, k, 25, 26**
Methan, Grubengas	Id 4	**d, f, 14**
Methyläther	Id 6	**d, f, 4, 14**
Methylalkohol mit Nitrozellulose	III 3	**e, i, 17, 27, 23**
Methylamin	Id 6	**d, f, 4, 14**
Minenzündungen	Ib 4b	**d, 3, 10**
Mischgas	Id 3a	**d, f, 14**
Mischsäure	V 1	**e, l, s, 3, 25, 29, 30, 31, 33**
Mischung Gas explosiv mit Chlor	Id	**16**
Mischung Phosphor mit Harz	II 3	**d, h, 12**
Mischung Kupfervitriol mit Kalk usw.	IV 7	**e, k, 25, 26**
Mischung Natriumsuperoxyd	Ie 3	**d, g, 18, 19**
Monochlorbenzol	III 7	**e, i, 22**
Mühlenerzeugnisse	VIb 5	**3, 14, 17, 22, 35, 36**
Munition	Ib	**b, d, 1, 2, 3, 5**
Munition für Geschütze	Ib 7	**d**
N.		
Nahrungsmittel	IV Güterverzeichnis letzte Spalte	**26**
Natrium	Ie 1	**d, g, 18**
Natriumazid	Ie 4	
Natriumsuperoxyd	Ie 3	
Natronlauge	V 3	**e, l, 25**
Neolin	III 1c	**e, i, 4, 17, 22, 23**
Netze	II 8a	**d, h, r, 12**
Nitrobenzol mit Nitrozellulose	III 3	**e, i, 4, 17, 22, 23**
Nitroglyzerin in Alkohol	III 3	
Nitrokörper	Ia A 1b	**d, 6**

Stoff	Güterverzeichnis Klasse Gruppe Ziffer	Zur Beachtung für Verladeschein: siehe **a**, **b** usw., für Verladung: siehe **1**, **2** usw. in den Tabellen I u. II.
Nitrose-Gase	V	**31**
Nitrozellulose	I a A 1 c I a A 3 b	**d, 8**
Nitrolösungen	III 3, 4	**e, i, 4, 17, 22, 23**
Nitrozellulose-Pulver	I a B 1 I a B 2	**d, 8**
Ö.		
Öle, Fette, Firnisse	III 9	**e, i, 17, 22, 24**
Öl-Kohlenteer	III 1 a, b	**e, i, 17, 22, 23**
Ölfischnetze	II 8 a	**d, h, r, 12**
Ölgas	I d 5	**d, f, 4, 14, 15**
Ölpapier	II 10	**d, h, r, 12**
Ölraffinerie		
Ölrückstände	V 3	**e, l, 25**
Ölsatz		
Ölzeug	II 8 a	**d, h, r, 12**
Oleum, festes	V 1	**e, l, s, 25**
Organische Nitrokörper	I a A 1 b I a A 2 a I a A 3 a	**d, 6**
P.		
Pansol	III 7	**e, i, 22**
Papier mit Öl usw.	II 10	**d, h, r, 12**
Papier, Rohstoffe	VI b 7	**3, 12, 14, 17, 22, 35, 36**
Papier, Hülsen, gefettet	II 10	**d, h, r, 12**
Pappringe, gefettet usw.	II 10	
Patronenhülsen	I b 3 b	
Patronen	I b 6	
Parfum Lance	I d 6	**d**
Perchloratsprengstoffe	I a A 2 b I a A 3 c	
Persenning	II 8 a	**d, h, r, 12**
Petarden	I b 5 b	**d**
Petroleum	III 1 a, b	
Petroleumäther	III 1 c	**e, i, 4, 17, 22, 23**
Petroleumnaphtha	III 1 b	
Petroleumrückstände	II 8 b	**d, h, r, 12**
Phosgen	I d 5	**b, d, 14, 15**
Phosphor	II 1, 2	
Phosphormetalle	II 2	
Phosphormischungen	II 3	**d, h, 12**
Phosphorsesquisulfid	II 2	
Photogen	III 1 a	**e, i, 22**
Pottaschenlauge	V 3	**e, l, 25**
Präzipitat	IV 6 a	**e, k, 25, 26**
Preßluft	I d 4	**d, 4, 14**
Preßkohlen	VI b 2	**3, 14, 17, 21, 35, 37**
Proben von Sprengstoffen	I a A 3 g	**d, q**
Putzöl	III 1 b	**e, i, 17, 22, 23**
Pyridin	III 6	**e, i, 22**
Pyrophorische Metalle	II 11	**b, c, d, 2**
Pulverfäden	I a B 2	**d**
Pyrotechnische Scherzartikel	I c 2	**d, g**
Q.		
Quecksilber	IV 6	**e, k, 25, 26**
R.		
Raketen	I b 1	**d**
Rauschgelb	IV 1	**e, k, 25, 26**
Realgar		
Reis (Massengut), rice meal	VI b 5	**3, 14, 17, 22, 35, 36**
Rohstoffe für Papier	VI b 7	

Stoff	Güterverzeichnis Klasse Gruppe Ziffer	Zur Beachtung für Verladeschein: siehe **a**, **b** usw., für Verladung: siehe **1**, **2** usw. in den Tabellen I u. II.
Rückstände der Ölraffinerie	V 3	**e, l, 25**
Rückstände von der Maisstärkefabrikation	VI b 5	**t, 3, 12, 14, 17, 22, 35, 36**
Ruß, geglüht	II 5	**d, h, r, 12**
Rauchschwaches Pulver	I a B 1	**d**
S.		
Salpetersäure	V 1	**e, l, s, 3, 25, 29, 30, 31**
Salpetersaures Eisenoxyd, schwefelsaures Eisenoxyd	V 2	**e, l, 25**
Salze, chlorsaure	VI a 1	**e, 3, 12, 34**
Salze, bromsaure	VI a 2	**e, 3, 12, 34**
Salzsäure	V 1	**e, l, 3, 25, 29, 30**
Sammler, elektrische	V 1	**e, l, 3**
Sauerstoff	I d 4	**d, 14**
Säure Chloride	V 5	**e, l, 25**
Säuren	V 1	**e, l, 3, 25, 29, 30, 31, 33**
Säureharz	V 1 Verpackung	**e, l, 25**
Sammelsendungen	I a – VI a	**e, f, g, h, i, k, u, 39**
Schießpulver	I a B 2	**d**
Scheidewasser	V 1	**e, l, 3, 25, 29, 30, 31**
Scherbenkobalt	IV 1	**e, k, 25, 26**
Schlagröhren	I b 3 c	**d**
Schieferöle	III 1 a	**e, i, 22**
Schießbaumwolle	I a A 3 b I a A 1 c	**d**
Schutzdecken	II 8 a	**d, h, r, 12**
Schwarzpulver	I a A 1 c I a A 3 d I a B 2	**d**
Schwefeläther	III 2, III 3	**e, i, 14, 17, 22, 23**
Schwefelhölzer	I c 1 b	**a, d**
Schwefelkalium	II 12	**d, h, 12**
Schwefelkies	VI b 8	**3, 14, 17, 22, 35**
Schwefelnatrium	II 12	**d, h, 12**
Schwefelkohlenstoff	III 8	**e, i, 4, 17, 22, 23**
Schwefelsäure	V 1	**e, l, s, 3, 25, 29, 30, 31**
Schweflige Säure	I d 5	**b, d, f, 14**
Seide	II 7, 8	**d, h, r, 12**
Seifen, flüssige	III 9	**e, i, 22**
Seife mit Petroleumnaphtha	III 2	**e, i, 17, 22, 23**
Seilerwaren	II 8 a	**d, h, r, 12**
Selbstentzündliche Stoffe	II	**d, h, r, 3, 12**
Selbsterhitzende Massengüter	VI b 1—9	**3, 14, 17, 22, 35, 36, 37, 38**
Selbstoxydation	II 8 b	**d, h, r, 12**
Sicherheitszünder	I c 1 d	**d 2**
Sicherheitszündhölzer	I c 1 a	**a, d**
Signalmittel	I b 1	**d**
Sikkative	III 9	**e, i, 22, 24**
Signalfeuerwerk	I c 4	**d 2**
Sodalauge	V 3	**e, l, 25**
Sodor	I d	**d, 14**
Solaröl	III 1 a	**e, i, 22**
Soupleseide	II 7	**d, h, r, 12**
Späne von Metallen, gefettet	II 9	**d, h, r, 12**
Sparklet	I d	**d, 14**
Spinnstoffe	II 8 a	**d, h, r, 12**
Spiritus	III 9	**e, i, 22**
Spirituslacke	III 9	**e, i, 22**
Sprengkapseln	I b 4 a	**d, n, o, 3, 10**
Sprengladungen aus Pikrinsäure	I b 5 a	**d, n, 1, 2, 3, 5**
Sprengstoffe	I a	**d**
Sprengkräftige Zündungen	I b 4 a, b	**d, n, o, 10**
Stahlspäne, gefettet	II 9	**d, h, r, 12**
Staub von Metallen	II 9	**d, h, 12**

Stoff	Güterverzeichnis Klasse Gruppe Ziffer	Zur Beachtung für Verladeschein: siehe **a**, **b** usw., für Verladung: siehe **1**, **2** usw. in den Tabellen I u. II.
Steinkohlen	VI b 1	**3, 14, 17, 22, 35, 37**
Steinkohlenteeröle	III 1 a	**b, e, f, i, 22**
Stickoxydul	I d 5	**d, f, 14**
Stickstoff	I d 4	**d, 4, 14**
Stickstofftetroxyd	I d 5	**b, d, f, 14**
Stränge von Seide	II 7	**d, h, r, 12**
Streichzünder	I c 1 b	**d**
Strontium	I c 1	**d, g, 18**
Sturmzündhölzer	I c 1 c	**a, d**
Sublimat	IV 6 a	**e, k, 25, 26**
T.		
Tankschiffe	V 111	**i, l, 33**
Tauwerk	VI b 7	**3, 14, 17, 22, 35, 36**
Tauwerk	II 8 a	**d, h, r, 12**
Teer	III 2	**e, i, 17, 22, 23**
Terpentinöl	III 9	**e, i, 22**
Testpetroleum	III 1 a	**e, i, 22**
Toluol	III 1 a	**e, i, 22**
Torföle	III 1 a	**e, i, 22**
Torpedogefechtspistolen	I b 4 e	**d**
Treibriemen	II 8 a	**d, h, r, 12**
U.		
Überallzünder	I c 1 b	**a, d, 13**
Überchlorsaure Salze	VI a 5	**e, 3, 12, 34**
Übermangansaure Salze	VI a 4	**e, 3, 12, 34**
V.		
Verdichtete und verflüssigte Gase	I d	**d, f, 2, 14**
W.		
Wassergas	I d 3	**d, f, 4, 14**
Wasserstoff	I d 4	**d, f, 4, 14**
Weberlitzen	II 8 a	**d, h, r, 12**
Weingeist	III 9	**e, i, 22**
Wolle, gefettet	II 8	**d, h, r, 12**
Wasserfreie Schwefelsäure	V 1	**e, l, s, 25, 29, 30, 31**
X.		
Xylol	III 1 a	**e, i, 22**
Z.		
Zaponlacke	III 3	**e, i, 17, 22, 23**
Zinkäthyl	II 4	**d, h, 12**
Zinkmethyl	II 4	**d, h, 12**
Zinkspänestaub	II 9	**d, h, r, 12**
Zündgarn	I c 1 e	**d, p**
Zündhölzer	I c 1 b	**d**
Zwirne, gefettet	II 8 a	**d, h, r, 12**
Zyankalium, Natrium und Laugen	IV 3, 5	**e, k, 25, 26**
Zündschnüre, Schnell-	I b 2 a	**d, 8**
Zündschnüre, Moment-	I b 2 b	**d, 8**
Zündungen (Zündhütchen, Zündspiegel), nicht sprengkräftige	I b 3	**d, 8**
Desgl. sprengkräftige	I b 4	**d, n, o**
Zündschrauben	I b 3 c	**d, 8**
Zündladungen	I b 4 d	**d**
Zündwaren	I c	**a, d, 3, 11, 12**
Zündkörper, -schnüre, -garne, -hölzer	I c 1	**d**
Zusammenpacken verschiedener gefährlicher Klassen siehe „Sammelsendungen“	Güterverzeichnis am Schluß und in Spalte „Besonderes“.	**u, 39**

Tabelle I.

Verladescheine.

Zeichen — **Bedeutung**

+ Die Verladescheine gefährlicher Güter müssen bei den Stoffen der in der → Spalte angegebenen Klassen den in der ↓ Spalte gegebenen Bedingungen entsprechen.

a, b Ausnahmen und Sonderangaben unter den betreffenden Buchstaben sind zu beachten.

■ Die Vorschrift ist ab 1. 4. 22 in Kraft.

	Ia	Ib	Ic	Id	Ie	II	III	IV	V	VIa	VIb
1. Für jede Sendung der betreffenden Klasse ist ein *besonderer* Verladeschein erforderlich.	+	+ **o**	+ **a**	+ **b**	+ **m**	+ **c**	+	+	+	+	
2. Dieser Schein ist äußerlich durch einen 1 cm breiten, roten Querstreifen gekennzeichnet.	+	+	+ **a**	+ **b**	+	+ **c**					
3. Die Inhaltsangabe im Verladeschein hat die „Aufschrift" auf Behältern gem. Verpackungsvorschrift im Güterverzeichnis vollständig wiederzugeben.	+	+	+	+	+	+					
4. Sonstige Zusätze zur Inhaltsangabe über Eigenschaften der Stoffe.	**d**	**d**	**d**	**d** **f**	**d** **g**	**d** **h**	**e** **i**	**e** **k**	**e** **l**	**e**	—
5. Besondere Bescheinigungen des Abladers auf Verladescheinen.	**n** △	**n o** △	**p** △	△	**q** △	**r** △	△	△	**s** △	△	**t**
6. Verladescheine für *leere* Gefäße.					**m**			**k**	**l**		
7. *Sammelsendungen* zusammengepackter Gegenstände nach Anlage 2 der S. F. O.	**u**		**u**	**u**	**u**	**u**	**u**	**u**	**u**	**u**	
8. Ausländische *Durchfuhrgüter*.	**v**	**v**	**v**	**v**	**v**	**v**	**v**	**v**	**v**	**v**	

Besondere Bestimmungen für Verladescheine.

△ *Allgemein*: Bei Verschiffung der bedingungsweise zugelassenen Gegenstände und Stoffe der Klassen I bis VI a hat der Ablader auf den Verladescheinen unter vollgültiger Firmenzeichnung die verantwortliche Erklärung abzugeben, daß die **Verpackung** den Vorschriften der Anlagen 1 und 2 entspricht.

Bei Sendungen aus den Klassen I a, I b und I c muß sich die Erklärung ferner darauf erstrecken, daß die **Beschaffenheit** der Stoffe oder Gegenstände den im Güterverzeichnis der Anlage 1 gestellten Zulassungsbedingungen genügt (§ 3).

a Für Sicherheitszündhölzer und gewöhnliche Schwefelhölzer (I c, 1 a u. b) ist ein gewöhnlicher Verladeschein auszustellen, auf dem jedoch andere Gegenstände nicht aufgeführt werden dürfen.

b Für die im Güterverzeichnis am Schlusse hinter I d Ziffes 5 und 6 angegebenen *Ausnahmen* von den Verpackungsvorschriften zu I d 5, 6 sind nur gewöhnliche Verladescheine erforderlich.

c Für die pyrophorischen Metalle II 11 sind wie zu b nur gewöhnliche Verladescheine erforderlich.

d *Anzahl, Gattung, Zeichen* und *Nummer* der Versandstücke ist anzugeben; außerdem das *Rohgewicht* bei Versandstücken der Klassen I a, I b sowie bei denen der Klasse I c Ziffer 1 b u. c, 2 b bis e, 3 und 4.

e Die Stoffe sind mit *Namen, Ziffern* und *Buchstaben* nach Maßgabe des Güterverzeichnisses im Verladeschein anzuführen.

f Die „*Eigenschaften*" der Gase nach Maßgabe des nachstehenden Verzeichnisses sind *im Verladeschein neben* der Inhaltsangabe gem. Verpackungsvorschrift auffällig hervorzuheben (*nicht* auf Versandstücken):

a) *Entzündlich und giftig*	b) *Entzündlich*	c) *Giftig*	d) *Feuergefährlich*
bei Azetylen (Ziff. 2)	Wasserstoff (Ziff. 4)	Kohlensäure (Ziff. 1 u. 5)	Flüssige Luft (Ziff. 7).
Leuchtgas, Fettgas, Mischgas, Wassergas (Ziff. 3) Grubengas (Ziff. 4) Äthan, Ölgas (Ziff. 5)	Chlormethyl, Chloräthyl, Methyläther, Methylamin, Äthylamin (Ziff. 6)	Stickoxydul, Ammoniak, Chlor, Schweflige Säure, Chlorkohlenoxyd, Stickstofftetroxyd (Ziff. 5)	

g In auffälliger Schrift ist im Verladeschein hervorzuheben, daß die Stoffe der Klasse Ie Ziffer 3 und 4 *bei Zutritt von Wasser*: „*feuergefährlich*“, die der Ziffer 1 und 2 „*explosionsgefährlich*“ sind.

h In auffälliger Schrift ist bei den Stoffen der Klasse II Ziffer 1 bis 10, 12 und 13 im Verladeschein der Vermerk hinzuzufügen: „*Selbstentzündlich*“.

i Die Flüssigkeiten der Klasse III mit einem Flammpunkt *unter* 21° C. sind im Verladeschein als „*feuergefährlich*“, die übrigen als „*brennbar*“ zu bezeichnen. Bei Sammelsendungen feuergefährlicher Stoffe muß die Bezeichnung als *feuergefährlich* erfolgen, wenn die Gesamtmenge dieser Flüssigkeiten 5 kg und die Menge der Einzelpackungen 1 kg übersteigt (vgl. Anlage 2 S. F. O.).

k Die Stoffe der Klasse IV sind im Verladeschein deutlich als „*giftig*“ zu bezeichnen. Für *entleerte Gefäße*, die Stoffe der Ziffern 1, 3, 4, 5, 6 a und 9 enthalten haben, gelten die gleichen Bestimmungen hinsichtlich der Verladescheine wie für volle Gefäße.

l Die Stoffe der Klasse V sind im Verladeschein deutlich als „*ätzend*“, rauchende Schwefelsäure sowie Gemische von Schwefelsäure und Salpetersäure sind als „*ätzend und feuergefährlich*“ zu bezeichnen.

In Verladescheinen ist bei *entleerten Gefäßen*, die nicht vollständig gereinigt sind und Stoffe der Ziffern 1—4 enthalten haben, hierauf hinzuweisen.

m Über *leere Gefäße*, die Stoffe der Klasse I e Ziffer 2 a und b enthalten haben, ist unter Angabe des früheren Inhalts ein besonderer Verladeschein auszustellen.

n Für die Zusammenbeförderung von Sprengstoffen (I a) und Munition I b Ziffer 5, 7, 8 ■ mit sprengkräftigen Zündungen (I b, 4) auf *Segelschiffen ohne feste abschließbare Schottenabteilungen* hat der Ablader zu bescheinigen, daß „die für diese Beförderungsart vorgeschriebene Verpackungsart der sprengkräftigen Zündungen innegehalten ist und daß die Sprengkapseln oder elektrischen Minenzündungen zu den mitzuverschiffenden Sprengstoffen gehören“.

o Die Zündungen der Klasse I b Ziffer 4 sind von anderen Munitionsgegenständen gesondert aufzuführen mit dem Vermerke: „*Nicht mit Munitionsgegenständen der Ziffern 5, 7 und 8 und Sprengstoffen zusammenzustauen*“ (Ausnahme s. unter n).

■ Bei Munition (I b) der Ziffer 7 hat der Ablader auch zu bescheinigen, daß „die in der Munition befindlichen Spreng- und Schießmittel auf ihre gute Beschaffenheit und Lagerbeständigkeit mit Erfolg geprüft und daß sie in den Geschossen und Hülsen sicher festgelegt sind“.

p Bei Stoffen der Klasse I c Ziffer 2 d Absatz 3 Knallkorke, Knallkapseln u. dgl. ist zu bescheinigen, daß „die Muster vom Reichs-Verkehrsministerium zur Beförderung auf der Eisenbahn zugelassen sind“, bei Zündgarn (I c Ziff. 1 e), daß „es den Stabilitätsbedingungen unter I a B 1 Gruppe (1) a und b der Anlage C zur Eisenbahnverkehrsordnung entspricht“ (s. Güterverzeichnis, I c, I e letzte Spalte).

q Zur Befreiung von den besonderen Verladevorschriften für Stoffe der Klasse I e Ziffer ■ 2 a und b ist im Verladeschein den ev. Tatsachen entsprechend zu bescheinigen, daß „der Karbidgehalt 0,1% nicht übersteigt“ und falls der Stoff in Säcken zur Verladung kommt, ist auf „die Bedingung durchaus trockner Verladung“ hinzuweisen.

r Falls Stoffe, die im Güterverzeichnis der Klasse II unter den Ziffern 5, 6, 7, 8, 8 a, 8 b ■ und 10 sowie Eisen- und Stahlspäne der Ziffer 9 aufgeführt sind, ohne Einschränkung befördert werden sollen, hat der Ablader den Tatsachen entsprechend zu bescheinigen, daß

„a) Stoffe der Ziffer 5 und 6 nach der Abkühlung mindestens 48 Stunden dünn ausgebreitet frischem Luftzug ausgesetzt waren,

b) Stoffe der Ziffer 7 nicht in solcher Weise beschwert sind, daß Selbstentzündung eintreten kann,

c) Stoffe der Ziffer 8 nicht gefettet, gefirnißt oder geölt sind,
d) bei Stoffen der Ziffern 8a, 8b und 10: die Tränkungsmittel vollkommen getrocknet sind und danach Selbstoxydation und Wärmeentwicklung ausgeschlossen sind. (Gewöhnliches Tauwerk gilt ohne weiteres als nicht gefettet.)
e) Eisen und Stahlspäne der Ziffer 9 nicht gefettet sind."

Fehlt diese Bescheinigung bei den betreffenden Stoffen, so sind sie nach dieser Vorschrift als gefährliche Güter zu behandeln.

s Bei Stoffen der Klasse V Ziffer 1 hat der Ablader auf Grund der Bescheinigungen der Auftraggeber im Verladeschein zu erklären, daß
„a) Abfallschwefelsäure aus Nitroglyzerinfabriken vollständig denitriert ist,
b) daß Gemische aus Schwefelsäure und Salpetersäure, den im Güterverzeichnis unter 1 gestellten Bedingungen entsprechen, und
c) Angaben über das spezifische Gewicht bei 15° C bei Salpetersäure (Ziffer 1) in Glasgefäßen und über den Prozentsatz an freiem Anhydrid bei rauchender Schwefelsäure (Oleum) in Glasgefäßen zu machen.

t Bei Maiskleie und Rückständen aus der Maisstärkefabrikation (VI b 5) hat der Ablader verantwortlich im Verladeschein zu bescheinigen, daß „der Wassergehalt der Güter nirgends 12% übersteigt", andernfalls sind sie von der Beförderung auszuschließen.

u Jede Sammelsendung zusammengepackter Gegenstände, die nur bedingungsweise zur Beförderung zugelassen sind, miteinander oder mit anderen ungefährlichen Gütern, muß einen besonderen Verladeschein erhalten, aus dem der Inhalt jedes Behälters an bedingungsweise zugelassenen Gegenständen unter Hervorhebung ihrer Eigenschaften nach den bestehenden Bestimmungen deutlich zu ersehen sein muß. Die Angaben sind mit roter Tinte zu unterstreichen. Der Ablader hat auf Grund der Bescheinigungen seiner Auftraggeber auf dem Verladeschein zu erklären, daß „die gestatteten Gewichtsmengen innegehalten sind" und „die Stoffe sich in der vorgeschriebenen Sonderverpackung befinden".

v Bei ausländischen gefährlichen Durchfuhrgütern (s. Verladungsvorschriften **40**) ist an Stelle der vorgeschriebenen Erklärung des Abladers (s. △) dem Verladeschein die Urschrift der Genehmigung der Aufsichtsbehörde zur Weiterverladung der Güter im Geltungsbereich dieser Verordnung oder eine Abschrift davon beizufügen. Die Richtigkeit der Abschrift muß von demjenigen, dem die Genehmigung erteilt ist, oder von dem Ablader bestätigt sein. Eine Erklärung des Abladers ist in diesem Falle nicht erforderlich, soweit nicht in der Genehmigung etwas anderes bestimmt ist.

Tabelle II.

Verladungsvorschriften.

Allgemeine Verladungsvorschriften, A zu Tabelle II.

1. Als *Personenschiff* im Sinne dieser Vorschriften gilt ein Kauffahrteischiff, das in der Nah-Küsten, und kleinen Fahrt mehr als 10, bei weiteren Reisen mehr als 24 Reisende an Bord hat. Auswandererschiffe haben ihre Sondervorschriften zu beachten (§ 35 und 36 der Vorschrift für Auswandererschiffe vom 14. 3. 98 (R. G. Bl. S. 57).

Beleuchtung (§ 7, 8, 9, 10).

2. Räume, in denen sich Sprengstoffe (I a), Munition (I b) und Feuerwerkskörper (I c) sowie leicht brennbare Ladungen jeder Art befinden, dürfen nur mit *elektrischen oder gut verschlossenen Kerzen oder Pflanzenöl-Lampen* betreten werden.
3. Für Räume, in denen große Mengen entzündlicher, verdichteter und verflüssigter Gase (I d), Stoffe, die in Berührung mit Wasser entzündliche oder die Verbrennung unterstützende Gase entwickeln (I e), brennbare Flüssigkeiten (III) (fette Öle III 9 ausgenommen) verstaut sind, oder in die Gase der genannten Ladungen eingedrungen sein können, sind ausschließlich *tragbare, elektrische Lampen ohne Kabelleitung*, für Räume mit Kohlen und solche, die Kohlengasen zugänglich sind, nur *Sicherheitslampen* (Grubenlampen) zu verwenden.
   Die Sicherheitslampen sind vor Antritt längerer Reisen, sonst zweimal jährlich auf Explosionssicherheit zu prüfen und an Bord in gutem Zustande zu halten. Über jede Prüfung ist ein Vermerk in das Schiffstagebuch einzutragen.
4. Das *Rauchen* und Anzünden von offenem Licht und Feuer, das Hantieren damit sowie mit Lötlampen, Autogenschneidvorrichtungen und mit glühenden Kerzen wie Lunten, glühenden Nieten sowie Mitnahme von Zündhölzern und sonstigen Zündwaren in den Räumen zu 2 und 3 ist *verboten*, ebenso wie während des Ladens und Löschens der dort erwähnten Stoffe mit Ausnahme von Steinkohlen in der Nähe der Ladeluken und Transportwege nicht geraucht oder mit Zündung verursachenden Stoffen gearbeitet werden darf.
   [Im Interesse der Sicherheit des Schiffes wird auch zweckmäßig dies Verbot auf Leichtern oder längsseit liegenden Booten auf dem Kai in der Nähe der Stoffe durchzuführen sein.]

Fortsetzung S. 51 hinter Tabelle II.

Beispiel zum

Auf einem Frachtdampfer sollen versandt werden:

Stoffe	Klasse Gruppe Ziffer	Bei Verladung zu berücksichtigen aus Ladescheinen bzw. Tabelle I	Aus **Tabe** Ia
Schießbaumwolle	I a A 1 c	Explosiv	**A, P, 1, 3, 5**
Organische Nitrokörper	I a A 2 b		
Triplastit	I a A 2 d		....
Rauchschwaches Pulver	I a B 2		**7**
Sprengkräftige Zündungen	I b 4	Munition	○
Signalfeuerwerk	I c 4	Feuerwerk	○ **3**
Verdichtetes Azetylen	I d 2	Endzündliches Gas. giftig	○ **4**
Flüssige Luft	I d 7	Feuergefährlich	○
Natriumsuperoxyd	I e 3	Bei Wasserzutritt feuergefährlich	○
Roter Phosphor	II 2	Selbstentzündlich	○
Fette Öle	III 9	Brennbar	○ **3**
Alkohol absolut.	III 9	,,	○
Giftige Metallpräparate	IV 6	Giftig	—
Schwefelsäure	V 1	Ätzend	○

Hiernach läßt sich durch weiteres Zusammengruppieren leicht fest
a) welche Stoffe nicht in *derselben* Schottenabteilung zusammenbe
b) welche Stoffe nicht in *benachbarten* Schottenabteilungen beförd
c) welche Stoffe danach noch in derselben Schottenabteilung befö
d) welche Bedingungen allgemein und im Besonderen zu beachten
Sind nur einzelne gefährliche Stoffe zu versenden, so erübrigt sic

…r Tabellen.

Gebrauchsanweisung siehe S. 51.

…de Vorschriften über Verladung der Stoffe aus den Klassen:								Bemerkung
…tzünd- …he Gase				Fette Öle	Alkohol			
…d 2	I d 7	I e 3	II 2	III 9	III 9	IV 6	V 1	
○ 4	○ 3	○ 3	○ 3	⊙ [3]	○ [3]	2	○ 3	Für die hier vorliegenden Stoffe nicht zutreffende Zeichen der Tabelle II sind hier fortgelassen, z. B. unter →↓ V 1, Ziffer 32, 33. Da die Säure weder auf einem hölzernen Segelschiff noch auf einem Tankschiff befördert wird.
○ 4	○ 3	⊙ 3	○ 3	⊙ [3]	○ [3]	2	○ 3	
○	○	—	12	2	12	—	12	
…A 14 15	—	—	○	—	—	—	—	
—	A, 14, 17	—	○	17	17	—	—	
18	—	A, 18, 19	18	18	18	—	—	
○	12	—	A 12	2	12	—	—	
—	—	+	+	A 24	—	—	+	
—	17	22	22	—	A, 17, 22	—	22	
—	—	—	—	—	—	A, 25, 26	—	
○	○	30	—	2	31	—	A, 25, 29 30, 31	

…irfen (⊙): z. B. I a nicht mit I b, I c, I d 7, I e, II 2, III 9 und V 1.
… (4): I d 2 nicht mit I a und I b.
…fen und

…le.

Verl

Die Stoffe der in der ↓ Spalte angeführten Klassen dürfen mit den in
Zeichen + *in derselben Schottenabteilung zusammen verladen werd*
„ ○ ***nicht*** *in derselben Schottenabteilung zusammen verlade*
„ **1 2** usw. *nur unter Erfüllung der bei den einzelnen Zeich*
Bei „ ⊖ ist Beförderung überhaupt verboten. Zeichen ■ bedeu

Gegenstand	Klasse	Gruppe Ziffer	I a	I b		I c		I	
				Allgemein	Ausnahme	Allgemein	Ausnahme	Allgemein	
Sprengmittel, Schießmittel, andere explosionsfähige Stoffe } Sprengstoffe	I a A B C	*Allgemein*	+	**2**	Sprengkräftige Zündungen (I b 4) ○, **3**, **10**	○ **3**	Sicherheitszünder (I c 1 d) **2**	**2**	Er (I F (
Proben bis 15 kg	I a A	3 g	+						
In Wasser lösliche organische Nitrokörper. Organische Nitrokörper	I a A I a A I a A	1 b β 2 a 3 a	+						
Schwarzpulverähnliche handhabungssichere Sprengstoffe, Schwarzpulver usw., rauchschwache Pulver usw.	I a A I a B	1 d 3 d 2	+						
Nitrozellulose, rauchschwache Nitrolzellulosepulver	I a A I a B	1 c 1	+						
Munition	I b	*Allgemein*	**2**	+		○ **3**	I c 1 d (s. oben) Signalfeuerwerk (I c 4) **2**	.**2**	Er lic (I ((
Zündschnüre ohne Zünder, nicht sprengkräftige Zündungen, Patronen für Handfeuerwaffen	I b I b I b	2 3 6	**2**	+					
Sicherheitspatronen, Zentralfeuerpappepatronen	I b	6 a u. b	**2**	+					
Sprengkräftige Zündungen	I b	4 a u. b	○ **10**		(I b 5, 7. 8) ○				
Zündwaren und Feuerwerkskörper	I c	*Allgemein*	○ **3**	○ **3**					En lich (I (I
Überallzünder	I c	1 b	○ **3**	○ **3**					
Sicherheitszünder, Signalfeuerwerk	I c I c	1 d **4**	**2** ○ **3**	**2** **2**					

'ten.

geführten bei

dingungen auf einem Seeschiff befördert werden.
ist vom 1. 4. 22 ab in Kraft.

II	III		IV	V		VI a	VI b	Besondere Verladungsbedingungen auf Frachtschiffen	Sonder-Vorschriften für Beförderung auf	
Ausnahme	Allgemein	Ausnahme		Allgemein	Ausnahme				Personenschiffen	Segelschiffen
Pyrophorische Metalle (II 11) 2	○ [3] 3	Bei Flammpunkt unter 21° C (III,1b, c, 2, 3, 8) ○, 4	2	2	Säuren (V 1) ○ 3	○ 3	○ 3	A, P, 1, 3, 5, 9	⊖ Ausnahme 9	9 10
								9	9	9
								6		
								7		
									8	
(II 11) 2	○ [3] 3	(III 1 b, c, 2, 3, 8) ○ 4	2	2	(V 1) ○ 3	○ 3	○ 3	A, P, 1, 3, 5	⊖	
									8	
									A, 1, 3, 5	
										10
	12	Fette Öle (III 9) 2			(V 1) 12	12	12	A, 11		
								13		

A	Es sind die allgemein üblichen Verlade- und Stauungsbedingungen A zu Tabelle II).
P	Auf Binnengewässern ist bei Ladung von über 35 kg Rohgewicht au schwarze Flagge mit weißem P zu führen.
1	Verladung *nur unter Deck in geschlossenen Räumen*, die durch wass und nicht durch Nachbarschaft von Wärmequellen oder dam gänglich sein, daß Stoffe bei Feuersgefahr leicht entfernt w
2	Bei Verladung in derselben Schottenabteilung durch geeignete Ga
3	Gefährdete Stoffe der ↓ Spalte müssen mindestens 3 m von Trennu in derselben Schottenabteilung befördert werden dürfen (Zeic der Klasse VI b oder mit brennbaren Flüssigkeiten jeder A
[3]	Das Zusammenladen mit brennbaren Flüssigkeiten *jeder Art*, also
4	Zusammenbeförderung der ↓ und → Stoffe auf demselben Schiff Maschine und Kesselraum getrennt) oder an Deck, so daß b stoffe, Munition) nicht eintreten kann. Die *entzündlichen Ga*
5	Gegen Scheuern, Rütteln, Stoßen, Umkanten, Herabfallen aus ober
6	Nicht mit *Blei* in demselben Raum oder in mit Blei ausgeschlager
7	Weder Behälter noch etwa ausgestreuter Inhalt darf mit *Eisen* in ist verboten (Stroppen, Ketten, Stauerhaken u. dgl.). Eisen sind verboten. Etwa ausgestreuter Inhalt ist stark zu befe
8	Beförderung *auf Personenschiffen* für Sendungen an Teile der bew sind zulässig unter Beachtung der vorstehend angegebenen Vorrichtungen zur ausgiebigen Bewässerung versehen sind. gelassenen Klassen (I b 2, 3, 6) brauchen bei Gesamtmenge
9	*Proben* der Klasse I a A 3 g *bis zu* 15 kg aufwärts und gleiche Men und Feuersgefahr geschützten Ort auf allen Schiffen beförder
10 ■	*Auf Segelschiffen* ohne feste abschließbare Schottenabteilungen Zusa Teil in einen unmittelbar unter einer Oberdecksluke fest un der nächstliegenden Wand dieses Raumes untergebracht wird. kapseln oder elektrischen Minenzündungen erlaubt, wenn zwis für diesen Fall befolgt sind, was der Ablader besonders zu b
11	Nicht zu verstauen in oder unmittelbar über Räumen, in denen sic Von den Wänden dieser Räume sind sie mindestens 3 m ent
12	Stoffe sind gegeneinander, wenn in derselben Schottenabteilung ve zugänglich zu halten. Für fette Öle der Klasse III Ziffer 9
13	Wenn unter Deck verladen, in unmittelbarer Nähe von unbehind

₃sbedingungen.

ıen Verladevorschriften für gefährliche Güter zu befolgen (s. Vorbemerkung

l Ib (ausgenommen Ziffer 2, 3, 6) eine weit erkennbare, stets ausgespannte

von Maschinen, Motoren, Kesselräumen und Kohlenbunkern getrennt sind
ıgen längere Zeit über 45° C. erwärmt werden. Räume müssen *stets* so zu-

neinander zu trennen, stets unmittelbar zugänglich zu halten.

ume entfernt bleiben, in denen Stoffe der → Spalte verstaut sind, die nicht
Trennungswänden der Bunkerkohlenräume oder der Laderäume mit Stoffen
und Ib).

ler hier angeführten, ist verboten.

möglichst weit voneinander liegenden Abteilungen (bei Dampfern durch
r brennbaren Stoffe eine Gefährdung der explosionsfähigen Stoffe (Spreng-
en hierbei *auch an Deck* verstaut werden (vgl. **14**).

t zu stauen.

erstauen.

n. Der Gebrauch von eisernem Gerät beim Laden, Löschen und Stauen
geltuch zum Transport zu belegen, Eisenbeschlagene oder genagelte Schuhe
sorgfältig zu entfernen.

Auslande sowie Sendungen von Stoffen der Ziffern 2, 3 und 6 der Klasse Ib
7) in *besonderen Pulverkammern*, die unmittelbar zugänglich sind und mit
Ia B 1 *nur* bis 500 kg zulässig. Munitionssendungen der vorstehend zu-
t in Pulverkammern verstaut werden.

gstoffe der Klasse Ia dürfen für sich verschlossen an einem vor Erwärmung

mit → Stoffen erlaubt, wenn derartige Trennung stattfindet, daß der eine
ten Raum, der andere Teil seitlich davon in mindestens 15 m Abstand von
glich, so zusammenladen a) der Sprengstoffe mit b) den zugehörigen Spreng-
mindestens 20 m Raum bleiben und die besonderen Verpackungsvorschriften

en, Verbrennungsmotoren, Kessel, Herde oder Öfen im Betriebe befinden.

ch wirksamen Abschluß gegen Erhitzung und Brand geschützt und leicht
inkung gegenüber Stoffen der Klassen Ic, Ie 3, II, V 1 und VI nicht.
Luken zu verstauen.

Verl

Die Stoffe der in der ↓ Spalte angeführten Klassen dürfen mit den in der
Zeichen + *in derselben Schottenabteilung zusammen verladen werden,*
„ ○ ***nicht*** *in derselben Schottenabteilung zusammen verladen wer*
„ **1 2** usw. *nur unter Erfüllung der bei den einzelnen Zeichen an*
„ ■ bedeutet: Die Vorschrift ist ab 1. 4. 22 in Kraft.

Gegenstand	Klasse	Gruppe Ziffer	I a	I b All-gemein	I b Aus-nahme	I c All-gemein	I c Aus-nahme	I All-gemein	
Verdichtete und verflüssigte Gase	I d	*All-gemein*	**2**	**2**				**14**	F (I
Entzündliche Gase (siehe Tabelle I f.)	I d	2-6	○ **4**	○ **4**		○			
Flüssige Luft	I d	7	⊙	○		○		**14**	
Giftige Gase (Tab. I f.)	I d	1,5							
Chlor	I d	5							
Stoffe, die in Berührung mit Wasser entzündliche oder die Verbrennung unterstützende Gase entwickeln	I e	*All-gemein*	○	○		**18**		**18**	
Kalziumkarbid- und Hydrür Kalkstickstoff	I e	2 a, b	○	○		○			
Kalkstickstoff mit höchstens 0,1% Kalziumkarbid	I e	2 c							
Selbstentzündliche Stoffe	II	*All-gemein*	○	○		**12**		**12**	En lic (I
Pyrophorische Metalle	II	11	**2**	**2**					
Schwefelkalium, Schwefelnatrium	II	12							
Brennbare Flüssigkeiten	III	*All-gemein*	○	○		**22**			(I
Flüssigkeiten mit Flammpunkt *unter* 21° *C.*	III	1 b, c, 2, 3, 8	**4**	**4**					
Verschiedene Flüssigkeiten	III	1 b, c, 2, 3, 8							
Fette Öle (*nur diese*)	III	9	○ **3**	○ **3**		+			

…ten.

…en bei

…en auf einem Seeschiff befördert werden.

II Ausnahme	III Allgemein	III Ausnahme	IV	V Allgemein	V Ausnahme	VI a	VI b	Besondere Verladungsbedingungen auf Frachtschiffen	Besondere Beförderungsvorschriften für Personenschiffe	
					Säuren (V 1) ○ 14	○ 14	○ 14	A, 14		
	17				*Misch-* säuren (V 1) ○ ○		17	17		
								15		
								15, 16		
	18					18	18	A, 18, 19		
(II 11) 2	21				*Misch-* säuren (V 1) ○	○ 21	○		21	
								20		
	12	Fette Öle (III 9) 2				○	○	A, 12		
	2					2	2			
					Säuren (V 1) 12					
(II 11) 2		Fette Öle (III 9) siehe unter ↓ Spalte			(V 1) 22	22	22	A, 17, 22		
								23	23	
								23	23	
			—		(V 1) +	+	+	24		

14	a) *Unter Deck*: *fern von Wärmequellen jeder Art* (Maschinen, Kess Erhitzung unterworfene Stoffe (Klasse II und VI b) einsc barer Gegenstände hervorrufen (Klasse I d 7, V 1 und VI
	b) *An Deck*: vor Sonneneinwirkung und Wärmequellen (Schornstein
	c) Behälter sind *fest zu lagern* und auch beim Laden und Löschen
	d) Die Beförderung ist nur zulässig, wenn die Gefäße vorschrifts
15	Nicht so zu verstauen, daß beim Entweichen giftige Gase in bewo giftige Gase s. bei Tabelle I: Verladescheine f.
16	Chlor darf sich keinesfalls mit folgenden Gasen mischen können, Wasser-Gas, Ziffer 3.
17	Behälter mit flüssiger Luft *aufrecht zu stauen* und nicht in der Nä belasten „feuergefährlich".
18 ■	Wenn *unter Deck* verstaut, in trocknen, *dauernd trocken* zu haltend entzündlichen Stoffen unterzubringen.
19	Versandstücke *besonders sorgfältig behandeln und fest lagern.*
20 ■	*Feuchte* Säcke mit Kalkstickstoff mit einem Kalziumkarbidgehalt
21 ■	Auf *Personenschiffen unter Deck* bis höchstens 200 Tonnen *nur* in g und nicht unter bewohnten Räumen liegend, ohne Heizanla in Verbindung stehend. Leichte Beseitigungsmöglichkeit erf
	Eine Beiladung anderer Stoffe ist nur zulässig, wenn Stoffe nicht b verursachen können (Klasse VI a und I e 3). Die Schnellig
22	a) Von Feuerungsanlagen und Flammenbeleuchtung, b) von den u weder die Flüssigkeiten selbst noch die durch ihre Verduns tungsanlagen oder an etwa durch Gegenstände unter b) erz ventiliert sein. Offene Übergefäße zerbrechlicher Behälter d
23	Beförderung auf *Personenschiffen nur an Deck* zulässig bei Stoffen höchstens 5 kg. Sammelsendungen von kleinen Mengen gem
24	Nicht verstauen mit tierischen oder pflanzlichen Faserstoffen oder Ölen oder Firnis, besonders bei verhinderter Wärmeabfuhr (Brandherde ist das Vorstehende bei der Stauung zu berück

r, Dampfleitungen usw.), auch *nicht* in Räumen, in denen der selbständigen
len oder solche, die gegebenenfalls die Entzündung oder Erhitzung brenn-
ind zu lagern.

elschächte) zu schützen.

und Erwärmung zu schützen.

ezeichnet sind (siehe Güterverzeichnis, Spalte Verpackung zu I d 1—4 u. 5).

ehr dienende Räume gelangen können. Bezeichnung als entzündliche und

explosiv: Wasserstoff, Ziffer 4, Azetylen, Ziffer 2, Leucht-, Fett-, Misch-,

nbaren, kleinstückigen oder leicht brennbaren, flüssigen Stoffen. Nicht zu

ventilierten Räumen abgeschlossen von brennbaren Flüssigkeiten und leicht

von der Verladung auszuschließen.

zu befördern, das sind trockene gut ventilierte Räume über dem Schottendeck
beleuchtung und nicht mit Räumen, die solche Einrichtungen enthalten,

sionsgefährlich sind oder durch Reibung mit organischer Substanz Brände
g der Stoffe darf durch die Beiladung nicht beeinträchtigt werden.

n Stoffen über diesem Zeichen **22** räumlich derart getrennt zu verladen, daß
Gase oder explosiven Luftgemische sich an den Feuerungs- oder Beleuch-
r Erhitzungsherden entzünden können. Die Stauungsräume müssen gut
t werden. Wegen fetter Öle (Klasse III 9) siehe Bemerkung **12**.

und c, 2, 3 zusammen bis höchstens 500 kg, Schwefelkohlenstoff III, 8 bis
nommen. Siehe Güterverzeichnis.

s (Papier), Sägemehl, Holzwolle oder dergl., da bei Tränkung mit fetten
r Stauung), *Selbstentzündung* eintreten kann. Zur Vermeidung derartiger

Verla

Die Stoffe der in der ↓ Spalte angeführten Klassen dürfen mit den in der →
Zeichen + *in derselben Schottenabteilung zusammen verladen werden,*
,, ○ ***nicht*** *in derselben Schottenabteilung zusammen verladen werd*
,, **1 2** usw. *nur unter Erfüllung der bei den einzelnen Zeichen ang*
Bei ,, ⊖ ist Beförderung überhaupt verboten. Zeichen ■ bedeutet:

Gegenstand	Klasse	Gruppe Ziffer	I a	I b All-gemein	I b Aus-nahme	I c All-gemein	I c Aus-nahme	I All-gemein	n
Giftige Stoffe	IV	*All-gemein*							
Arsenikalien, Zyan, Quecksilber, Kupfer, Blei-Verbindungen	IV	1, 3, 4, 5, 6 a und 9							
Ferrosilizium, Ferromangansilizium	IV	2							
Bromzyan	IV	8							
Ätzende Stoffe	V	*All-gemein*							
Schwefelsäure, Salzsäure, Salpetersäure, Mischsäuren	V	1	○	○		31			
Gemische im besonderen	V	1							Er lic (I u. f L
Feste, nicht selbstentzündliche, feuergefährliche Stoffe	VI a	*All-gemein*	○	○		12		○	(I
Massengüter, die der Selbsterhitzung unterliegen	VI b	*All-gemein*	○ 3 35	○ 3 35		12, 35		12, 14, 35	
Preßkohle, Steinkohle, Faserstoffe, Gewebe, Mühlenprodukte	VI b	1, 2, 3, 5, 7							
*Sammel*sendungen von Gegenständen vorstehender Klassen miteinander oder mit anderen Stoffen in einem Versandstück vereinigt	I d I e II III V								
Ausländische Durchfuhrgüter			40	40		40		40	

ten. **Tabelle II, 3.**

en bei

en auf einem Seeschiff befördert werden.
ab 1. 4. 22 in Kraft.

II	III		IV	V		VI a	VI b	Besondere Verladungsbedingungen auf Frachtschiffen	Besondere Beförderungsvorschriften für	
Ausnahme	Allgemein	Ausnahme		Allgemein	Ausnahme				Personenschiffe	Segel- od. Tankschiffe
								25, 26,		
					26,			**26,**		
								27		
								28		
				30				**A, 25**		
(II 12) **31**	**31**	Fette Öle (III 9) **2**	(IV 3, 5)	**30**		**30, 34**	**31**	**25, 29, 30, 31, 32, 33,**		**32, 33**
										32, 33
			26 30							
(II 11) **2**	(III 1-8) **34**	(III 9) **2**			(V 1) **34**			**A 34**		
(II 11) **2, 35**	**12, 35**			**35**		**35**	**38**	**14, 17, 22, 35, 37, 38**		
					(V 1) **31**			**36, 37**		
								A, 39		
	40		**40**	**40**		**40**				

25 Glas- und Tongefäße in offenen Schutzhüllen oder Übergefäßen d

26 Stoffe der Klasse IV 1, 3, 4, 5, 6 a und 9 sowie ihre entleerten Beh der Klasse IV 3 und 5 auch von Säuren (V 1), so daß eine

27 Behälter mit *auf elektrischem Wege* gewonnenen Stoffen dieser Ar *von bewohnten* oder sonst dem Aufenthalt dienenden *Gela*

28 Darf nur auf Deck verladen werden.

29 Säure in *Fässern* ist durch geeignete Zwischenlagen (*keine organi* und beschädigen können. Bei Verstauung *unter Deck* ist d (Sand, Asche, Kieselgur, Kalkstein, bei Salzsäure auch Ko wand oder Rohrleitungen beschädigt.

30 Schwefelsäure und Salpetersäure sind auch *unter sich* und von Z der Klasse VI a 1—5 räumlich wirksam wie unter **26** zu t

31 ■ Säuren sind wirksam räumlich zu trennen von Stoffen der → S Erhitzungs- und Entzündungsgefahr (ausgenommen Salzsä zu verdünnen und dürfen *nicht* mit Sägemehl oder Putzwoll wickeln. Beim Laden dieser Stoffe ist daher sehr *sorgfälti*

32 Auf hölzernen *Segelschiffen* in der Nah-, Küsten- und kleinen Fah

33 ■ Bedingungen für *Tankschiffe*: Behälter müssen aus einem Stoff s Aluminium ist für *Salpetersäure* zulässig.) Sie müssen auf von 4 Atm., müssen zweckentsprechende Lüftungseinricht Vorrichtungen vorhanden sein, die ein Anfressen des Deck nur konzentrierte Schwefelsäure, konzentrierte Salpetersäu werden. Wegen giftiger nitroser Gase s. **31**.

34 ■ Stoffe der Klasse VI a 1—5 sind von Säuren (V, 1) und Schwefe geschlossen zu halten, daß eine Mischung auch bei Beschä keiten (III 1—8), so daß weder die Flüssigkeiten selbst nc durch die Stoffe der Klasse VI a entstandenen Brandher

35 Bei den Gütern der Klasse VI b ist mit gefährlicher Erhitzung de fährlicher Güter nicht in unmittelbarer Nähe von solchen räumlich entsprechend getrennt zu halten.

36 Maiserzeugnisse der Ziffer 5 sind *dauernd* vor *Nässe* zu *schützen*,

37 Vor Einnahme einer losen oder gesackten Preß- und Steinkohlen abzuschließen (z. B. in Masten). Täglich sind Temperatu gebnisse in das Schiffstagebuch einzutragen. Zur Einfüh geführt sein. Es ist für gute Abführung der sich aus den Sorge zu tragen. Die Oberfläche der Kohlen darf nicht ab sind gegen andere Räume *dicht* abzuschließen. Verbindun rohre oder ähnliche Luftleitungen, die mit Kohlenräumen

Preßkohlen dürfen nur völlig ausgekühlt zur Verladung kommen.

38 Ungelöschter Kalk (VI b 9) darf als Schüttladung nur in durcha in dichte Behälter zu verpacken.

In der Nahfahrt und Küstenfahrt kann von dieser Bedingung abg durch geeignete Garnierung zu verhindern.

39 Verladebestimmungen für *zusammengepackte* Gegenstände:

Die nach den Verpackungsvorschriften der Anlage 1 der Seefrac Versandstück vorschriftsmäßig zusammengepackten und treffenden Klassen vorgeschriebenen Verladebedingungen stück siehe Güterverzeichnis bei den einzelnen Stoffen un

40 Für *ausländische Durchfuhrgüter* von Art der Stoffe der Klasse I Weiterverladung in Kauffahrteischiffen kommen sollen un inländische Prüfung nicht nachgewiesen werden kann, k Verladung auf Schiffen erteilt werden, wenn die Gegenstä der Anlage 1.

Die Verpackung aller gefährlichen Durchfuhrgüter muß eine Sich geforderte für gleichartige Stoffe.

Von der Übereinstimmung der Bezeichnung der Versandstücke n gabe der Sendungen an den Verfrachter oder seinen Stell

Die Genehmigung ist dem Unternehmer schriftlich zu erteilen. I Verladeschein unter **v**.

werden.

ngs- und Genußmitteln räumlich wirksam abgeschlossen zu halten, Stoffe
Beschädigung der Behälter ausgeschlossen ist.

d wenn *unter Deck* in gut gelüfteten Räumen und *nicht in der Nachbarschaft*
n. [Die Gase aus diesen Stoffen sind sehr gefährlich.]

, Faserstoffe oder Gewebe) so zu trennen, daß die Fässer sich nicht berühren
: brennbare und bei Zersetzung gefährliche Stoffe entwickelnde Unterlage
lere geeignete Vorrichtungen zu verhüten, daß ausfließende Säure die Schiffs-

nnatrium und deren Laugen sowie Natriumsuperoxyd (I e 3) und Stoffen

ganischen Stoffen wie Holz, Kohlen, Faserstoffe und Gewebe daraus wegen
aden verschüttete *Salpetersäure* und ihre Gemische sind reichlich mit Wasser
ugt werden. Hierbei würden sich *sehr giftige nitrose Gase* (bräunlich) ent-

Bedingungen unter **25** und **29** abgesehen werden.

Säuren angegriffen wird. (Auch Aluminium mit einem Gehalt von 99,5%
ift sein für Schwefelsäure und Mischsäuren von 6 Atm., für Salpetersäure
mit Ausnahme dieser unterwegs geschlossen gehalten werden. Es müssen
ers durch etwa vorbeigelaufene Säure verhüten. Mit Tankschiffen dürfen
n vom Mischungsverhältnisse des Güterverzeichnisses unter V 1 befördert

l und ähnlichen organischen Stoffen in *Pulverform* räumlich so wirksam ab-
r ausgeschlossen ist (explosionsgefährlich), auch von brennbaren Flüssig-
Verdunstung entstandenen Gase oder explosiven Luftgemische sich an etwa
gsherden entzünden können.

hnen, daher dürfen auch brennbare Ladungen jeder Art auch an sich unge-
andere gefährliche in *derselben Schottenabteilung* zugelassene Güter sind

3 und 7 auch vor Tränkung mit fetten Ölen (Selbsterhitzung).

ngseinrichtungen, die den Luft*durchzug durch* die Kohlen fördern, sorgfältig
sdehnung der Fahrt über die mittlere Fahrt hinaus vorzunehmen und die Er-
meters müssen zahlreiche Peilrohre bis in die unteren Kohlenschichten ein-
den Gase, die in Mischung mit der Luft sehr explosiv sind (schlagende Wetter),
Planken, Persenninge, undurchlässige Ladung). Mit Kohlen belegte Räume
enen anderen Räumen, z. B. durch Ventilatoren, Ventilationskanäle, Peil-
hen, müssen verschlossen werden.

ütungsvorschriften der Seeberufsgenossenschaft.

vor Nässe geschützten Räumen untergebracht werden. Anderenfalls ist er

nn die Laderäume ausreichend dicht sind, um den Zutritt des Leckwassers

Sondervorschriften der Anlage 2 gemäß Bescheinigung des Abladers in einem
mmelsendungen der Klassen I d, I e, II, III und V sind nach den für die be-
inschränkungen über *Zusammenpacken* verschiedener Stoffe in einem Versand-
deres" und am Schlusse des Güterverzeichnisses.

e 1, die aus dem Ausland kommend im Geltungsbereich der Verordnung zur
ltige, nach den Bestimmungen der Eisenbahn-Verkehrsordnung vorgenommene
e Genehmigung der Schiffahrtsbehörde oder sonstigen Aufsichtsbehörde zur
hrer Beschaffenheit nach nicht gefährlicher sind als die der Klassen I und II

lie nicht geringer ist, als die in den Klassen I—VI a der Anlage 1 und Anlage 2

rtiger Stoffe der Anlage 1 kann abgesehen werden, wenn eine besondere Über-
gabe der behördlich auferlegten Verladungsvorschriften sichergestellt ist.

erlegten Verladungsvorschriften der Anlage 1 festzusetzen; siehe auch Tabelle I

5. Wird während des Ladens oder Löschens von Sprengstoffen (I a), Munition (I b), größerer Mengen selbstentzündlicher Stoffe (II) oder brennbarer Flüssigkeiten (III) (ausgenommen fette Öle III 9) Feuer auf dem Schiff unterhalten, so ist Funkenflug wirksam zu verhindern z. B. sind Schornsteine der Schiffskombüse, Öfen und Hilfskessel, sofern sie nicht in den Hauptschornstein eingeführt sind, im Umkreis von 30 m von den Luken und Transportwegen mit Funkenfängern zu versehen.
6. Bei Nacht müssen die Verladeplätze durch hoch angebrachte feste Laternen erleuchtet werden, die nicht durch leicht entzündliche Öle wie Petroleum gespeist sein dürfen.
7. Behälter mit gefährlichen Gegenständen sind besonders sorgfältig zu behandeln, so daß sie nicht beschädigt werden können. Explosionsgefährliche Gegenstände sind auch schon vor Erschütterung durch Stöße, Rollen oder Kanten zu bewahren.

Vor Gebrauch der Tabelle II durchzulesen.

1. Man beachte genau die Bedeutung der Zeichen im Kopf der Tabelle II.
2. Die Bedeutung der Zeichen **A. P. 1, 2** usw. ist am Fuße der Tabelle zu entnehmen.
3. Die Zeichen in der Tabelle gelten *nur* für die *links* untereinanderstehenden Stoffe, so daß für *jeden* zu versendenden Stoff die gültigen Vorschriften aus *seiner* Horizontal-Spalte zu nehmen sind und zwar für Zusammenbeförderung mit andern Stoffen unter dem anderen in der → Reihe stehenden Stoff.
4. Die für den Stoff selbst allgemein geltenden Zeichen stehen in den 3 letzten ↓ Spalten.
5. Die Zeichen in der Horizontalreihe unter |*Allgemein*| einer Klasse gelten auch, wo nichts anderes steht, für die darauf folgenden Untergruppen derselben Klasse. Wo keine Zeichen unter |*Allgemein*| gesetzt sind, bestehen keine Vorschriften der S. F. O. oder ihrer Anlagen.
6. Praktische Anwendung der Tabelle II siehe Beispiel auf der Rückseite der Tabelle II. 1. Entnehme aus übersandten Papieren ev. mit Hilfe des alphabetischen und Güterverzeichnisses Bezeichnung, Klasse, Gruppe und Ziffer der zu versendenden Stoffe, schreibe sie in Reihenfolge der Klassen von Ia anfangend einzeln untereinander, dahinter Klassenppbezeichnung, dahinter ihre Eigenschaften nach Tabelle I, oder Verladeschein (wichtig für Verladebedingungen). Sodann schreibe man rechts daneben im Kopf der Hilfstabelle von links nach rechts die Klassen, Gruppen, Ziffern der zu versendenden Stoffe in gleicher Reihenfolge wie in der ↓ Spalte nebeneinander und entnehme nun an den Kreuzungsstellen der zutreffenden Punkte der Tabelle II sowohl für die Klasse |*Allgemein*| als auch für etwaige Einzelgruppen, die in der Tabelle II aufgeführt sind, die Zeichen und trage sie in die Hilfstabelle ein. Weiteres ergibt das Beispiel.

Teil II.

Technische Erläuterungen.

Allgemeines.

Im vorhergehenden Abschnitt waren die gesetzlichen Vorschriften besprochen, die bei den dort nach Gefahrklassen aufgeführten Stoffen für die Sicherheit des Seetransportes beachtet werden müssen.

In diesem Abschnitte wollen wir versuchen, auf eine möglichst einfache Weise unter Zuhilfenahme lediglich der Vorkenntnisse, die jeder Seemann von einiger praktischer Erfahrung haben muß, uns von den Gefahren ein Bild zu machen, die in den angegebenen Stoffen unter besonderen Verhältnissen liegen können, und daraus zu erkennen, wie man sie vermeiden kann.

Zum Eindringen in das Verständnis für diese Gefahren müssen wir den Dingen auf den Grund gehen und einige wenige chemische Vorbegriffe kennenlernen, da die hier behandelten Stoffe vorzugsweise Rohstoffe oder Erzeugnisse der chemischen Industrie bilden und die Gefahrquellen in ihrer chemischen Umsetzung liegen. Von allgemeinen wissenschaftlichen Erklärungen wird, soweit irgend möglich, abgesehen werden. Der knappe Raum für die Fülle des Stoffes zwingt zu äußerster Beschränkung in den Ausführungen. Wir müssen die Ergebnisse der Forschung als Tatsachen hinnehmen und wollen uns durch Beispiele oder Vergleiche, die dem Seemann geläufig sind, über schwierigere Begriffe hinweghelfen.

Die im folgenden besprochenen Punkte beziehen sich sämtlich auf die in der Anlage 1 angeführten Stoffe und ihre Eigenschaften.

Einige chemische Grundbegriffe.

Alle Stoffe, die uns mit unseren Sinnen (Gefühl, Geschmack, Geruch, Gehör, Gesicht) wahrnehmbar werden, sind entweder **fest, flüssig** oder **gasförmig.** Zwischen diesen Zustandsarten gibt es Übergänge durch Vermischung untereinander. Der Seemann denke an die Beschaffenheit von Festland, Schlick, Wasser, Nebel und Luft. Einer dieser Zustände besteht für jeden Stoff bei der Temperatur und dem Luftdruck, unter denen er sich zur Zeit der Wahrnehmung gerade befindet. Die Begriffe der Temperatur, die mit dem Quecksilberthermometer, und des Luftdrucks, der mit dem Barometer gemessen wird, sind jedem Seemann geläufig. Ändert sich die Temperatur, so dehnen sich mit ihrer Zunahme, d. h. Wärmezufuhr, alle Stoffe aus, die gasförmigen sehr stark, die flüssigen in merkbarem Maße (s. Quecksilber im Thermometer), und die festen nur sehr gering, immerhin aber auch unseren Sinnen wahrnehmbar (z. B. Werfen des Eisendecks bei starker Sonnenbestrahlung oder über Heizräumen). Das Maß der Ausdehnung oder der Zusammenziehung selbst ist für verschiedene, einen gleichgroßen Raum einnehmende Stoffe verschieden, wenn sie gleichen Temperaturänderungen unterworfen werden. Man denke an das Wasser, das bei 0° C als fester Stoff, nämlich als Eis (größte Dichte bei +4° C), bei gewöhnlicher Temperatur flüssig und über 100° C gasförmig als Wasserdampf auftritt. Ein gasförmiger Stoff läßt sich in einem geschlossenen Behälter durch Druck stark zusammenpressen. Ein flüssiger nur sehr wenig und ein fester im allgemeinen erst bei sehr erheblichem Druck in erkennbarem Maße. Temperatur und Druck stehen in wechselseitigem Verhältnis zu einander (vgl. Klasse I d hierüber).

Durch die Arbeit des Druckes kann Wärme erzeugt werden, und umgekehrt durch Wärmezunahme Drucksteigerung, wenn die Ausdehnung unterbunden wird.

Alle Stoffe, die sich auf der Erde oder in der uns zugänglichen Lufthülle befinden, sind entweder **Grundstoffe** (Elemente), die sich nach der für unsere Zwecke maßgebenden Annahme nicht weiter in andere Stoffe zerlegen lassen, oder es sind **Verbindungen** oder **Gemenge** mehrerer solcher Grundstoffe oder Verbindungen miteinander. Die Klinge des Messers ist z. B. Eisen, ein Grundstoff, das Speisesalz ist Chlornatrium, mit dem Auge als einheitlicher Körper erkennbar, eine Verbindung. Salz und Pfeffer oder Erbsen und Bohnen, in einem Napf zusammengeschüttet, bilden ein Gemisch oder Gemenge, das man ohne besondere Hilfsmittel trennen und vielfach als solches erkennen kann.

Jeder Grundstoff hat seine ganz bestimmten Eigenschaften, an denen er als dieser und kein anderer Grundstoff immer wieder erkannt werden kann (vgl. Tabelle bei Klasse II d), z. B. Eisen ist von Blei, Kupfer, Zinn usw., wie jeder Seemann aus eigener Anschauung weiß, ganz verschieden.

Alle hier interessierenden Stoffe können in Grundstoffe zerlegt gedacht werden, soweit sie nicht solche selbst sind. Der Chemiker kann es praktisch ausführen.

Zum weiteren Eindringen in das Verständnis für die hier zu behandelnden Verhältnisse wollen wir uns nun einiger allgemein bekannter Stoffe bedienen. Wir gebrauchen hierzu nur etwas Luft, etwas Wasser und ein Streichholz. Es steht fest, daß die atmosphärische Luft ein Gemenge im wesentlichen von zwei Grundstoffen, dem Stickstoff (N) und dem Sauerstoff (O) ist, und zwar kommen nach Raumteilen gerechnet auf 100 ccm Luft 78,1 ccm Stickstoff und 21 ccm Sauerstoff, dazu noch 0,9 ccm eines sogenannten Edelgases Argon, oder nach Gewichtsteilen gerechnet auf 100 g Luft 75,5 g Stickstoff, 23,2 g Sauerstoff und 1,3 g Argon. Diese Zusammensetzung ist mit Ausnahme geringer, durch örtliche Verhältnisse bedingter Abweichungen (Vulkane, Schwefelquellen, Kohlensäurequellen u. dgl.) auf der ganzen Erde praktisch die gleiche. Nebenher sind regelmäßig in der atmosphärischen Luft noch enthalten Spuren anderer Edelgase, nämlich Helium, Krypton, Neon, Xenon und 0,04 % Kohlensäure, ferner Wasserdampf und wechselnde geringe Mengen anderer Beimengungen, wie Staub, Pilze, Säuren. Der Kohlensäuregehalt kann besonders in bewohnten Räumen (Logis) und in Schiffsräumen mit Kohlensäure entwickelnder Ladung stark steigen (vgl. Klasse VI b). Kohlensäuregehalt von 10 % in der Luft wirkt störend, bei 11 % erlöschen Lampen darin. Dies gibt einen Fingerzeig für Vorsichtsmaßregeln.

Gase nehmen keine bestimmte Gestalt an und füllen keinen bestimmten Raum aus. Sie sind so leicht beweglich, daß sie jeden sich ihnen darbietenden Raum zu durchdringen und ihn einzunehmen trachten.

In dem als Luft bezeichneten Gemenge bestehen also die Grundstoffe Sauerstoff und Stickstoff nebeneinander, aufs innigste bis in die kleinsten Teilchen miteinander vermischt, jedes Teilchen für sich als Sauerstoff oder Stickstoff. Bei jedem Atemzug ziehen wir das Gemenge in unsere Lungen ein und geben beim Ausatmen den unverbrauchten Teil, den Stickstoff, wieder an die Luft ab, während ein anderer, der Sauerstoff, zum Teil in den Blutkreislauf gelangt, hierdurch an die verschiedenen Körperstellen zum Verbrauch abgegeben und umgesetzt wird und danach als ein anderer Stoff, nämlich als Kohlensäure (CO_2) durch die Blutbahn den Lungen wieder zugeführt und ausgeatmet wird. Sinkt der Gehalt an Sauerstoff unter 18,5 ccm in 100 ccm Luft, also um nur 2,5 ccm, so erlöschen Kerzen darin sinkt er auf etwa 17 ccm, so kann der Mensch nicht längere Zeit darin leben. 10% Sauerstoff in der Luft wirken auf den Menschen schädlich, bei etwa 15% stirbt er. (Man beachte dies vor Einsteigen in eiserne Tanks.) Dieser Kreislauf bedingt die Erhaltung des Lebens.

Die kleinsten Teilchen, in denen man sich solche Grundstoffe verbindungs- und daher wirkungsfähig denkt, werden **Atome** genannt. Diese sind für unsere Sinne nicht wahrnehmbar. Wir müssen aber aus den Erscheinungen schließen, daß sie tatsächlich bestehen und daß sie es sind, die bei der Vereinigung von Grundstoffen zu neuen Stoffen wirksam sind.

Betrachten wir das Wasser, wie es uns bei der gewöhnlichen Temperatur entgegentritt.

Es nimmt vermöge seiner leichten Beweglichkeit stets eine bestimmte Gestalt an. Es paßt sich der Form des Gefäßes an, hat aber, wenn keine andern Kräfte einwirken, im Behälter praktisch eine vollkommen ebene Oberfläche (die Krümmung der Meeresoberfläche lassen wir außer Betracht). Gehen wir ihm mit Wärme oder Kälte zu Leibe, so ändert sich der Zustand, es wird gasförmig oder fest, aber es bleibt immer Wasser. Setzen wir es dagegen der Wirkung eines schwachen elektrischen Stromes, der durch zwei Leitungsdrähte im Wasser wirkt, aus, so bemerken wir am Ende jedes Zuleitungsdrahtes Gasbläschen. Werden diese Gase getrennt in inhaltlich gleichgroßen Röhren aufgefangen, so erhält man zwei als verschieden feststellbare Stoffe, die sich auf keine Weise mehr in andere zerlegen lassen, also Grundstoffe, von denen der eine Sauerstoff (O), der andere Wasserstoff (H) ist. Das Wasser hat während dieses Vorganges abgenommen, es war also in seine Bestandteile zerlegt. In der Röhre, in der sich Wasserstoff befand, war genau doppelt so viel Gas wie in der Röhre mit Sauerstoff. Beide Gase, in einen Behälter zusammengebracht, vermischen sich auf das innigste miteinander. Es entsteht wieder ein Gasgemenge in der Art, wie bei der Luft, aber kein Wasser.

Bringt man aber einen Funken oder eine Flamme an dieses Gemisch, so erfolgt unter lautem Knall, starker Wärmeentwicklung und Lichterscheinung eine Verbindung der beiden Gase zu einem neuen Stoffe, der ganz andere Eigenschaften hat, als jedes der beiden Gase besaß. Dieser Stoff ist zunächst in der erhöhten Temperatur gasförmig, nämlich Wasserdampf, und stellt abgekühlt dieselbe Menge Wasser dar, die vorher durch den elektrischen Strom zersetzt war. Die Arbeit, die der elektrische Strom dabei in längerer Zeit geleistet und in den Gasen aufgespeichert hatte, ist jetzt in einem Bruchteil einer Sekunde bei der chemischen Vereinigung der beiden Gase, die in der geschilderten Vermischung als Knallgas bezeichnet wird, unter Bildung von Wasser wieder als Licht und Wärme in die Erscheinung getreten.

Nach dem Vorstehenden hätten sich zwei Raumteile Wasserstoff $= 2\,H$ mit einem Raumteil Sauerstoff $= H_2 + O$ chemisch zu einem neuen Stoff Wasser verbunden. Hätten wir ein anderes Mischungsverhältnis gewählt, also etwa gleiche Teile Sauerstoff und Wasserstoff, so hätte auch eine Verbindung stattgefunden, es wäre aber der halbe Raumteil Sauerstoff (O) übriggeblieben ($2\,H + 2\,O = H_2O + O$). Beide Stoffe verbinden sich miteinander nur in einem ganz bestimmten Mengenverhältnis. Was hier für H und O gesagt ist, gilt für alle Grundstoffe und gehört mit zu den Eigenschaften dieser Stoffe.

Zur Abkürzung wollen wir die Grundstoffe nur mit den Anfangsbuchstaben ihrer wissenschaftlichen Bezeichnung, wie sie oben schon in Klammern beigefügt waren, benennen: Wasserstoff = Hydrogenium = „H", Sauerstoff = Oxygenium = „O", Stickstoff = Nitrogenium = „N" und nebeneinander bestehende Grundstoffe, Gemenge, durch das + Zeichen verbunden schreiben, also Luft $= N + O$, während wir bei Verbindungen die Grundstoffbezeichnungen mit kleinen, rechts daneben gesetzten Ziffern, die die Zahl der darin enthaltenen Atome der einzelnen Grundstoffe andeuten, ohne Zeichen einfach nebeneinander setzen, also Wasser $= H_2O$ ist entstanden aus $2\,H + O$. Dies bedeutet, daß Wasser eine chemische Verbindung aus 2 Atomen Wasserstoff und einem Atom Sauerstoff ist, die in diese Grundstoffe in dem angegebenen Mengenverhältnis zerlegt oder aus ihnen gebildet werden kann.

Die abgekürzte Bezeichnung durch einen bestimmten Buchstaben drückt nun nicht allein für jeden Grundstoff aus, daß ein Atom des betreffenden Stoffes in Tätigkeit tritt, sondern gleichzeitig, daß eine bestimmte Gewichtsmenge, die gerade dem Atom des Stoffes eigentümlich ist, dabei wirkt. Wenn wir, wie erwähnt, die Atome wegen ihrer Kleinheit nicht wahrnehmen können, kann man natürlich mit Wägen des Stoffes auf einer Wage nicht ohne weiteres arbeiten. Man hat vielmehr das dem Wasserstoff, dem leichtesten Stoff, eigentümliche Gewicht als Einheit angenommen und als **Atomgewicht** der übrigen Stoffe die Zahl festgestellt, um wievielmal schwerer ein Atom des andern Stoffes ist als ein Atom Wasserstoff. Für Sauerstoff ist so die Verhältniszahl 16, für Stickstoff 14 festgestellt worden.

Ferner bezeichnet man den denkbar kleinsten Teil einer Verbindung, der nur aus den Atomen der Grundstoffe besteht, aus denen die Verbindung zusammengesetzt ist, als **Molekül.** Hiernach ergibt sich, daß ein Molekül Wasser $= H_2O$ aus 2 Atomen Wasserstoff mit dem Atomgewicht $1 + 1 = 2$

und 1 Atom Sauerstoff mit dem Atomgewicht 16 eine chemische Verbindung darstellt, deren denkbar kleinster, dem Auge nicht wahrnehmbarer Teil, das Molekül, das Verhältnisgewicht 18 hat, also 18 mal schwerer ist als die Einheit, das Wasserstoffatom. Denken wir uns so viel Moleküle des H_2O angehäuft, daß wir sie wahrnehmen und abwiegen können, so würde dies bedeuten, daß 2 Gewichtsteile z. B. 2 g Wasserstoff + 16 g Sauerstoff = 18 g Wasser ergeben. Die Zahl, die sich aus der Summe der Atomgewichte einer Verbindung ergibt, nennt man **Molekular- oder Verbindungsgewicht,** und dieses, in Grammen ausgedrückt, ergibt die Menge eines **Mol.** Danach stellen 18 g Wasser 1 Mol Wasser dar. Auch die Grundstoffe allein können Moleküle bilden, indem sich 2 oder mehrere Atome, z. B. des Sauerstoffs oder des Wasserstoffs, zu einem frei existierenden Molekül O_2 oder H_2 verbinden. In dieser Form müssen wir den Sauerstoff in der Luft annehmen. Molekulargewicht des Sauerstoffs ist also $2 \times 16 = 32$ oder das des Wasserstoffs $2 \times 1 = 2$. Das Mol Sauerstoff wiegt danach 32 g, das Mol Wasserstoff 2 g. Hierdurch haben wir ein Maß für jede Verbindung erhalten, die in ganz bestimmtem Verhältnis zu seinem Rauminhalt in gasförmigem Zustande steht. Jedes Mol eines Gases nimmt nämlich unter einem mittleren Druck (Barometerstand gleich 760 mm) und bei 0^0 C Temperatur den Raum von 22,4 l ein.

Nun wollen wir ein schwedisches Streichholz nehmen und anzünden. Es entzündet sich durch Reiben an der Zündfläche der Schachtel mit einem leichten Knall und heller Lichterscheinung, danach brennt es in der Luft mit heller Flamme weiter. Offenbar ist hier eine chemische Wirkung oder Umsetzung aufgetreten. Es bildet sich zunächst ein schwarzes, verkohlendes Stäbchen, das weiterglüht und brennt und dann unter Zurücklassung einer weichen, zerreiblichen Asche schließlich verlischt. Stecken wir das brennende Streichholz in Wasser, so erlischt es sofort. Halten wir es an einem Draht brennend in eine Flasche, so läßt die Flamme allmählich an Helligkeit nach, sie erstirbt langsam, das Holz glimmt nur noch, und schließlich erlischt es unter Zurücklassung eines schwarzen Holzkohlenstäbchens.

Das Holz ist, wie alle pflanzlichen Stoffe, aufgebaut aus chemischen Verbindungen verschiedenster Art. In seine Grundstoffe zerlegt finden wir hier Wasserstoff (H), Sauerstoff (O) und als wichtigsten Bestandteil den Kohlenstoff (C). Daneben finden sich noch weitere Grundstoffe, die wir hier zunächst als für unsere Zwecke unwesentlich fortlassen wollen.

In dem brennenden Hölzchen ging eine chemische Umsetzung vor sich. Infolge der durch die Reibung erzeugten Wärme erfolgte Entzündung von leicht entzündlichen chemischen Stoffen, die sich an der Reibungsfläche der Schachtel und am Kopfe des Zündhölzchens befanden. Hierdurch wurde die Verbrennung des Holzes eingeleitet. Wir können es uns so vorstellen, als ob durch die Wärme die gegenseitige Verbindung der einzelnen Atome in dem Stoff gewissermaßen gelockert wurde, so daß sie sich mit dem Sauerstoff der Luft, der unter gewissen Voraussetzungen (hier Wärme) zur Verbindung mit den meisten andern Stoffen, besonders bei erhöhter Temperatur, neigt, chemisch vereinigen konnten. Diese Vereinigung geschieht so begierig, daß dabei wieder Wärme und Lichterscheinung auftreten. Ein Teil des Stoffes, der leicht zu vergasen war, wurde durch die zuerst entstehende Verbrennungswärme des Zündhölzchens gasförmig, entzündete sich in der erhöhten Temperatur und erzeugte nun seinerseits so viel Wärme, daß auch der schwerer brennbare Teil, der Kohlenstoff, anfing zu glühen und zu oxydieren. Es verband sich der Wasserstoff (H) in bestimmter Menge mit Sauerstoff (O) zu Wasser, das dampfförmig in die Luft ging, sodann vergaste unter weiterer Sauerstoffzufuhr der glühende Kohlenstoff (C) zu dem gasförmigen Kohlenoxyd (CO), und dieses verbrannte zu Kohlensäure (CO_2). Bei dem in die Flasche bzw. in das Wasser getauchten brennenden Hölzchen hörte die Sauerstoffzufuhr auf, das Holz erlosch in der Flasche allmählich, so daß der schwerer verbrennliche Teil, der Kohlenstoff, als Holzkohle zurückblieb, während der leichter brennbare Wasserstoff sich mit Sauerstoff verband. Im Wasser konnte das Holz nicht brennen, trotzdem sich Sauerstoff darin befindet, da der Sauerstoff des Wassers H_2O bereits so fest an den Wasserstoff gebunden ist, daß er nicht noch einmal für die Verbrennung in Frage kommt. Gewisse Ausnahmen werden wir später kennenlernen. In der Flasche war der entnommene Sauerstoff durch Kohlensäure bei der als Verbrennungsprodukt der Sauerstoff bereits fest gebunden ist, ersetzt. Es mußte also Erstickung des Feuers aus Mangel an dem Stoff, der die Verbrennung und damit die Wärmeerzeugung herbeiführt, eintreten.

Der Kohlenstoff (C) ist in Gestalt von Ruß (vgl. blakende Petroleumlampe), von Kohle, von Graphit (vgl. Bleistift) allgemein bekannt. Selten tritt er in reinster, kristallisierter Form als Diamant auf. Er bildet den Hauptbestandteil aller pflanzlichen und tierischen Stoffe und wird uns bei den gefährlichen Stoffen noch dauernd entgegentreten, da infolge der mannigfaltigen Verbindungen, die er eingeht, seine Verbreitung sehr allgemein ist.

Bevor wir nun mit Hilfe der bis jetzt in unserer Betrachtung aufgetretenen Grundstoffe, Sauerstoff (O), Wasserstoff (H), Stickstoff (N) und Kohlenstoff (C), weiter an die Besprechung der Gefahrquellen herangehen, müssen wir noch eine Eigenschaft der Grundstoffe, die **Wertigkeit** (Valenz) kennenlernen.

Wir hatten gesehen, daß sich der Kohlenstoff mit Sauerstoff zu Kohlensäure CO_2, der Wasserstoff mit Sauerstoff zu Wasser H_2O verbindet. In der einen Verbindung sind zwei Atome Sauerstoff (O) mit einem andern Grundstoffatom Kohlenstoff (C) und in der andern ein Atom Sauerstoff (O) mit zwei andern Grundstoffatomen Wasserstoff (H) zusammengetreten. Da aber das O-Atom stets dieselben Eigenschaften besitzt, so müssen die C- und H-Atome in Bezug auf die Verbindungsfähigkeit mit O voneinander abweichende Eigenschaften haben. Die atombindende Kraft eines Grundstoffs bezeichnet man als seine Wertigkeit (Valenz).

Man nimmt an, daß H einwertig, O zweiwertig, N dreiwertig, C vierwertig ist. Wir können uns die Bindungen nach der Wertigkeit an einem etwas groben Vergleich leicht klarmachen. Das einwertige H-Atom sei gedacht als eine Kugel mit einer Kausch oder Augbolzen, das zweiwertige O-Atom als ein Stab mit zwei Kauschen, das dreiwertige N-Atom als eine dreieckige Platte mit drei Kauschen, an jeder Ecke eine, und das vierwertige C-Atom als eine viereckige Pyramide (begrenzt durch 4 gleichseitige Dreiecke) mit vier Kauschen, an jeder Ecke eine. Wir können je zwei Kauschen durch Schäkel miteinander verbinden, aber immer nur an diesen Stellen. Es kann eine Kugel mit ihrer Kausch an eine andere Kugel angefügt werden. Dies entspräche den H — H = H_2, oder es können zwei Kugeln mit je einer Kausch an jedes Ende des Stabes angeschäkelt werden, dies Bild entspräche dem H — O — H = H_2O, oder es könnten an die drei Kauschen der Dreiecksplatte 3 Kugeln angeschäkelt werden, dies würde das Bild

$$\begin{array}{c} H \\ | \\ H-N-H \end{array} = NH_3 = \text{Ammoniak}$$

ergeben; an die 4 Kauschen der Pyramide können angefügt werden 4 Kugeln mit je einer Kausch, ergibt das Bild

$$\begin{array}{c} H \\ | \\ H-C-H \\ | \\ H \end{array} = CH_4 = \text{Grubengas, Methan,}$$

oder 2 Stangen mit 2 Kauschen ergibt O=C=O gleich CO_2 = Kohlensäure. Es können zwei oder mehr Pyramiden mit je einer, zwei oder drei Kauschen aneinandergekettet werden, und an die freien Kauschen können Kugeln oder Stäbe usw. geschäkelt werden. Dieser Vergleich gibt uns ein Bild von dem Aufbau der Moleküle der chemischen Verbindungen. Die Stoffe, die ein Skelett von untereinander verbundenen Kohlenstoffatomen mit andern Grundstoffen, überwiegend Wasserstoff, haben, werden uns hier am meisten beschäftigen. Als Beispiele mögen die folgenden dienen:

$$C_2H_6 \text{ gleich } \begin{array}{c} H \quad H \\ |\quad\;\; | \\ H-C-C-H \\ |\quad\;\; | \\ H \quad H \end{array}$$ bedeutet 2 C-Atome **einfach** aneinander gebunden und die danach noch freien Valenzen durch H-Atome besetzt oder abgesättigt.

$$C_2H_4 \text{ „ } \begin{array}{c} H-C=C-H \\ |\quad\;\; | \\ H \quad H \end{array}$$ bedeutet 2 C-Atome **doppelt** aneinandergebunden usw.

$$C_2H_2 \text{ „ } \begin{array}{c} C\equiv C \\ |\quad | \\ H \quad H \end{array}$$ „ 2 C- „ **dreifach** „ „ usw.

Dies Bild läßt sich beliebig verändern. Die Zahl der aneinander geketteten C-Atome ist unbegrenzt.

Mit diesen wenigen chemischen Grundbegriffen wollen wir uns zunächst begnügen und damit unter gelegentlicher Erweiterung die nachfolgenden Ausführungen durchführen.

Alle die Stoffe, die überwiegend aus C- und H-Atomen zusammengesetzt sind, nennt man **organische Stoffe**. Sie sind alle mehr oder weniger brennbar. Am leichtesten die mit viel H- und wenig C-Atomen. Das Gerüst dieser Aufbauten bleibt immer der Kohlenstoff. Durch die Fähigkeit seiner Atome, sich miteinander in unbeschränkter Zahl und Anordnung sowie mit andern Grundstoffen (H, O, N und dergleichen) verbinden zu können, entstehen die unendlich verschiedenen organischen Stoffe des Pflanzen- und Tierreichs, da jede andere Gruppierung einen andern Stoff mit andern Eigenschaften hervorbringt.

Wir werden weiter unten noch auf diese Verhältnisse zurückkommen.

Zur Erhöhung der Übersichtlichkeit sei hier das Ergebnis der vorstehenden Ausführungen kurz zusammengefaßt:

1. Die kleinsten denkbaren Bausteine der Grundstoffe, in die alle Stoffe auf Erden zerlegt werden können, sind Atome mit gleichen Eigenschaften. Alle Atome eines Grundstoffes haben andere Eigenschaften als die eines andern Grundstoffes. Das Atom oder Verbindungsgewicht ist durch eine Verhältniszahl ausgedrückt, wobei das Gewicht des Wasserstoffatoms als 1 angenommen wird. Die Atome sind wirksam bei chemischen Umsetzungen (sie reagieren).
2. Ein oder mehrere Atome verschiedener Grundstoffe vereinen sich zu chemischen Verbindungen, deren denkbar kleinste Teile die Moleküle sind. Die Atome verbinden sich im Verhältnis ihrer Verbindungsgewichte. Die Summe der Verbindungsgewichte der Grundstoffe einer Verbindung nennt man Molekulargewicht. Verbindungen haben andere Eigenschaften als die Grundstoffe, aus denen sie bestehen. Auch Atome desselben Grundstoffes können zu Molekülen zusammentreten. Ihre Wertigkeiten sind hierbei gegenseitig gebunden (abgesättigt).
3. Anhäufung von Molekülen macht einen Stoff unseren Sinnen faßbar und wägbar.

   Das Molekulargewicht (Verhältniszahl) in Grammen ausgedrückt bezeichnet man mit der chemischen Einheit 1 Mol.
4. Jedes Mol eines gasförmigen Stoffes nimmt bei 0° C und einem Druck von 760 mm (= mittleren Barometerstand) einen Raum von 22,4 l ein. Änderung von Temperatur und/oder Druck rufen Änderung dieses Raumbedarfs hervor. Bei Wärmezunahme und Druckabnahme dehnt sich der Stoff aus. Temperaturerhöhung ohne Raumvergrößerung ruft Druck hervor, erhöhter Druck im begrenzten Raum erhöht die Temperatur.
5. Die Grundstoffe verbinden sich unter gewissen Vorbedingungen nach ihrer Wertigkeit miteinander, die auf der Grundlage des Wasserstoffs als Einheit mit den Zahlen I, II, III, IV usw. bezeichnet wird. Die Wertigkeit einzelner Stoffe kann sich unter verschiedenen Bedingungen ändern.
6. Die Wechselwirkung chemischer Stoffe aufeinander nennt man Reaktion. Man sagt, zwei Stoffe reagieren miteinander. Hierbei treten Begleiterscheinungen auf, von denen wir für unsere Zwecke zunächst nur Wärme, Licht (Feuer), Gasentwicklung erwähnen wollen.

Wenn wir im nachfolgenden von den Eigenschaften und Umsetzungen von Stoffen sprechen, so haben wir dabei immer die kleinsten, frei existierenden Teilchen der betreffenden Verbindung oder Grundstoffe, die Moleküle, im Auge.

Die Verbrennung (Oxydation).

Der gefährlichste Feind an Bord eines Seeschiffes ist das Entstehen von Feuer im Schiff oder in der Ladung. In gefährlichen Gütern ist meist die Ursache von Schiffsbränden zu suchen. Es seien daher vorweg die Erscheinungen, die bei der Verbrennung auftreten, allgemein betrachtet.

Eine Verbrennung von Stoffen ist chemisch bezeichnet die Verbindung dieser Stoffe mit Sauerstoff. Das Ergebnis der Verbrennung bei Sauerstoffaufnahme ist eine neue Verbindung, im allgemeinen ein **Oxyd.** Man sagt der Stoff ist oxydiert. Die Sauerstoffaufnahme eines Stoffes kann in verschiedenen Stufen erfolgen, in jeder Stufe kann unter Umständen ein bestimmter neuer Stoff gebildet werden, so aus C + O das CO = Kohlenoxyd. Aus $CO + O = CO_2$ die Kohlensäure oder das Kohlendioxyd. (Die Bezeichnungen mono, di, tri, tetra, penta, sesqui, hepta, die auch in der S. F. O. Anlage 1 vorkommen, entsprechen den Zahlbegriffen „einfach", „doppelt" oder „zweifach", „dreifach", „vierfach", „fünffach", „sechsfach", „siebenfach".) Das Kohlendioxyd ist demnach ein zweifaches Oxyd des Kohlenstoffs, d. h. in einem Molekül sind 2 Atome Sauerstoff enthalten. Bei den diesbezüglichen Sauerstoffverbindungen bezeichnet man nun die niederen Oxydationsstufen mit Oxydul, Suboxyd, die normalen mit Oxyd, die höheren, in denen mehr Sauerstoff als normal, d. h. als der Verbindungsfähigkeit (Wertigkeit) entspricht, in einer Verbindung aufgenommen ist, als Super-, Hyper- und Peroxyd.

Als Beispiel sei hier aus der Klasse I d das Stickoxydul N_2O, eine niedere Sauerstoffverbindung des Stickstoffs, und das Stickstofftetroxyd N_2O_4, eine höhere Sauerstoffverbindung des Stickstoffs, erwähnt, aus der Klasse I c 3, das Natriumsuperoxyd, bestehend aus dem einwertigen Grundstoff Natrium und dem zweiwertigen Sauerstoff $2\,Na + 2\,O = Na_2O_2$, oder aus Klasse VI a 3, das Bariumsuperoxyd, bestehend aus zweiwertigem Barium, $Ba + 2O = BaO_2$. Wir kommen später auf diese Stoffe zurück.

Bei der Verbrennung zersetzen sich Stoffe, und andere entstehen aus der Verbindung mit Sauerstoff. Letztere werden uns namentlich bei Bränden nicht direkt faßbar, da sie als Gase in die Luft gehen. Unter allen Umständen ist das Endergebnis der Verbrennung ein neues Produkt, eine chemische Umsetzung, bei der die neu entstandenen Stoffe, wenn wir sie auffangen und wägen, insgesamt mehr wiegen als die vorher vorhandenen, und zwar um den Betrag des hinzugetretenen Sauerstoffs. **Ohne Sauerstoff keine Verbrennung** im gewöhnlichen Sinne. Eine scheinbare Ausnahme s. bei Chlor (Cl) Klasse Id.

Zur Vollständigkeit sei hier eingeschaltet, daß der der **Oxydation entgegengesetzt** wirkende Vorgang als **Reduktion** bezeichnet wird. Er entzieht den Stoffen Sauerstoff; diese werden zunächst auf die Grundstoffe zurückgeführt (reduziert), und da der Vorgang mit Wasserstoff (H), der sich mit O zu H_2O Wasser verbindet, durchgeführt wird, kann schließlich eine Wasserstoffverbindung des Stoffes entstehen, z. B. Übergang von CH_4 zu CO_2 unter Sauerstoffzufuhr = Oxydation, umgekehrt von CO_2 zu CH_4 unter Sauerstofffortnahme oder Wasserstoffzufuhr = Reduktion. Bei unvollständiger Oxydation: $O_2 + CH_4 \rightarrow C + 2\,H_2O$, bei unvollständiger Reduktion $CO_2 + 2\,H_2 \rightarrow 2\,H_2O + C$.

Woher stammt nun der Sauerstoff, der für die Verbrennung nötig ist?

In erster Linie aus der Luft, die unsere ganze Erde umgibt und bestrebt ist, alle Hohlräume dortselbst auszufüllen. Rund der fünfte Teil des Gemisches, das wir atmosphärische Luft nennen, ist Sauerstoff in molekularer Form. Rund $^4/_5$ sind Stickstoff. Beide trachten unter gewöhnlichen Verhältnissen nicht danach, sich zu verbinden, daher kann der Sauerstoff der Luft unbehindert Verbindungen mit andern Stoffen eingehen, wenn diese dazu geeignet sind und wenn die Vorbedingungen dafür vorliegen. Er tut dies auch, indem er sich mit vielen Stoffen bei gewöhnlicher Temperatur sehr langsam, mit andern schneller verbindet. Er oxydiert diese Stoffe. Man kann diese Oxydation als eine langsame Verbrennung bezeichnen, die durch Zuführen von Wärme von außen her oder durch Festhalten der Wärme, die bei der langsamen Oxydation entsteht, z. B. in großen Massen, die nicht durchlüftet werden, allmählich beschleunigt werden kann, die aber zunächst nicht durch Lichterscheinungen oder fühlbare Wärmesteigerung bemerkbar ist. Wird die Wärmezufuhr so vermehrt, daß sie eine Entzündung des Stoffes herbeiführt (ca. 600—700° C), so wird die Sauerstoffaufnahme erheblich gesteigert, der Vorgang der Oxydation geht schneller und jetzt meist unter Lichterscheinung vor sich. Der Stoff glimmt oder glüht oder brennt. Die Luft unterhält mit ihrem Sauerstoffgehalt die Verbrennung. Durch die Wärme der Verbrennung (Oxydation) werden immer neue Teile des brennbaren Stoffes, meist Wasserstoff oder wasserstoffhaltige Verbindungen, in gasförmigen Zustand versetzt, mit Sauerstoff in Verbindung gebracht und dadurch der Flamme neue Nahrung zugeführt. Kleinste Teilchen brennbarer Stoffe, die sehr stark erhitzt sind, aber nicht gasförmig auftreten, glühen und leuchten, z. B. Kohlenstoff (vgl. Leuchten der Petroleumlampe oder der Gasflamme), Stoffe, die keine glühenden Teilchen aussenden, leuchten wenig oder gar nicht. Daher leuchtet die Flamme von verbrennendem reinen Wasserstoff (H) nur wenig, die von Kohlenstoff (C) stark. Je mehr Sauerstoff (O) der Flamme zugeführt wird, sei es durch schnellere Luftzufuhr, sei es durch reineren Sauerstoff, desto heftiger; je weniger O hinzutreten kann, desto langsamer verbrennt ein brennbarer Stoff, bis er bei gänzlichem O-Abschluß erlöschen muß. Der Sauerstoff ist allein für sich nicht brennbar. Wird ein Stoff in einem abgeschlossenen Raume verbrannt, zu dem keine Luft zutreten kann und in dem keine O-Entwicklung stattfindet, so wird der vorhandene Sauerstoff (O) allmählich aufgebraucht. Die Luft wird durch eine Mischung der entstandenen Verbrennungsgase mit dem Rest Stickstoff ersetzt, der brennende Stoff erlischt, denn die Verbrennungsprodukte sind chemische Verbindungen, von denen der Sauerstoff nicht mehr zur Verbrennung abgegeben werden kann, da er fest mit andern Stoffen verbunden ist, es sei denn, daß äußere Verhältnisse vorliegen, die zu einer Zersetzung des entstandenen Verbrennungsprodukts führen, wie wir später (VI b) bei CO_2 sehen werden.

Jeder kann sich diese Vorgänge leicht im Heizraum am Schiffskessel an dem Ofen im Logis oder in der Kombüse und an der Petroleumlampe klarmachen. Wird z. B. in der letzteren die Luftzufuhr abgeschnitten, so blakt sie, d. h. der unverbrannte Kohlenstoff (C) tritt als Ruß auf, der sich teilweise als schwarze Masse am Zylinder abkühlt und festsetzt.

Wir hatten bis jetzt gesehen, daß zur Einleitung der Verbrennung eine gewisse Entzündungstemperatur nötig war, und ferner, daß Sauerstoff vorhanden sein mußte. Wir hatten gesehen, daß ein in Wasser getauchtes brennendes Hölzchen ausging. Nun ist aber im Wasser noch eine erhebliche Menge Sauerstoff nicht an Wasserstoff gebunden, sondern einfach gelöst, also für die Verbrennung verfügbar enthalten, denn die Fische atmen jedenfalls Sauerstoff und entnehmen ihn durch die Kiemen dem Wasser. Warum brennt also ein brennbarer Stoff darin nicht weiter? Einmal darum nicht, weil der Sauerstoff in der Flüssigkeit nicht so leicht an das Holz herankommen kann wie in der Luft, und sodann aus einem weiteren Grunde nicht, den wir aus dem Folgenden ersehen werden.

Legen wir ein gut brennendes Streichholz auf ein auf Wasser gelegtes Papierblatt, ehe es ganz durchnäßt ist, so geht das Streichholz sofort aus, trotzdem die Luft glatt herankommen kann, dasselbe tritt ein bei einem auf eine Metallplatte gelegten Hölzchen. Dasselbe, wenn auch langsamer, ereignet sich auf einer harten Holzplatte (Eiche). Etwas länger brennt das Holz und eventuell brennt es auch ein Loch in die Unterlage beim Liegen auf einer weichen Holzplatte (Pappelholz). Legen wir es aber brennend auf ein Blatt Papier, das doch auch aus Holzstoff besteht, so brennt es nicht nur weiter, sondern es entzündet auch das Papier. Ist das Papier fettig, so geschieht die Entzündung sehr schnell. Der Grund für dieses verschiedene Verhalten ist der folgende:

Das Wasser kühlt das brennende Hölzchen so stark ab, daß die Entzündungstemperatur nicht mehr erreicht wird. Das Holz erlischt. Die Metallplatte leitet die entstandene Verbrennungswärme so schnell fort, daß die Wärme im Hölzchen nicht mehr konzentriert wird, wie in der schlecht wärmeleitenden Lufthülle. Das Holz muß daher ebenfalls erlöschen.

Die Holzplatte hält die Wärme als schlechter Wärmeleiter zwar etwas besser zusammen, jedoch kühlt seine große Masse das brennende Hölzchen schneller ab, ehe es mit seiner Wärme auf das feste Holz wirken kann; bei weichem Holz fand schon eine geringe Einwirkung statt, die bei Papier so stark wurde, daß es sich ebenfalls entzündete.

Fettgetränktes Papier liefert einen sehr leicht brennbare Gase entwickelnden Brennstoff, der selbst schnell eine erhöhte Temperatur erzeugt und damit die Verbrennung unterstützt.

Als Beispiel für eine langsame Oxydation diene das Blei. Schneidet man z. B. von einem Bleilot mit dem Messer einen kleinen Spahn ab, so ist das Metall an der Schnittfläche silberglänzend. Es überzieht sich aber an der Luft, besonders an feuchter bald mit einer dünnen Schicht von mattgrauem Bleioxyd. Die Atmung der Menschen und Tiere ist gleichfalls ein langsamer Oxydations-(Verbrennungs-)vorgang, ebenso die Fäulnis und Verwesung organischer Stoffe, die im wesentlichen aus $C + H + O + N$, im verschiedenen Mengenverhältnis zusammengesetzt, bestehen. Als Endprodukt entsteht auch hier, wie bei der Verbrennung CO_2 oder CO (Kohlendioxyd = Kohlensäure oder Kohlenoxyd, beides Gase) sowie H_2O = Wasser und Ammoniak NH_3 eine Stickstoffverbindung mit Wasserstoff. Das Rosten ist eine langsame Oxydation des Eisens bei feuchter Luft. Die Feuchtigkeit ist hierbei Hauptbedingung, da der Sauerstoff trockner Luft Eisen nicht angreift, sondern erst, in Wasser aufgenommen, die Oxydationsfähigkeit für Eisen erhält. Bei Zuführung von reinem oder angenähert reinem Sauerstoff gelangen selbst Stoffe, die sonst bei Erwärmung an der Luft nur glühen, zum heftigen Brennen unter heller Lichterscheinung, wie z. B. Eisendraht unter Funkensprühen im Sauerstoff glatt verbrennt und dabei eine sehr hohe Temperatur entwickelt. Daher befördern chemische Verbindungen, die Sauerstoff leicht abgeben, die Verbrennung in hohem Maße.

Als Einheit der Wärmemenge, die bei einem mit Wärmeentwicklung verbundenen Vorgang (Verbrennung) auftritt, benutzt man die große Kalorie (Kal.), das ist die Wärmemenge, die 1 kg Wasser um 1^0 erwärmt. Im allgemeinen wird sie bei 18° bestimmt. Man benutzt auch die kleine Kalorie (kal.), die dasselbe für 1 g Wasser bewirkt.

Wir werden auf das vorstehend Gesagte noch an anderer Stelle bei den Klassen Ie, II, III und VIa zurückkommen müssen.

Die Verbrennung geht im allgemeinen bei den gewöhnlichen Brennstoffen langsam und nach Maßgabe der zutretenden Luft, der Größe der brennbaren Fläche, des Rauminhalts (Volumens) der Stoffe sowie ihrer Brennbarkeit vor sich. Man verfolge dies am Ofen oder an der Schiffskesselfeuerung. Geht die Verbrennung bei bestimmten Stoffen sehr schnell durch die ganze Masse vor sich mit oder ohne erhebliche Luft- oder Sauerstoffzufuhr von außen, so sprechen wir von einer Verpuffung der Stoffe, und diese kann sich bei sehr großer Umsetzungsgeschwindigkeit bis zur Explosion steigern.

Da die explosionsfähigen Stoffe einen großen Teil der gefährlichen Güter bilden, müssen wir uns hier näher mit dem Wesen der Explosion, ihren Ursachen, Wirkungen und Produkten beschäftigen.

Die Explosion.

Eine Explosion ist stets mit einer chemischen Umsetzung fester, flüssiger oder gasförmiger Stoffe oder von Gemengen daraus verbunden. Es entstehen hierbei stets Endprodukte gas- oder dampfförmiger Art, d. h. ein Stoff, der vor der Explosion einen kleinen Raum eingenommen hat, zerfällt sehr schnell in seine Atome, und diese gehen unter Wärmeentwicklung und Lichterscheinung neue gasförmige Verbindungen ein, die an sich schon einen bedeutend größeren Raum einnehmen als der ursprünglich vorhandene Stoff. Durch die sehr erheblich gesteigerte Wärme werden diese Gase noch während der Umsetzung und kurz nachher außerordentlich stark ausgedehnt. Diese Umsetzung geht sehr schnell, fast momentan vor sich. Die Gase treffen bei der schnellen Ausdehnung schon an der umgebenden Luft auf Widerstand, der Druck der Gase steigt sehr hoch und beseitigt alle Hemmnisse, was sich in der Zerstörung durch die Explosionswirkung äußert. (Von dem erheblichen Widerstand bei schneller Einwirkung kann man sich durch das wohl bekannte Kunststück, einen auf dem Tisch liegenden und mit einem Teil über die Kante ragenden Holzstab mit einem Faustschlag abzubrechen, leicht überzeugen. Man lege ein Zeitungsblatt lose auf den auf dem Tische liegenden Holzstab und schlage möglichst schnell auf den überragenden Teil. Der Stab wird durch das Zeitungsblatt auf dem Tische festgehalten, das seinerseits durch den Widerstand der darüber lagernden und nicht so schnell ausweichenden Luft an der Bewegung gehemmt wird. Der Stab bricht an der Tischkante ab.)

Neben gasförmigen können auch in geringen Mengen feste Stoffe als Rauch oder Rückstand auftreten. Diese wirken bei der Zerstörung durch die Explosion nicht direkt mit, können aber in der sehr feinen Verteilung, in der sie auftreten, und durch ihre Eigenschaften auf den menschlichen Organismus schädlich wirken.

Wo keine chemische Umsetzung und während und nach der Explosion keine Drucksteigerung stattfindet, kann man nicht von Explosion reden. Zum Beispiel wird die Bezeichnung „Explosion“ von Dampfkesseln oder von Gasbehältern zu Unrecht gebraucht. Hier liegt lediglich ein „Platzen" vor, da der innere Druck der Behälter die Materialfestigkeit überstieg und die Behälter zum Auseinanderreißen brachte. Da dieser Vorgang auch sehr schnell und unter Zerstörung von Material vor sich geht, ist die Wirkung allerdings eine ähnliche wie bei einer Explosion. Der Druck der frei werdenden Gase steigert sich nach Freiwerden aber nicht mehr, sondern nimmt sehr schnell nach Beseitigung des Widerstandes ab. Eine Flasche mit verdichtetem Wasserstoff würde z. B. bei unzulässiger Erwärmung platzen. Dieselbe Flasche würde, wenn Luft oder Sauerstoff in genügender Menge hineingelangt ist, bei Entzündung durch Flamme oder Funken infolge Knallgasbildung explodieren.

Um in der überwiegenden Mehrheit der in Betracht kommenden Stoffe die Vorbedingungen für eine Explosion zu schaffen, müssen sie schon im Molekül möglichst die Zusammensetzung haben, die für die spätere schnelle chemische Umsetzung nötig ist. Es muß also in jedem Molekül so viel durch die ganze Menge feinst verteilter Sauerstoff vorhanden sein, daß die Atome der übrigen darin enthaltenen Grundstoffe darin verbrennen können. Stoffe, die unter andern Verhältnissen, z. B. durch bloßen Zerfall in Gase, explodieren, kommen für den Seetransport als zu gefährlich nicht in Betracht und werden hier nicht mitbehandelt. (z. B. Jodstickstoff, Chlorstickstoff und dergleichen.)

Um den früher gewählten Vergleich des Aufbaus einer Verbindung durch Zusammenschäkelung von Atomen auch hier nutzbar zu machen, können wir bei Explosivstoffen vergleichend annehmen, daß die einzelnen Grundstoffe, die wenig Neigung haben, dauernd fest miteinander verbunden zu sein, gewissermaßen auf Schlippschäkel aneinandergekettet sind. Werden durch einen äußeren Vorgang diese Schlippschäkel zugleich geschlippt, so gruppieren sich die Atome so, wie sie bei der entstehenden Temperatur und dem vorhandenen Druck sich am zweckmäßigsten verbinden. Es entstehen die Endverbrennungsprodukte meist gasförmiger Art.

Der Vergleich mit dem Schlippen bringt uns nun auf die Frage der Auslösung einer Explosion.

Stoffe, die so aufgebaut sind, daß sie zu einer Explosion fähig sind gleichen sich keineswegs in der Art, wie sie zur Explosion gebracht werden können. Sie sind verschieden empfindlich (sensibel). Es muß im allgemeinen erst der Anstoß dazu gegeben werden, daß sie so plötzlich durch die ganze Masse verbrennen, daß bei der Gasentwicklung noch Wärme nach außen abgegeben wird, und daß dadurch der Raumbedarf der Gase bzw. der Druck so enorm gesteigert wird, daß die Explosionswirkung erzielt wird. Hier kann Stoß, Druck, Reibung oder Wärme, Licht, Elektrizität oder auch chemische Energie als Auslösungsmittel auftreten. Jede Sprengstoffart verhält sich gegen die verschiedenen Mittel im allgemeinen verschieden. Man kann z. B. Schießwolle mit einem Streichholz anzünden (natürlich nur in kleiner Menge), sie wird sehr lebhaft abbrennen. Schlägt man mit einem Hammer auf harter Unterlage darauf, so explodiert sie. Dies dürfte man bei Schießpulver nicht versuchen, da es beim Anzünden auf einmal verpufft.

Bei Erwärmung explodiert unter gleichen Verhältnissen der eine Sprengstoff früher als der andere. Manche halten Schlag und Stoß ohne Veränderung aus, explodieren dagegen schon bei Bestrahlung mit chemisch wirksamem (ultraviolettem) Licht. Es werden im allgemeinen diejenigen Zündungen verwendet, die sich am sichersten handhaben lassen und am sichersten zum Ziele, nämlich zur Zündung des Sprengstoffes, führen. Wir werden bei der Klasse I b und I c auf diese Zündmittel näher eingehen.

Ein wichtiger Punkt für die Brauchbarkeit der Zündung ist immer ihre Fähigkeit, die Umsetzung des Sprengstoffs durch Stoß und Wärmeentwicklung so energisch einzuleiten, daß sie von selbst schnell weiterläuft. Je nach der Geschwindigkeit dieses Vorgangs spricht man von Explosion oder Detonation. Je stärker die Auslösung (Wärmezufuhr und Stoß), desto schneller der Explosionsvorgang. Bloße Temperatursteigerung führt im allgemeinen zur Verpuffung von Sprengstoffen. Diese Temperatur ist für gewisse Sprengstoffe immer gleich und wird als Maßstab für die Beurteilung der Sicherheit der Sprengstoffe benutzt.

			Verpuffungstemperatur:
z. B.	Schießwolle		183—186° C
	Nitroglyzerin		160—220° C
	Dynamit		180—200° C
Klasse I a und I b	Pikrinsäure	über	225° C
	Trinitrotoluol	„	225° C
	Schwarzpulver	„	225° C
	Ammonsalpetersprengstoff	„	225° C.

Die Verpuffungsprobe wird natürlich nur mit kleinen Mengen vorgenommen. Werden größere Mengen Sprengstoffe, z. B. bei Bränden, stark erhitzt, so explodieren sie im allgemeinen, da sie selbst, wenn sie zunächst nur rasch abbrennen, solche enorme Wärme und Stichflammen entwickeln, daß bei den andern Mengen Explosion eintreten muß.

Die Fortpflanzungsgeschwindigkeit der Entzündung in explosionsfähigen Stoffen beträgt mehrere tausend Meter in der Sekunde. Bei Knallgas ($2 H + O$) z. B. ca. 3000 m/sec., bei Sprengstoffen 7000—8000 m/sec., bei Pikrinsäure 7500—8500 m/sec.; man nennt diese Geschwindigkeit die Geschwindigkeit der Explosionswelle.

Wir hatten vorn gesehen, daß je nach mehr oder weniger schnellem Ablaufen des Explosionsvorgangs von Detonation und Explosion gesprochen wurde. Es kommt nun bei Sprengstoffen noch der Ausdruck Brisanz vor. Dieser bezeichnet das mehr oder weniger schnelle Eintreten einer Höchstwirkung der Explosion und gibt einen Maßstab für das mehr oder weniger schnelle Ansteigen des Druckes bei dieser. Brisante Stoffe wirken sehr schnell mit höchstem Druck auf ihre Umgebung, also auch auf die Unterlage. Sie durchschlagen diese nach unten, obwohl die Gase sich nach oben und den Seiten hin ausdehnen könnten. Sie sind eben bestrebt, sich so schnell auszudehnen, daß die Luft nicht nachgeben kann und als fester Widerstand wirkt (s. oben Beispiel mit Stab).

Je mehr Sprengstoff sich in einem bestimmten Raume befindet, desto größer ist seine Explosionswirkung. Die Temperaturen, die bei einer Explosion erzeugt werden, sind sehr erheblich, so z. B. liefert Schießbaumwolle, wenn sie sich nach einer bestimmten Richtung hin umsetzt, so daß die

Verbrennung möglichst vollständig ist, eine Temperatur von 2840° C; für Nitroglyzerin ist die Explosionstemperatur 3780° C. Hieraus ist zu ersehen, daß sich selbst bei kleineren Explosionen auch andere Stoffe entzünden können. Allerdings ist die Einwirkung dieser Wärme immer nur sehr kurz, so daß es durchaus nicht sicher ist, daß sich andere Stoffe entzünden müssen. Zum Beispiel wird zur Entzündung von Schlagwettergas (Methan + Luft) eine Erwärmung des Gases auf 650° C 10 Sekunden lang erforderlich. Hierauf beruht der Aufbau der in der Klasse I a angeführten Gruppe der handhabungssicheren Sprengstoffe, die an sich eine Temperatur von annähernd 2200° C bei der Explosion hervorrufen, aber doch nicht so lange andauernd, daß Schlagwetter in Kohlenbergwerken dadurch entzündet würden (wettersichere Stoffe).

Die Explosionswärme ist ein Maßstab für die Arbeit, die diese Stoffe leisten können, so kann z. B. 1 kg Nitroglyzerin 620 000 Meterkilogramm, 1 kg Schwarzpulver 275 000 Meterkilogramm leisten, d. i. die Arbeit, die eine Kraft verrichtet, die im Stande ist, 275 000 kg 1 m hoch zu heben. Diese Arbeit wird aber nur einmal in kurzer Zeit vollbracht, dann ist der Stoff umgesetzt. Die Leistung ist also sehr gering gegen die von 1 kg Kohle oder Öl, die langsam verbrennen und Dauerleistung haben. Daher eignen sich praktisch Sprengstoffe nicht für Dauerleistungen.

Die Explosionstemperatur hat einigen Einfluß auf die Explosionsprodukte, diese letzteren sind im allgemeinen Kohlensäure (CO_2). Wasserdampf (H_2O), Stickstoff (N_2), Kohlenoxyd (CO) (giftig und mit Luft explosiv, wodurch Nachexplosionen erfolgen können), Wasserstoff (H_2), Methan (CH_4), Stick oxyde (Verbindungen von Stickstoff mit Sauerstoff), Zyanwasserstoff (HCN) (sehr giftig), Schwefelwasserstoff (SH_2) (in größeren Mengen giftig).

Um ein Beispiel von dem ungeheuren Ansteigen des Druckes zu geben, sei folgendes angeführt:

Bei einer Explosionstemperatur des Nitroglyzerins von rund 3500° C würde sich das bei 0° C und 760 mm Druck entstehende Gas von 713 l ausdehnen auf 9850 l, und der Druck auf 9850 Atmosphären steigen, wenn nur 1 l Raum zur Verfügung stände. Daher die Explosionswirkung durch Fortschleudern von Hindernissen, die ihrerseits als Geschosse wirken und weitere Zerstörungen anrichten. Nebenbei entstehen durch die hohe Temperatur Ausbrennungen oder Abschmelzungen, und schließlich entsteht durch den Explosionsstoß eine Wellenbewegung in der Luft, im Wasser oder in festen Gegenständen, die sich weithin bemerkbar macht. Dieser Stoß kann andere Sprengstoffe durch seine Heftigkeit und große Geschwindigkeit mit zur Explosion bringen. Die Stoffe brauchen also nicht einmal in demselben Raum verladen zu sein um entzündet zu werden. Der Stoß auf die Umgebung, der von dem Explosionsherd fortgerichtet ist, hat eine Gegenwirkung zur Folge, die nach dem Explosionsherd hingerichtet ist, so daß es also nicht zu verwundern ist, wenn man auch Trümmer nach dem Explosionsherde hingeworfen findet. So z. B. können Fensterscheiben, besonders bei etwas weiterer Entfernung vom Herde, in der Richtung zu ihm hin herausgedrückt werden.

Mit der Explosion geht in den meisten Fällen eine Flammenerscheinung Hand in Hand. Sie richtet sich nach der Höhe der Temperatur und kann bei verschiedenen Sprengstoffen sehr verschieden sein; ihre Dauer ist sehr kurz

(Bruchteil einer Sekunde). Es können auch zwei Flammenerscheinungen nacheinander eintreten. Diese sind so zu erklären, daß sich bei der ersten unvollkommene Verbrennungsgase bildeten, und daß diese bei noch genügend hoher Temperatur mit Luft gemischt nochmals sich entzünden (vgl. $CO + O = CO_2$).

Eine Explosion kann sowohl durch feste, explosionsfähige Stoffe, wie soeben besprochen, erzeugt werden, wie durch flüssige und gasförmige. Bei den ersten beiden liegen die Vorbedingungen in der Zusammensetzung der Stoffe selbst, bei den gasförmigen werden sie erst durch den Hinzutritt und die innige Mischung mit Luft hervorgerufen. Die ersteren sind in den Klassen I a, I b, I c der Anlage 1 aufgeführt.

Von flüssigen explosionsfähigen Stoffen kommt hier besonders die flüssige Luft, die unter der Klasse I d näher behandelt wird, von gasförmigen Stoffen die Gase der Klasse I d sowie Gase, die aus Stoffen der Klassen I e, III und VI b entstehen können.

Erläuterungen zu den Klassen des Güterverzeichnisses.

(Vgl. Teil I.)

I a Sprengstoffe.

Die Einteilung der Sprengstoffe in Sprengmittel (A), Schießmittel (B) und andere explosionsgefährliche Gegenstände (C) ist aus der Anlage C der Eisenbahnverkehrsordnung ebenso wie die Unterteilung in Gruppen übernommen worden und aus Zweckmäßigkeitsgründen, wegen der Kontrolle und Bescheinigungen über die Sendungen auch für den Seetransport beibehalten worden, obwohl alle zur See beförderten Sprengstoffe an Bord hinsichtlich der Verladung gleichmäßig behandelt werden.

Nach dem vorher über das Wesen der Explosion Gesagten bleibt hier nur einiges über die Sprengstoffe selbst zu erwähnen.

Alle Sprengstoffe, die auf der Eisenbahn oder mit einem Seeschiff befördert werden sollen, werden je nach ihrer Zugehörigkeit zu den Gruppen der Anlage C zur E. V. O. scharfen Prüfungen unterworfen.

Den Maßstab hierfür gibt in den meisten Fällen das Verhalten eines Vergleichssprengstoffs von bestimmter Zusammensetzung. Die zu prüfenden Sprengstoffe dürfen nicht gefährlicher sein als dieser Vergleichsstoff. Im allgemeinen werden sie auf ihre chemische Zusammensetzung und Reaktion (sauer oder basisch) (s. Klasse V), auf ihr Verhalten bei 48stündiger Lagerung bei gesteigerter Temperatur (75⁰ C, bei einzelnen auch höher), auf Entmischbarkeit der mechanischen Gemenge beim Rütteln, auf Zündungsfähigkeit mit Zündschnur und bei Einwerfen von Proben in glühende Eisenschalen, auf Verpuffungstemperatur, auf Explosionsfähigkeit beim Einbringen von Proben in verschlossenen Kästen in offenes Holzfeuer, auf Verhalten gegen Stoß, Schlag und Reibung und schließlich gegen Wasserzusatz geprüft. Sie dürfen, um zur Beförderung zugelassen zu werden, bei diesen Erprobungen bestimmte Gefahrgrenzen nicht überschreiten. Bei den verschiedenartigen Sprengstoffen sind die Proben der Eigenart der Stoffe angepaßt.

Die Bedingungen für die Zulassung zum Transport sind im „Güterverzeichnis" zum Teil mitangegeben.

Die Sprengstoffe der 1. Gruppe unter 1 a A. Ammonsalpetersprengstoffe werden z. B. nach einem Vergleichsstoff „Donarit", der aus 80 % Ammonsalpeter, 12 % Trinitrotoluol, 4 % Roggenmehl, 4 % Nitroglyzerin besteht, geprüft. Sie dürfen im Fall eines Brandes nicht zu einer Massendetonation Anlaß geben. Trotzdem sind diese Stoffe wie alle übrigen Sprengstoffe an Bord mit gleicher Vorsicht zu behandeln. Sie werden als „handhabungssicher" bezeichnet. Ihrer Anwendung und Verwendungsfähigkeit nach unterscheidet man „wettersichere" und „nicht wettersichere" Sprengstoffe, je nachdem sie Sicherheit gegen Zündung von Schlagwettern oder Kohlenstaub bieten oder nicht. Nach ihrer Zusammensetzung können die „Sprengmittel" in solche Stoffe eingeteilt werden, die aus einer stark sauerstoffhaltigen und diesen leicht abgebenden Verbindung bestehen, die bei der Umsetzung möglichst viel Gase entwickeln, wie Ammonsalpeter oder Chlorate und Perchlorate ($NH_4 NO_3$ oder $K Cl O_3$ und $K Cl O_4$) im Gemenge mit andern Sprengstoffen oder kohlenstoffreichen, leicht entzündlichen organischen Verbindungen, wie Getreidemehl, Ölen, Harzen, Petroleum, Naphthalin und dergleichen; ferner in solche, die an sich ungefährliche organische Stoffe sind, die aber durch Verbindung mit mehreren Nitrogruppen (NO_2) (s. Klasse V) explosionsfähig werden, das sind die organischen Nitrokörper, wie Trinitrotoluol und dergleichen, sie können im Wasser unlöslich oder löslich sein. Letzteres ist z. B. die Pikrinsäure (Trinitrophenol), die besonders mit Blei sehr leicht explosive Salze bildet. (Über Salze s. Klasse V, über organische Stoffe s. Klasse II.)

Zu den organischen Stoffen, die durch Nitrierung Sprengstoffe werden, gehört auch die Nitrozellulose (Schießbaumwolle = Trinitrozellulose und Kollodiumwolle, der einfach (mono-) und zweifach (di-) nitrierte Zellstoff von der chemischen Zusammensetzung ($C_6 H_{10} O_5$). (S. Klasse II.)

Solche Stoffe kommen für sich oder im Gemenge mit andern Sprengstoffen und brennbaren Stoffen, z. B. Terpentinöl, zur Verwendung als Sprengstoffe. Die Dynamite sind nur Gemenge von Nitroglyzerin, einem nitrierten Alkohol (s. Klasse III), Glyzerin, mit andern ungefährlichen Stoffen, wie Kieselgur (feinpulverige Schalenreste von Lebewesen), die die außerordentlich hohe Explosionsgefährlichkeit des Nitroglyzerins abschwächen. Die Zahl der verschiedenen Sprengstoffe und ihrer Bezeichnungen ist sehr groß. Es dürfte sich erübrigen, hier näher darauf einzugehen.

Schließlich kommt noch das Schwarzpulver und ähnliche Stoffe, bestehend aus einem Gemenge von Kalisalpeter (74 %), Schwefel (10 %) und Holzkohle (16 %) in Mehlform, gekörnt und gepreßt in Betracht. Alle diese „Sprengmittel" wirken momentan und zum Teil brisant.

Als Schießmittel kommen nur solche in Betracht, deren Wirkung zum Forttreiben von Geschossen benutzt werden kann. Sie dürfen also, wenn sie auch in kurzer Zeit ihre volle Kraft ausüben sollen, nicht momentan, sondern verhältnismäßig nur langsam verbrennen, damit, solange das Geschoß noch im Lauf ist, immer neue Treibenergie entwickelt wird. Man kann sie als Explosivstoffe von geregelter Verbrennungsgeschwindigkeit kennzeichnen. Hierzu gehören neben dem vorbezeichneten Schwarzpulver, das wegen seiner Zusammensetzung noch viel Rauch und Rückstände (etwa $^3/_5$ des ganzen Pulvergewichtes enthaltend kohlensaures, schwefelsaures und schwefligsaures Kalium) erzeugt, die rauchlosen Pulver, die aus Kollodiumwolle, die mit Nitroglyzerin behandelt ist, bestehen und die eine gelatineartige Beschaffenheit aufweisen. Diese letztere Zusammensetzung läßt sich in die verschiedensten Formen (Röhren, Würfel, Blättchen) bringen und durch geeignete Behandlung für Schießzwecke brauchbar machen.

Die Spreng- und Schießmittel sind meist in Patronenform gepreßt auch ungepreßt, haltbar wasserdicht und sicher verpackt. Bei lose zu befördernden Stoffen, wie z. B. bei Schwarzpulvern ist ganz besondere Sorgfalt darauf zu legen, daß Pulver nicht ausstreut und daß bei der Ladung und Stauung nirgends Funken auf irgendeine Art durch offenes Feuer, Reibung oder Schlag mit dem Pulver in Berührung kommen kann.

Die im vorstehenden besprochenen amtlichen Erprobungen geben eine gewisse Sicherheit für den Transport aber nur dann, wenn die Bedingungen für Beständigkeit auch wirklich innegehalten werden. Die Sprengstoffe sind, wie alle Stoffe, einer dauernden langsamen Zersetzung unterworfen, durch die ihre Eigenschaften beeinflußt werden. Sie können an Explosionsfähigkeit verlieren, aber auch das Umgekehrte kann der Fall sein, und hiermit wird daher im Interesse der Sicherheit auf See zu rechnen sein. Verläuft eine Umsetzung einer chemischen Verbindung bei gewöhnlicher Temperatur sehr langsam, so daß wir sie kaum oder gar nicht wahrnehmen oder nachweisen können, so wird sie bei Wärmezunahme und im Verhältnis zur Steigerung dieser beschleunigt. Die erfolgreiche 48stündige Prüfung der Sprengstoffe bei 75° C bietet also keine volle Sicherheit dafür, daß sie sich z. B. bei einer Dauertemperatur von 30—40° C und darüber während 14 Tage oder länger nicht anfangen zu zersetzen. Das Gegenteil ist nicht unwahrscheinlich. Es ist daher unter allen Umständen nötig, alle Wärmequellen von den Sprengstoffen fernzuhalten und diese möglichst auf Temperaturen unter 20° C zu halten. Näheres ergeben die Verladungsvorschriften (s. Teil I).

Seeamtsspruch als Beispiel für Stoffe der Klasse Ia.

Dampfer Eden von Hamburg (Seeamt Hamburg, 27. 9. 1911).

An Bord des längsseits des Dampfers Eden liegenden Landungsboots auf dem Kongoflusse hat eine Explosion von losem, verschüttetem Pulver durch äußere Einwirkung stattgefunden. Ein Verschulden der Schiffsleitung ist nicht nachzuweisen, jedoch ist festgestellt, daß die überaus gefährliche Ladung mit wenig Vorsicht gehandhabt ist. Die Untersuchung hat ergeben:

Es sind tot: 2 Offiziere, 2 Matrosen, 6 Schwarze. Das Schiff selbst ist erheblich beschädigt worden. Der Dampfer war von Hamburg über Antwerpen, wo erhebliche Mengen von Pulver und andern Sprengstoffen geladen waren, nach dem Kongo bestimmt.

Außer Pulver war noch Cheddit, Zündschnur, Tonit und Sprengkapseln für die Kongo-Eisenbahngesellschaft von belgischen Kolonial-Gesellschaften geladen. Da das Kolonial-Ministerium beteiligt war, war damals nicht anzunehmen, daß falsche Deklarationen erteilt waren.

Wie an Bord festgestellt ist, waren mehrfach Kisten unbefugt geöffnet, auch haben Dosen mit Pulver offen gestanden, und Pulver war lose umhergestreut. Zum Löschen in Matadi (Kongofluß) war das Schiff am 28. 7. 11 an der Brücke der Eisenbahngesellschaft vertaut. Am 1. 8. sollte die Pulverladung gelöscht werden. Diese war am Abend des 31. 7. hierzu an Deck zwischen Luke 3 und 4 klargestellt und mit Persenningen bedeckt. Die Sprengkapseln blieben unter besonderem Verschluß. Am 1. 8. fand Löschen im Landungsboot statt. Die Ladung wurde in diesem unbedeckt von der Schiffsbarkasse geschleppt. Es befanden sich noch ca 20 Kisten an Deck, die übrigen waren bereits fortgeschleppt. Als das zuletzt beladene Boot von der Barkasse abgeholt werden sollte und diese dazu längsseit kam, erfolgte eine Explosion Die an Deck stehenden Pulverkisten wurden sofort über Bord geworfen und das Feuer an Bord gelöscht. Das Schiff erhielt durch die Explosion ein Leck, ein Schott wurde ebenfalls undicht. Die Schäden wurden mit dem Personal notdürftig behoben und dann die Heimreise angetreten.

Es ist festgestellt, daß die Ursache der Explosion im Moment des Längsseitkommens der Schiffsbarkasse, die mit offenem Feuer fuhr, erfolgte, daß auf dem leichternden Boot Pulver frei umhergestreut lag und daß sich schwarze Ladeleute, zum Teil mit offenem Licht, in den Lagerräumen des Pulvers zu schaffen gemacht und auch mehrere Dosen mit Pulver anscheinend geöffnet hatten. Das Seeamt hat festgestellt, daß im höchsten Grade leichtsinnig umgegangen ist.

Ib Munition.

Dieselben Vorsichtsmaßregeln, die bei den Sprengstoffen anzuwenden sind, gelten auch für Munition. Nach Art der in der Anlage 1 zugelassenen Stoffe kann man unterscheiden:

1. solche Mittel, die zu Leucht- oder Signalzwecken benutzt werden und die Explosionsstoffe der in der Klasse I a bezeichneten Arten enthalten, aber in wesentlich abgemilderter Form derart, daß sie nicht mehr oder nicht in erheblichem Maße explosiv wirken,
2. Zündungen der verschiedensten Art zur langsamen Einleitung von Detonationen, zur sofortigen Entzündung von Treibmitteln oder Sprengmitteln, die letzteren Zündungen können schon selbst erhebliche Sprengwirkungen erzeugen und sind daher mit besonderer Vorsicht zu behandeln (über Zündsätze s. I c),
3. Treibmittel für Gewehre und Geschütze in Form von fertigen Patronen jeder Art, die schon erhebliche Sicherheit gegen Explosion bieten, und
4. Sprengladungen für Geschosse, Torpedos oder Minen, die teils bereits in den Geschossen selbst untergebracht sind, teils lose in besonderer Verpackung befördert werden.

Auch bei ihnen sind Einflüsse der Wärme sorgfältig fernzuhalten, und es muß besonders dafür gesorgt werden, daß die sprengkräftigen Zündungen der Ziffer 4 nicht in der Nähe von Stoffen gelagert werden, die selbst durch einen Explosionsstoß zur Explosion gebracht werden können, auch ohne daß direkte Berührung stattfindet.

Immerhin ist als eine Erleichterung für längere Verschiffungen zugestanden worden, daß diese sprengkräftigen Zündungen auch auf Segelschiffen, die keine besonderen festen Schottenabteilungen haben, in genügend sicherem Abstande zugleich mit demselben Schiffe befördert werden dürfen, da die Sprengstoffe nur zweckmäßig verwendbar sind, wenn sie durch passende Zündmittel zur Zündung gebraucht werden.

Beispiel.

Dampfer Totmes von Hamburg (Seeamt Hamburg, 18. 3. 02).

Die Explosion von Feuerwerkskörpern und Pulver auf dem Dampfer am 3. 9. 01 ist durch Fahrlässigkeit eines Steuermanns entstanden. Dieser und ein Steward sind dabei getötet. Der Steuermann hat dem ergangenen Verbot zuwider in dem Raume, in dem die gefährlichen Gegenstände aufbewahrt wurden, geraucht und mit Schwefelhölzern hantiert. Gegen die Art der Unterbringung der Feuerwerkskörper und des Pulvers an Bord ist nichts eingewendet.

Die Untersuchung hat ergeben:

An Bord waren in einem Spinde im Schiffskontor, zu dem nur 2 Steuerleute den Schlüssel hatten, Signalmittel und Kanonenschläge untergebracht. Zur Zeit des Unfalls saß ein Steuermann, der im Raume geschrieben hatte, dort in Unterhaltung mit einem andern Manne. Dieser hatte sich eine Zigarette angesteckt und auch dem Steuermann Feuer gegeben und sodann das glimmende Streichholz an Deck zwischen Papierfetzen geworfen und ausgetreten. Kurz danach ist er herausgegangen. Als er eben die Kammer verlassen hatte, erfolgte eine Explosion darin, die sich noch 2—3mal wiederholte. Es erfolgte starke Rauchentwicklung. Der Steuermann wurde durch die Explosion schwer verletzt. Vor dem Kontor wurde ein Steward ebenfalls verletzt vorgefunden. Beide verstarben.

Die Zündung ist wahrscheinlich durch ein Streichholz aus Unvorsichtigkeit erfolgt.

Ic Zündwaren und Feuerwerkskörper.

Unter den hier zugelassenen Stoffen befinden sich einige, die bereits zu erheblichen Unfällen Anlaß gegeben haben. Dies sind die in kleinen Mengen als Kinderspielzeug dienenden Zündblättchen (Amorces) sowie die Knallkorke und ähnliche Artikel.

In größeren Sendungen enthalten diese Artikel immerhin eine erhebliche Menge recht gefährlicher Sprengstoffe, die aus Kaliumchlorat oder Salpeter, Phosphor, Schwefel und einigen brennbaren oder verzögernden Zusatzmitteln bestehen. Besonders gefährlich ist das Knallsilber und Knallquecksilber, von denen das erstere bei pyrotechnischen Scherzartikeln besonders zur Erzeugung von Knall, das letztere bei den zur Entzündung von Spreng- oder Treibmitteln dienenden Sprengkapseln und dergleichen zur Verwendung gelangt.

Bei der Explosion dieser Mittel handelt es sich nicht um eine Verbrennung mit Sauerstoff, sondern um einen plötzlichen Zerfall einer Verbindung. Sie stellen eine Verbindung eines Metalles (Silber oder Quecksilber) mit dem Kohlenstoff, Sauerstoff und Stickstoff in fester Form dar ($Ag\,C\,N\,O_2$). Das Knallsilber explodiert in reinem Zustande schon oft ohne erkennbare Ursache und im allgemeinen durch geringe Erwärmung oder Stoß. In den erwähnten Artikeln ist es durch andere Stoffe etwas abgemildert. Knallquecksilber ist nicht ganz so gefährlich und kann daher in den Zündhütchen, Sprengkapseln und dergleichen, eventuell im Gemisch mit Aziden (Klasse I e) Verwendung finden. Die Azide sind Stickstoffverbindungen mit Metallen oder auch mit Chlor und Jod. Der Stickstoff ist in diese Verbindungsform nur durch Anwendung besonderer chemischer Mittel hineingezwungen worden und neigt dazu, sich daraus zu befreien und seine gasförmige Gestalt wieder anzunehmen. Die Folge davon ist der leichte Zerfall der Verbindung, der sehr schnell vor sich geht. Durch die plötzliche Gasbildung werden heftige Explosionswirkungen erzeugt.

Diese kurzen und starken Explosionsstöße sind für die Entzündung gewisser Sprengstoffe günstig. Alle diese überaus gefährlichen Stoffe dürfen in größeren Mengen nicht befördert werden. Sie kommen daher als Handelsware nur in den pyrotechnischen Scherzartikeln wie Knallerbsen und dergleichen vor, in denen auf 1000 Stück höchstens 1 g Knallsilber enthalten sein darf. Durch die innere Verpackung ist dafür Sorge getragen, daß die einzelnen kleinen Mengen nicht aufeinander einwirken können. Im allgemeinen sind gleichartige Vorsichtsmaßregeln bei diesen Stoffen anzuwenden, wie bei denen der Klasse I a und I b.

Beispiel.

Dampfer Arkadia von Hamburg (Seeamt Hamburg, 11. 9. 08).

Auf dem Dampfer hat sich am 20. 6. 08 im Hafen von Philadelphia im Raum 4 eine schwere Explosion ereignet, durch die Schiff und Ladung in Brand gesetzt und beschädigt, drei Arbeiter getötet, zwei Schiffsoffiziere und mehrere andere Arbeiter verletzt sind. Es ist festgestellt, daß die Explosion durch Knallkorke, die im Raum 4 verstaut waren, verursacht ist.

Die Untersuchung hat ergeben:

Die Knallkorke waren von Hamburg versandt und befanden sich in 14 Kisten mit der Aufschrift: „Vorsicht, nicht stürzen!“ Ihr Inhalt war als feuergefährlich oder explosiv nicht bezeichnet. Sie wurden im Spardeck des Raumes 4 untergebracht, wo sie in einer Kammer gut und fest verstaut wurden. Der Kapitän erfuhr von dem Vorhandensein dieser Knallkorke unterwegs durch das Manifest, hat aber diese Waren nicht gekannt, sie daher auch nicht für gefährlich angesehen. Die Kisten wurden nicht mit Haken herausgeholt, sondern durch Kanten herausgerollt und dann auf Zugschlitten gestellt. Während dieser Arbeit erfolgte die Explosion. Der 1. Offizier wurde hierbei verbrannt, gab aber sofort das Feueralarmsignal ab. Das Feuer nahm sehr heftigen Charakter an, wurde aber mit Hilfe der Landfeuerwehr und mehrerer Pumpendampfer gelöscht. Bei der Explosion verunglückten die vorbezeichneten Personen. Das Schiff hatte schweren Schaden gelitten. Die amerikanischen Behörden stellten als Ursache der Explosion die Knallkorke mit ihrem Sprengstoff fest. Die Sendungen stammten aus verschiedenen Fabriken. Proben der Knallkorke sind auf Veranlassung des Seeamts untersucht. Das Manifest bezeichnet die verschiedenen Kisten verschieden, u. a. auch als „pyrotechnische Scherzartikel“, woraus auch die Reederei auf einen gefährlichen Charakter der Ladung nicht geschlossen hat. Die Korke waren gewöhnliche Medizinkorke mit einer Ausbohrung an der unteren Fläche, die den Knallsatz in Gestalt eines weißlich-rotbraunen, gewölbten oder breitgelaufenen erhärteten Tropfens von etwa 0,073 g Gewicht enthielten. Der Knallsatz war ein Gemisch von chlorsaurem Kali, rotem Phosphor und einem Bindemittel. Derartige Mischungen sind gefährlich und leicht explosibel. In den Korken explodierte der Knallsatz mit heftigem Knall und sehr heißer Flamme, wenn der Kork in dem dazu mitgegebenen Instrument entzündet wurde. Der Knallsatz verpuffte bei langsamer Erwärmung. Aus etwa Meterhöhe frei an Deck fallen gelassen, explodierte er. ebenso bei Aufschlagen auf Holz und Zerreiben. Im elastischen Kork explodiert er bei heftigem Aufschleudern auf Steinboden nicht. Die Explosion wurde ausgelöst durch Wärme und Erschütterung jeder Art. In den Versandstücken waren etwa je 6,25 kg der Sprengmasse im ganzen enthalten, durch die eine erhebliche Sprengwirkung erzielt wurde.

Dampfer Esne von Hamburg (Seeamt Hamburg, 2. 10. 08).

Auf dem Dampfer ist am 10. 3. 08 im unteren Zwischendeck Raum I Feuer in der Ladung ausgebrochen, durch welches diese erheblich beschädigt ist.

Die Ursache liegt wahrscheinlich in Selbstentzündung der dort verstauten schwedischen Zündhölzer.

Es ist empfohlen, derartige Waren wenn nicht an Deck, möglichst hoch und nahe den Luken zu verstauen.

Die Untersuchung hat ergeben:

Der Dampfer hatte auf der Reise von Hamburg—Südamerika schon beim Verlassen des Kanals schweres Wetter gehabt. Das Schiff arbeitete besonders am 10. 3. stark, so daß einige Kolli Ladung im oberen Zwischendeck I sich gelöst hatten. Beim Befestigen bemerkten die Leute Rauch aus dem unteren Raum dringend. Das Eindringen in den Raum nahm wegen der Entfernung der Ladung viel Zeit in Anspruch, während der sich der Rauch vermehrte. Es wurde vor den Wind gegangen und nach Schließen der Luken Dampf eingeblasen. Der Rauch nahm ab, und man konnte an den Feuerherd gelangen und dieses mit Wasser endgültig löschen. Die Ladung war stark durch Feuer und Wasser beschädigt, das Schiff selbst nicht. Es wurde vermutet, daß die dort lagernden 30 Kisten Streichhölzer die Ursache zum Feuer gegeben haben. Die Untersuchung einer Probe der Hölzchen ergab:

Die Köpfchen bestanden aus Kaliumchlorat 45,9 %, Kaliumbichromat, Eisenoxyd, Zinkoxyd, Schwefel, Leim, Sand.

Entzündungsursache: Durch Schlag von Holz auf Holz und von Holz auf Eisen entzündeten sie sich nicht, dagegen von Eisen auf Eisen. Durch heftiges

Werfen der Schachteln ließ sich keine Explosion herbeiführen, ebenfalls nicht durch Zerstoßen und Zerreiben von ganzen Schachteln zwischen Holz. An Holzfläche ließen sich die Hölzchen durch Reiben leicht entzünden, ebenso auf Marmor und Glas. Reiben von 2 Zündholzköpfchen gab keine Zündung, doch kam man hierbei dem Entzündungspunkte nahe. Die Entzündung trat im Mittel bei 175° C ein.

Die Marke war Vulcan, made at Tidaholm Sweden, safety matches.

Das Seeamt hat Selbstentzündung der Streichhölzer angenommen. Die Vorschriften waren befolgt, die Schiffsleitung trifft daher kein Verschulden.

Die sachgemäße Bekämpfung des Feuers hat die Anerkennung des Seeamts gefunden.

Id Verdichtete und verflüssigte Gase.

Allgemeines über Gase.

Die Luft, in der wir leben, gibt uns ein Beispiel für einen gasförmigen Stoff, allgemein „Gas“ genannt. Sie selbst ist, wie schon vorn angeführt, ein Gemenge mehrerer Gase, ohne daß unsere Sinne dies im mindesten feststellen könnten. Überall, wo der Mensch dauernd atmen und leben kann, ist Luft. Wir können sie nicht schmecken, riechen oder sehen. Wir fühlen sie auch in ruhigem Zustande nicht, sondern merken erst, wenn sie in bewegtem Zustande, z. B. als Wind, auf die Segel wirkt, daß sie vorhanden ist und mechanische Kraft zu äußern vermag. Wie groß diese Kraft sein kann, spüren wir körperlich bei Windstärke 12 auf der Brücke. Wir bemerken ferner andere Eigenschaften anderer gasförmiger Stoffe, die uns etwa durch Geruch, durch Unterhaltung der Verbrennung von Stoffen oder durch Selbstbrennen, durch Tränen- oder Hustenreiz oder durch Atemnot zum Bewußtsein gebracht werden. In vereinzelten Fällen haben wir eine Farbenwahrnehmung bei Gasen. Greifbar ist ein Gas nirgends, da es unserer Hand stets ausweicht, dagegen können wir es in Gefäße füllen und bei gutem Verschluß aufbewahren.

Allgemein kann man von den Gasen sagen: Sie nehmen jeden beliebigen Raum ein.

Der Zusammenhang der Moleküle, der bei festen Stoffen sehr eng, bei flüssigen mehr oder weniger leicht beweglich ist, hört bei Gasen ganz auf. Die freien Gase treten meist in molekularer Form auf (O_2, H_2, N_2 usw.), auch gibt es gasförmige Verbindungen (vgl. die folgenden Tabellen), daher müssen wir hier von den kleinsten Teilchen der Verbindungen, den Molekülen, reden. Die Gasmoleküle sind nach der wissenschaftlichen Anschauung in einer unserem Auge nicht wahrnehmbaren Bewegung, geradlinig, bis sie auf Widerstand stoßen und abgelenkt werden. Sie zerstreuen sich in alle Weiten, wenn sie nicht durch undurchdringliche Schranken, z. B. Gefäße, Flaschen usw., festgehalten werden. Auf diese üben sie dann durch ihre Bewegung, je nach der Größe ihrer kleinsten Teilchen und deren Geschwindigkeit, beim Anprallen an die Gefäßwände einen Druck aus (Spannkraft, Dampfspannung oder Tension genannt). Je höher die Temperatur der Gase gesteigert wird, desto lebhafter wird die Bewegung ihrer Moleküle, desto mehr suchen sie sich zu zerstreuen, d. h. auszudehnen, und desto höher wird der Druck gegen die Gefäßwände, die sie an der Ausdehnung hindern. Die Gase folgen hierbei bestimmten Gesetzen. Mit jedem

Grad Temperaturerhöhung oder Erniedrigung wird das Volumen der Gase bei gleichbleibendem Druck um $^1/_{273}$ ihres Volumens ausgedehnt oder zusammengezogen. Der Druck wird in Atmosphären ausgedrückt. 1 Atm. = Atmosphäre ist gleich dem Druck, den 1 kg Gewicht auf 1 qcm Unterlage ausübt.

Dieser Druck entspricht ungefähr dem Druck, den die atmosphärische Lufthülle auf mittlerer Breite bei mittlerem Barometerstand von 760 mm auf 1 qcm Unterlage auf der Erde ausübt.

Wir können Gase durch Druck zwingen, einen kleineren Raum einzunehmen. Sie erwärmen sich hierbei, da die Arbeit des Drückens in Wärme umgesetzt wird. Diese Wärme läßt sich durch äußerliche Abkühlung entziehen. Da die Gase ihre Eigenschaften hierbei beibehalten, bietet sich der Technik auf diesem Wege ein Mittel, große Mengen in irgendeiner Beziehung wirksamer, gasförmiger Stoffe in großer Reinheit durch Verdichtung (Komprimierung) auf kleinem Raum unterzubringen und aufzubewahren.

Von dieser Eigenschaft hat die Praxis Gebrauch gemacht, um Gase von der Erzeugungsstelle zur Verbrauchsstelle in handlicher Form billig befördern und am Verbrauchsort bequem verwenden zu können.

Wird der Druck unter steter Abkühlung über ein gewisses Maß gesteigert, so verflüssigen sich alle Gase.

Die Verflüssigung kann durch Abkühlung allein stets eintreten, die allerdings in einzelnen Fällen sehr hoch sein muß (z. B. bei Wasserstoff (H) —252,5°C, bei Sauerstoff (O) —182,5°C). Bei Druckerhöhung kann eine Verflüssigung nur dann eintreten, wenn das Gas gleichzeitig bis auf eine bestimmte Temperatur abgekühlt wird, die für jedes Gas eine andere ist. Oberhalb dieser bestimmten Temperatur, die kritische Temperatur genannt wird, ist es selbst bei stärkstem Druck nicht möglich, gewisse Gase zu verflüssigen. Diese Tatsache ist bestimmend dafür, daß eine Anzahl von Gasen nur in verdichteter, nicht in verflüssigter Form für den Transport in Frage kommt.

Wo die kritische Temperatur im Bereich der unter den gewöhnlichen Beförderungsverhältnissen vorkommenden Temperaturen liegt, wird ein verflüssigtes Gas nicht immer flüssig gehalten werden können. Liegt nun der Druck, der zur Verflüssigung eines Gases, das gerade eine derartig niedrige kritische Temperatur besitzt, erforderlich ist kritischer Druck genannt, sehr hoch, so würde ein Transportgefäß, das zwar den Anforderungen des flüssigen Gases entspricht, beim Steigen der Temperatur und dem dadurch verursachten Übergang des Stoffes in Gasform den hohen inneren Druck nicht mehr gewachsen sein und platzen (nicht explodieren). Die Anwendung und Beförderung der verdichteten und flüssigen Gase muß aber unter den gewöhnlichen Verhältnissen gefahrlos sein. Daher sind die Transportvorschriften bereits unter Berücksichtigung der Eigentümlichkeiten der einzelnen Gase aufgestellt. Sie sind aber auch unter allen Umständen zu befolgen, und namentlich sind außergewöhnliche Änderungen der Verhältnisse während des Transports wohl zu verfolgen und ihren Folgen rechtzeitig sinngemäß entgegenzuwirken (z. B. starke Temperaturänderungen zwischen gemäßigten Zonen und Tropen).

Als Verpackungsgefäße sind meist gewalzte, nahtlose, eiserne, oben und unten geschlossene Röhren, Mannesmannrohre, „Flaschen“ genannt, verwendet.

Für einzelne Gase (Chlorkohlenoxyd, Chlormethyl, Methyläther) kommen auch kupferne Gefäße in Betracht. Das Material richtet sich nach den Anforderungen, die an Widerstandsfähigkeit gegen Druck und gegen die Eigenschaften der betreffenden Gase gestellt werden müssen. Zum Füllen und Ablassen sind gegen Beschädigungen gut zu schützende Vorrichtungen, Füll- oder Ablaßventile, Stutzen, vorhanden. Beschädigung dieser Vorrichtungen z. B. durch Stoß oder Fall bei schlingerndem Schiff oder beim Laden und Löschen würde Ausströmen der Gase mit den verderblichsten Folgen veranlassen.

Die Flaschen müssen dem inneren Gasdruck, also dem Überdruck, um den der innere Druck den äußeren Atmosphärendruck übersteigt und der auf das Zerreißen des Materials von innen her wirkt, unter den während des Transports vorliegenden Wärmeverhältnissen unter allen Umständen standhalten. Sie werden daher in bestimmten Zeitabschnitten amtlich nach den Vorschriften der Anlage C zur Eisenbahnverkehrsordnung (E. V. O.) mittels des Probedrucks geprüft. Das Ergebnis dieser Prüfung wird auf den Flaschen vermerkt. Der Probedruck beträgt z. B. für die für verdichtete Gase bestimmten Flaschen das Anderthalbfache des Füllungsdrucks, d. i. des Druckes, bis zu dessen Erreichung die Flasche mit verdichtetem Gas gefüllt werden darf. Mindestens aber muß der Probedruck eine Atm. mehr als der Füllungsdruck betragen. Er ist durch die Anlage C zur E. V. O. vom 23. 12. 08 für die einzelnen Stoffe genau festgelegt worden.

Bei den verflüssigten Gasen unterscheiden die Vorschriften „Probedruck“, „Arbeitsdruck“ und „Füllungsgrad“. Die Kenntnis der Füllungsverhältnisse ist für die Einschätzung der Gefahren verflüssigter Gase wichtig. Die Vorschrift schreibt für die Flaschen eine höchst zulässige Füllung, den Füllungsgrad, mit Flüssigkeit vor. Je 1 kg flüssiger Kohlensäure muß z. B. einen Raum von 1,34 l in dem Gefäß zur Verfügung haben. Dieser Raum ist so zu bemessen, daß die Flüssigkeit, selbst bei einer unbeabsichtigten Überfüllung des Behälters um 5 % und bei Temperatursteigerung auf 40° C, in der entsprechenden Ausdehnung noch nicht den ganzen Behälter mit Flüssigkeit füllen kann. Der nicht von Flüssigkeit gefüllte Raum wird von dem verdunstenden, also in den gasförmigen Zustand übergehenden Stoff erfüllt. Dehnt sich die Flüssigkeit bei weiterer Temperaturerhöhung weiter aus, so wird das Gas zusammengedrückt, auch wird infolge der Erwärmung sein Druck bei entsprechend verkleinertem Raum erhöht. Durch diese Drucksteigerung verflüssigt sich wieder ein Teil des Gases. So entsteht zwischen Flüssigkeit und Gas in der geschlossenen Flasche bei jeder Temperatur ein gewisses Gleichgewicht, bis etwa die Flüssigkeit sich so weit ausgedehnt hat, daß sie den ganzen Raum des Gefäßes anfüllt. Tritt dieser Fall ein, so wird der Innendruck, da sich Flüssigkeiten kaum noch zusammenpressen lassen, bei weiterer Temperatursteigerung sehr stark steigen und das Gefäß sprengen. Der höchste Arbeitsdruck ist nun für jedes flüssige Gas der für 40° C unter Berücksichtigung einer Überfüllung von 5 % der angegebenen Höchstfüllung errechnete Druck. Der Probedruck muß bei einem Arbeitsdruck unter 15 Atm., das Doppelte dieses, bei höherem 15 Atm. mehr als dieser betragen. Im internationalen Eisenbahnfrachtverkehr gelten noch die Probedrucke der alten Eisenbahnverkehrsordnung vom 26. 10. 99. Daher kommen z. B. für verflüssigte Kohlensäure, die im Auslande mit der Bahn befördert werden soll, Flaschen mit Probedruck von 250 kg/qcm vor, während die S. F. O. entsprechend den deutschen Eisenbahnanforderungen nur solche, die auf 190 kg geprüft sind, verlangt.

Diese letzteren, an sich mehr den Techniker als den Schiffsoffizier interessierenden Ausführungen können immerhin für die sachgemäße Verschiffung und für die Beurteilung möglicher Gefahren an Bord von Wert sein und sind auch nur unter diesem Gesichtspunkte hier aufgenommen worden.

Gewisse im Güterverzeichnis (vgl. Teil I) unter I d 4, 5 und 6, Ausnahmen, besonders aufgeführte verdichtete und verflüssigte Gase können in kleinen Mengen unter erleichterten Bedingungen in besonderer Verpackung befördert werden. Ebenso sind für gewisse Gase in Kältemaschinen oder Behältern, die bestimmten, von dem betreffenden Gas abhängigen Zwecken dienen, Ausnahmen zugestanden, z. B. für Eismaschinen oder Fischbehälter. Das Höchstgewicht des gefährlichen Inhalts solcher Gefäße ist begrenzt, um eine sachgemäße Behandlung der Behälter beim Transport sicherzustellen.

Die Gefäße dürfen, wie aus dem Vorgesagten verständlich sein wird, nicht geworfen, gerollt, gestoßen werden und keiner übermäßigen Erwärmung durch Sonnenbestrahlung oder durch Wärmequellen (Nähe des Schornsteins und dergleichen) ausgesetzt sein. Temperatursteigerung über 40° C ist allgemein zu vermeiden. Besondere Vorsicht ist in tropischen Gebieten anzuwenden. Das gleiche ist auch beim Abtransport durch Fuhrwerke an Land oder beim Lagern von Gasen auf Quais zu beachten. Dort sind die Gefäße zeltartig zu überdecken.

Sollte aus irgendeinem Grunde ein Umfüllen verflüssigter oder verdichteter Gase im Gebrauch an Bord eintreten müssen, so ist dabei zu beachten, daß eine Erwärmung der Flaschen, die wegen der Eisbildung an den Auslaßventilen bei ausströmenden und sich ausdehnenden Gasen nötig wird, nie unter Zuhilfenahme von Feuer oder Gasflammen, sondern nur durch Erwärmen mittels feuchter, heißer Tücher oder im Wasser- oder Luftbade erfolgen darf. Die Eis- oder Schneebildung beim Ablassen verdichteter Gase an den Ventilen beruht darauf, daß die beim Verdichten durch Abkühlung entzogene Wärme des Gases, bei der Ausdehnung wieder gebraucht und der Umgebung der Flasche entzogen wird, wobei sehr starke Abkühlung der benachbarten Stoffe (meist der Luft) eintritt.

Es sei hier noch kurz erwähnt, daß „Gas“, von dem hier die Rede ist, nicht gleichbedeutend mit „Dampf“ aufzufassen ist. Gase, die sich schon beim Abkühlen auf die gewöhnliche Lufttemperatur verdichten lassen, heißen „Dämpfe“. Was im gewöhnlichen Leben „Dampf“ genannt wird und auch ohne Färbung sichtbar ist, enthält zahlreiche Tröpfchen der beim Übergang in die Gasform mitgerissenen Flüssigkeit (z. B. entweichender und abkühlender Wasserdampf). Solche Dämpfe folgen nicht den gleichen Gesetzen wie die Gase (gleichmäßige Ausdehnung bei Erwärmung). Sie kommen für diese Betrachtung nicht in Frage.

Im nachstehenden seien nun die Stoffe der Klasse I d mit ihren Eigenschaften aufgeführt:

Tabelle A.

Verdichtete Gase

	Enthalten Grundstoffe (chemische Formel)	Gewichtsverhältnis zu Luft = 1	Geruch	Geschmack	Farbe	Wirkung auf Lebewesen	Brennbar?	Explosionsgefährlich mit Luft od. Sauerstoff?	Selbstentzündlich?
Kohlensäure [1])	CO_2	schwerer	geruchlos	leicht säuerlich	farblos	erstickend	nein	nein	nein
Azetylen [2])	C_2H_2	leichter	stark knoblauchartig, stinkend	beißend	farblos	giftig	ja	5 ja (vgl. Tabelle unten)	siehe [2])
Leuchtgas [3])	Gemisch $H + CH_4 + CO + N_2 + O_2 + C_2H_4$ u. ä.	leichter	je nach Beimengung stinkend	—	farblos	giftig (CO)	ja, leuchtende Flamme, wenn kohlenstoffreich, ohne diesen leicht bläulich oder farblos, gelblich durch Natriumgehalt	ja mit Luft	nein
Wassergas [3])	$CO + H_2$	leichter	,,	—	farblos	—	ja	ja	nein
Mischgas [3])	Gemisch aus vorstehenden beiden Gasen	leichter	,,	—	farblos	—	ja	ja	nein
Fettgas [3])	wie Leuchtgas	leichter	,,	—	farblos	—	ja	ja	nein
Sauerstoff	O_2	schwerer	—	—	—	erhält in richtiger Mischung die Atmung	nein	ja, mit bestimmten Stoffen gemischt	nein
Wasserstoff	H_2	leichter	—	—	—	erstickend	ja, nicht leuchtende Flamme	ja, mit Sauerstoff oder Chlor gemischt	nein
Grubengas	CH_4	leichter	—	—	—	erstickend giftig	ja, wenig leuchtende Flamme	desgl.	nein
Stickstoff	N_2	leichter	—	—	—	erstickend	nein	nein	nein
Preßluft	$N_2 + O_2$	wie Luft	—	—	—	wie O_2	nein	wie O_2	nein

Bemerkungen zu vorstehender Tabelle A.

Allgemein: Wasserstoff und alle stark wasserstoffhaltigen Gase sind im Gemisch mit Luft gefährlich (siehe Tabelle hierunter).

Alle Gase, außer denen, die bis zum gewissen Prozentsatz Sauerstoff enthalten, müssen erstickend wirken, da Sauerstoff zur Atmung nötig ist. Keines der vorstehend aufgeführten Gase ist in reinem Zustande selbstentzündlich.

1. Die Kohlensäure (CO_2) wirkt auf Lebewesen schon bei verhältnismäßig geringem Prozentsatz in der Luft erstickend, weil die Ausscheidung von Kohlendioxyd (CO_2) aus dem

Körper durch die Lungen durch Anwesenheit eines gewissen Prozentsatzes Kohlensäure in der eingeatmeten Luft verlangsamt wird.

2. Freies Azetylen darf nicht unter starkem Druck stehen, da es sich sonst unter Explosion zersetzt. Es bildet mit Metallen, besonders Kupfer und Silber, sehr explosive Verbindungen (Azetylenkupfer bzw. -silber) und darf daher mit diesen Metallen nicht in Berührung kommen.

Das Azetylen wird in eisernen Flaschen versandt, in denen sich eine Flüssigkeit, Azeton (siehe Klasse III), in porösen Massen aufgesaugt befindet. Das Azeton kann unter Druck große Mengen Azetylen aufnehmen und wieder abgeben. Die porösen Massen müssen das ganze Gefäß vollständig füllen und dürfen beim Transport nicht zusammengeschüttelt werden, so daß keine gefährlichen Hohlräume, in denen sich verdichtetes Azetylen sammeln kann, entstehen können. Mit Luft gemischt ist Azetylen explosiv (siehe Tabelle unten, vgl. auch Klasse I e, Kalziumkarbid). Azetylen kann in Mischung mit Phosphorwasserstoff (siehe unter Ferrosilicium Klasse V) durch dieses selbstentzündliche Gas gefährlich werden. Dieser Fall tritt ein bei dem aus Kalziumkarbid gewonnenen Azetylen.

3. *Leuchtgas* ist wegen des Kohlenoxydgehaltes (CO) sehr giftig. Das CO bildet mit den roten Blutkörperchen der Lebewesen eine Verbindung, die diese unfähig machen, die Sauerstoffzufuhr durch die Lungen in die einzelnen Körperteile vorzunehmen. Das Lebewesen erkrankt schwer oder stirbt, wenn nicht rechtzeitig durch ausgiebige Sauerstoffzufuhr der Schaden behoben wird. $^1/_{1000}$ Gehalt CO in der Luft wirkt schädlich, $^4/_{1000}$ 30 bis 60 Minuten lang eingeatmet tödlich.

Zur Beurteilung der Explosionsfähigkeit von Gasen oder Dämpfen in Mischung mit Luft diene folgende Tabelle B:

Klasse des Güterverzeichnisses	Stoff	Explosionsfähig, wenn in 100 Raumteilen des Gemisches mit Luft ... Teile des Stoffes enthalten sind	
I d	Wasserstoff (H_2)	9,5—66,5	Diese Zahlen geben keine scharfe Grenzen an. Gemische außerhalb dieser Grenzen sind ebenfalls gefährlich.
VI b	Kohlenoxyd (CO)	16,5—75	
I d	Methan (CH_4) (Grubengas)	5,5—14	
I d	Leuchtgas (Gemisch aus Wasserstoff und Kohlenwasserstoffen)	5 —30	
I d, I e	Azetylen (C_2H_2)	3 —80	
I d	Äthylen (C_2H_4)	4 —14,5	
III	Äther [$(C_2H_5)_2O$]	2,7— 7,7	In Dampfform! (Die Stoffe sind bei gewöhnlicher Temperatur flüssig.)
III	Spiritus (C_2H_5OH)	4 —13,7	
III	Benzin (Mischung verschiedener Kohlenwasserstoffe)	2,5— 4,9	
III	Benzol (C_6H_6)	2,7— 6,5	(kann gefährlicher als Benzin sein, da es langsamer verdunstet u. sich länger in leeren Gefäßen hält.)
VI b	*Staubaufwirbelung* von Kohle, Mehl, Baumwolle und anderen brennbaren Stoffen verhält sich hinsichtlich der Explosionsfähigkeit im Gemisch mit Luft ähnlich wie die Gase.		

Tabelle C.

Flüssige Gase

	Chemische Bezeichnung des Moleküls	1 l flüssiges Gas bei 0° entspricht ..l Gas in gasförmigem Zustand 0°	Verhältnis zur Luft = 1	Siedepunkt Grad C	In gasförmigem Zustand: Geruch	Geschmack	Farbe	Wirkung auf Lebewesen?	Brennbar an Luft?	Explosionsgefährlich mit Luft oder Sauerstoff?
Kohlensäure	CO_2	462	schwerer	—78,2	siehe vorstehende Tabelle					
Stickoxydul	N_2O	462	,,	—87,9	—	süßlich	—	schwach betäubend (Lachgas) (giftig in größeren Mengen)	unterhält Verbrennung durch Spaltung in N_2+O	mit gleichviel Wasserstoff gemischt, ja

Flüssige Gase

	Chemische Bezeichnung des Moleküls	1 l flüssiges Gas bei 0° entspricht . . l Gas in gasförmigem Zustand 0°	Verhältnis zur Luft = 1	Siedepunkt Grad C	In gasförmigem Zustand: Geruch	Geschmack	Farbe	Wirkung auf Lebewesen?	Brennbar an Luft?	Explosionsgefährlich mit Luft oder Sauerstoff?
Ammoniak	NH_3	832	schwerer	−38,5	stechend	alkalisch (laugenhaft)	—	*giftig*	nein	nein
Chlor [1]	Cl_2	464	,,	−33,6	stechend (wie Chlorkalk)	sauer, ätzend	grüngelb	*giftig*	nein	ja, mit HC_2H_2, Leuchtgas und allen stark wasserstoffhaltigen Gasen.
Schweflige Säure	SO_2 — H_2SO_3 (mit Wasser)	502	,,	−10,1	stechend	sauer	hellgelb	*giftig* (ätzend, bleichend)	nein	nein
Chlorkohlenoxyd (Phosgen)	$COCl_2$	—	,,	+8	erstickend riechend, Hustenreiz	sauer	—	*giftig*	nein	nein
Stickstofftetroxyd [2]	N_2O_4	—	,,	+26	—	—	—	*giftig*	nein	nein
Äthan [3]	C_2H_6	—	,,	−93	—	—	—	*giftig*	ja	ja
Flüssiges Ölgas	wie Leuchtgas		—	—	—	—	—	*giftig*	ja	ja
Chlormethyl [3]	CH_3Cl	—	,,	−25	angenehm	—	—	betäubend	ja, grüne Flamme	ja
Chloräthyl [3]	C_2H_5Cl	—	,,	+12	desgl.	—	—	,,	,,	ja
Methyläther [3]	$(CH_3)_2O$	—	,,	−23,7	—	—	—	—	ja	ja
Methylamin [3]	CH_3NH_2	—	,,	−6	wie Ammoniak	—	—	erstickend	ja	nein
Äthylamin [3]	$C_2H_3NH_2$	—	,,	+18,7	,,	—	—	,,	ja	nein
Flüssige Luft	$O_2 + N_2$	—	—	−191	—	—	bläulich	durch Kälte −191° C. gefährlich	nein	mit organischen Stoffen, Kohlenpulver desgl., gemischt ja

Bemerkungen zu vorstehender Tabelle C.

Die hier aufgeführten Gase sind nicht selbstentzündlich.

Alle giftigen Gase in irgendwelcher Form dürfen nicht so verstaut werden, daß sie auf irgendeinem Wege in bewohnte, dem Verkehr dienende oder von Lebewesen benutzte Räume gelangen können, da ihre Anwesenheit meist erst durch einen Unfall festgestellt werden kann.

1. Chlor darf sich nicht mit Wasserstoff oder stark wasserstoffhaltigen Stoffen (H_2 C_2H_2, Leuchtgas u. dgl.) mischen, da es mit diesen Chlorknallgas bildet, das sich schon ohne äußere Entzündung im Sonnenlichte zu Chlorwasserstoff (HCl) verbindet und hierbei explosionsartig wirkt. Chlor greift die Schleimhäute heftig an und darf daher nicht eingeatmet werden. Es löst sich leicht in Wasser und behält in gelöstem Zustande seine eigenartige Wirkung.

Es verbindet sich mit den meisten Grundstoffen in der Wärme und greift diese daher an. In ganz trocknem (wasserfreien) Zustand greift es Eisen (auch einzelne andere Metalle) nicht an, daher kommt es in eisernen Flaschen zum Versand.

Seine Neigung, sich mit Wasserstoff zu verbinden, ist fast ebenso groß, wie die des Sauerstoffs, daher entzieht Chlor den wasserstoffreichen (organischen) Stoffen begierig den Wasserstoff und verkohlt diese. Diese Verbindung tritt unter ähnlichen Erscheinungen, wie die der Verbrennung (Oxydation), Wärme und Lichtentwicklung auf. Es bleibt bei der Chlorverbindung der unveränderte Kohlenstoff (C) zurück in Gestalt von Ruß, da dieser zur Verbindung mit Cl nicht ohne weiteres neigt. So würde sich z. B. ein mit Terpentinöl (Kohlenwasserstoff) getränkter Lappen oder Papier, falls freies Chlor damit in Berührung kommt, entzünden, aber bei Sauerstoffmangel unter sehr starker Rußentwicklung langsam wieder verlöschen, dagegen bei Zutritt von Luft zu offenem Feuer entflammen, da dann der erhitzte Kohlenstoff sich mit Sauerstoff verbindet.

2. Stickstofftetroxyd N_2O_4 geht leicht in das Gas Stickstoffdioxyd NO_2, das braune Färbung zeigt, über. Es verhält sich ähnlich wie dieses.

3. Diese Stoffe sind organisch, d. h. aus Kohlenstoff (C) und Wasserstoff (H) zusammengesetzt, daher brennbar. Den Aufbau ihrer Moleküle aus Atomen können wir uns wie folgt vorstellen:

$$\text{Äthan}\quad \begin{array}{c} \phantom{H-{}}H\;\;H \\ \phantom{H-{}}|\;\;\;| \\ H-C-C-H \\ \phantom{H-{}}|\;\;\;| \\ \phantom{H-{}}H\;\;H \end{array} = C_2H_6.$$

Chlormethyl aus Methan, in dem ein Wasserstoffatom durch ein einwertiges Chloratom (Cl) ersetzt ist

$$\begin{array}{c} H \\ | \\ H-C-Cl \\ | \\ H \end{array} = CH_4\,Cl,$$

entsprechend Chloräthyl aus Äthan:

$$\begin{array}{c} \phantom{H-{}}H\;\;\;\;H \\ \phantom{H-{}}|\;\;\;\;\;| \\ H-C-\!\!-C-Cl \\ \phantom{H-{}}|\;\;\;\;\;| \\ \phantom{H-{}}H\;\;\;\;H \end{array} = C_2H_5Cl,$$

Methylamin aus Ammoniak NH_3, in dem ein H-Atom durch den Methylrest ($-CH_3$) ersetzt ist:

$$\begin{array}{c} H\;\;\;H \\ /\;\;\;/ \\ N-C-H \\ \backslash\;\;\;\backslash \\ H\;\;\;H \end{array} = CH_3NH_2.$$

4. Die flüssige Luft ist die durch Drucksteigerung und Abkühlung verflüssigte atmosphärische Luft. Da der Stickstoff und Argonanteil der flüssigen Luft einen niederen Siedepunkt hat als der Sauerstoff, so verdunstet er beim Stehen in gewöhnlicher Temperatur zuerst (bei -195° C), so daß flüssige Luft sich allmählich mit dem zurückbleibenden Sauerstoff anreichert, nach einigen Tagen bis zu 95% Sauerstoff (O). Sie wirkt dann wie hochprozentiger Sauerstoff. In Gemengen mit einigen pulverförmigen organischen Stoffen, wie Kohlenpulver, Mehlpulver u. dgl. wirkt sie als Explosivstoff. Die niedere Temperatur der Flüssigkeit zieht beim Verdunsten Wärme aus der Umgebung an sich und verursacht dadurch Abkühlung, Nebel, Schnee und Eisbildung an der Ausflußstelle des Gefäßes. Man hüte sich, die Hand oder andere Körperteile längere Zeit mit flüssiger Luft in Berührung zu bringen. Kurze Berührung schadet nichts, da sich z. B. um den warmen Finger, den man in flüssige Luft taucht, eine schützende Gashülle legt, die die Kälte eine kurze Zeitlang abhält.

Ein glimmender Spahn, in flüssige Luft getaucht, flammt trotz der Kälte infolge der Sauerstoffeinwirkung hell auf. Man halte daher flüssige Luft von leichtentzündlichen oder selbstentzündlichen Gegenständen fern, auch von Nahrungsmitteln, die Feuchtigkeit enthalten, z. B. Kartoffeln, da sie gefrieren und ungenießbar werden. Die flüssige Luft wird in doppelwandigen spiegelnden Glasgefäßen versandt, die größtmöglichen Schutz gegen Wärmeeinwirkung durch isolierende Luftschichten und Reflexion der Wärme und Lichtstrahlen bieten. Die Gefäße sind aber meist gegen Stoß sehr empfindlich.

Beispiele aus Seeamtssprüchen:

1. Dampfer Paros von Hamburg (Seeamt Hamburg, 25. 10. 1912).

Beim Löschen von Ladung auf der Reede von Canea ist am 20. Juli 1912 in der auf dem Achtereck lagernden Korkballenladung ein Feuer ausgebrochen. Trotzdem sofort mit 2 Schläuchen Wasser gegeben wurde und die ganze Besatzung mit Eimern die Korkballen begoß, gelang es nicht, des Feuers Herr zu werden. Innerhalb von 10 Minuten stand das ganze Achterdeck in Flammen. Die Feuerwehr von Land konnte nichts ausrichten und verließ, nachdem einige auf dem Achterdeck verstauten Kohlensäurezylinder durch die unzulässige Erwärmung geplatzt waren, das Schiff. Durch das Platzen der Gasbehälter wurde der Großmast gebrochen und ein Mann erheblich verletzt.

Das Feuer teilte sich durch die offene Luke 4 der Ladung in Raum 4 mit, wo es, begünstigt durch Salpeter und Papierballen, sich rasch ausbreitete. In aufopfernder Tätigkeit der Besatzung, unterstützt von ausländischen Kriegsschiffsbesatzungen, die sich aber wieder zurückzogen, gelang es der eigenen Mannschaft, das Feuer allmählich zu dämpfen.

Bis 26. 7. 12 wurden die Löscharbeiten, die noch durch die steife Brise, die das Feuer immer wieder anfachte, erschwert wurden, unermüdlich fortgesetzt, so daß das Feuer schließlich gedämpft wurde. Der Schaden an Ladung, Schiff und Maschine war sehr groß.

Das Seeamt hat die Ursache des Feuers nicht festzustellen vermocht. Zweifellos ist das Feuer in der Decksladung ausgekommen und hat sich von dort auf die übrige Ladung ausgebreitet. Eine Selbstentzündung der Korkballen scheint ausgeschlossen. Es ist aber möglich, daß ein fremder Arbeiter trotz des Verbots und der Aufsicht geraucht hat, und daß dabei ein Streichholz fortgeworfen ist und die sehr trockene Korkladung entzündet hat. Die unzulässige Erwärmung der Kohlensäurebehälter hat in diesem Falle zum Platzen und dadurch zur Beschädigung von Schiff und Menschen geführt.

2. Dampfer Juno von Flensburg (Seeamt Flensburg, 4. 5. 190).

Am 10. 11. 1899 ist der Schiffer des Dampfers beim Einsteigen in den Achtertank infolge Einatmens giftiger Gase schwer erkrankt und nachträglich gestorben.

Aus dem Unfall ergibt sich, daß derartige Räume nicht betreten werden dürfen, bevor man sich von der Ungefährlichkeit der darin befindlichen Luft überzeugt hat.

Die Untersuchung hat ergeben:

In der Achterpiek des Dampfers war unter dem Proviantraum ein Ballasttank für 38 Tonnen Wasser eingebaut. Dieser war durch ein Mannloch vom Proviantraum aus zngänglich. Der Tank hatte keine direkte Verbindung mit der Luft. Er war durch einen aufgeschraubten Deckel verschlossen und wurde selten (nur bei sehr schlechtem Wester) als Ballasttank verwendet. Als er in diesem Falle auf See benutzt werden sollte, wollte sich der Kapitän vor dem Einlaufenlassen des Wassers überzeugen, ob alles in Ordnung sei, und stieg nach Lösen des Mannlochdeckels in den Tank. Er fiel darin sofort bewußtlos um. Das gleiche passierte dem Steuermann, der ihn herausholen wollte. Es gelang aber, diesen letzteren sofort wieder aus dem Tank zu bergen. Mehrere andere Leute, die zum Herausholen des Kapitäns in den Tank gingen, wurden gleichfalls schwindlig. Schließlich konnte dieser auch geborgen werden. Er atmete zwar noch, verstarb aber bald, nachdem er im nächsten Hafen an Land gebracht worden war.

Ein Sachverständiger hat nachträglich festgestellt:

Die Luft im Tank enthielt keine brennbaren und keine giftigen Gase, wie Kohlenoxyd, Ammoniak, Schwefelwasserstoff und schweflige Säuer, dagegen ziemlich viel Kohlensäure, aber wenig mehr als in reiner Luft. Sie enthielt aber eine auffallend geringe Menge von Sauerstoff. Hierauf wurde auch der Tod des Schiffers zurückgeführt. Der Sachverständige hielt es für möglich, daß der Zementbelag oder auch das Wasser den Sauerstoff im Tank absorbiert hätten. Derartig fest verschlossen gewesene Räume dürften erst nach genügender Lüftung und nach Probe mit einer brennenden Sicherheitslampe betreten werden.

(Anmerkung des Verfassers: Die Unfallverhütungsvorschriften der Seeberufsgenossenschaft für Dampfer (§ 55) empfehlen da, wo die Lüftung nicht durch einen Windsack auszuführen ist, Eingießen von heißem Wasser in den Raum, oder Einführung einer Pütze mit ungelöschtem Kalk, der vorher mit Wasser begossen ist. Wegen der starken Erhitzung des Kalkes hierbei ist Vorsicht geboten.)

3. Vollschiff Pelikan von Hamburg (Seeamt Hamburg, 23. 6. 21).

Auf dem Schiffe ist am 25. 9. 18 im Hafen von Valparaiso ein Schiffsjunge durch Explosion einer Sauerstoffschneidemaschine getötet. Der Unfall ist auf eigene Unvorsichtigkeit des Verunglückten zurückzuführen, weil er sich entgegen dem erlassenen strengen Verbot an der Maschine zu schaffen gemacht hat. Die Schiffsleitung trifft keine Schuld.

Die Untersuchung hat ergeben:

Das Schiff lag zur Zeit des Unfalles im Hafen von Valparaiso. Zur Ausführung gewisser Arbeiten war ein Sauerstoffschneideapparat an Bord genommen und im Zwischendeck aufgestellt. Die Schläuche waren entfernt. Es war allen Leuten der Besatzung auf das strengste untersagt, zu dem Apparat zu gehen oder ihn zu berühren. Zwei Schiffsjungen waren zur Zeit des Unfalls im Zwischendeck beschäftigt. Der eine wollte dem andern trotz der Warnung dieses den Apparat erklären, öffnete verschiedene Hähne und steckte schließlich ein Streichholz an. Hierdurch explodierte der Apparat, wurde völlig zertrümmert und riß dem Verunglückten den Kopf ab. Der zweite Junge blieb unverletzt. Es lag hiernach eigene Unvorsichtigkeit des Getöteten, durch die eine Knallgasexplosion herbeigeführt wurde, vor.

4. Norwegischer Motorschoner Vesthammer (Seeamt Bremerhaven, 6. 8. 21).

Am 20. 11. 20 ist beim versuchsweisen Anlassen des nach einer Havarie auf See reparierten Motors im Hafen von Bremerhaven auf dem Schoner der Anlaßzylinder des Motors vom Rahmen abgerissen und in die Luft geschleudert. Ein Monteur ist hierbei tödlich verletzt.

Zum Anlassen des Motors ist verdichteter Sauerstoff benutzt worden, was wegen der Explosionsgefahr für derartige Motore unbedingt zu vermeiden ist. Daß in diesem Falle die Verwendung des Sauerstoffs die Ursache des Unfalles gewesen wäre, ist nicht festzustellen, zumal eine ganz gleiche Havarie mit demselben Bruch des Kurbelgehäuses bereits auf See eingetreten war, wo Sauerstoff nicht verwandt worden ist.

Die Untersuchung hat ergeben:

Das Schiff ist nach einer Motorhavarie auf See am 20. 1. 20, darin bestehend, daß der hintere Zylinder des Motors im Kurbelgehäuse beim Anlassen abgerissen ist, nach Bremerhaven zur Reparatur geschleppt.

Die für die Reparatur nötigen Teile sind von einer Firma in Lysekil geliefert und von einer Bremerhavener Firma aufmontiert. Hiernach wurden am 19. 11. 20 die Vorbereitungen zur Erprobung des Motors ausgeführt, wobei zur Erhöhung des Druckes im Anlaßzylinder komprimierter Sauerstoff verwendet wurde, da man anders einen genügenden Druck mit den vorhandenen Mitteln nicht erzielt hatte. Die Glühhauben des Motors waren bei diesen Vorproben noch nicht angewärmt. Am 20. 11. 20 wurde der Versuch, den Motor in Gang zu setzen mit angewärmten Glühhauben wiederholt. Hierbei sollte der hintere Zylinder, dessen Druck durch Anschluß an eine Flasche mit komprimiertem Sauerstoff erhöht war, nur als Anlaßzylinder dienen, weshalb lediglich in den vorderen Zylinder der Brennstoff mit der Hand gepumpt wurde, während der hintere Zylinder solchen nicht erhalten sollte. Der Motor sollte rückwärts anlaufen und nach der Zündung im vorderen Zylinder in die richtige Drehrichtung gebracht werden.

Beim ersten Anlassen erfolgte keine Zündung im vorderen Zylinder. Nach Zurückdrehen des Motors auf Anlaßstellung des Kolbens im hinteren Zylinder erfolgte beim zweiten Anlaß eine Explosion, durch die der hintere Zylinder wie früher vom Rahmen abgerissen und hochgeschleudert wurde. Hierbei wurde ein Monteur festgeklemmt und an dem in Brand geratenen ausgeflossenen Öl schwer verbrannt. Über die Ursache der Explosion sei aus dem Gutachten des chemischen Sachverständigen folgendes angeführt:

Der Behälter für komprimierte Luft hat über 80 % Sauerstoff enthalten. Der Unfall ist mit großer Wahrscheinlichkeit auf die Verwendung von Sauerstoff zurückzuführen. Selbst unter der Voraussetzung, daß tatsächlich kein Brennstoff in den Anlaßzylinder gepumpt sei, könne damit gerechnet werden, daß unter gewissen Bedingungen und unter dem Einflusse der glühenden Glühhaube die in dem Verbrennungsraum des Anlaßzylinders befindlichen Schmierölmengen bzw. Kohlenwasserstoffe genügt hätten, um in Berührung mit komprimiertem Sauerstoff durch Bildung von Knallgas oder eines knallgasähnlichen Gemisches eine außerordentlich heftig wirkende Explosion hervorzurufen. Bei dem Anlassen des Motors am 19. 11. 20 habe eine Temperatursteigerung nicht vorgelegen, dagegen sei am 20. 11. 20 durch Anwärmen der Glühhaube die Vorbedingung für eine Knallgasexplosion geschaffen worden. Auch sei nicht ausgeschlossen, daß durch den beide Zylinder verbindenden Schalldämpfer ein Übertritt von Brennstoffdämpfen aus dem vorderen in den Anlaßzylinder erfolgt und dadurch die Explosion begünstigt sei. Andere Möglichkeiten für die Explosion kämen in diesem Falle bei der Sachlage nicht in Betracht. Die Sachverständigen haben ferner die Tatsache festgestellt, daß der obere Teil der Zylinderlauffläche vollständig trocken und mit einer feinen Rußschicht an andern Stellen dagegen mit Schmieröl überzogen war. Hieraus ist der Schluß der vorerwähnten sehr heftigen Verbrennung (Explosion) im oberen Zylinderteil gezogen worden.

Das Seeamt hat in Übereinstimmung mit dem Reichskommissar hieraus die Überzeugung gewonnen, daß die Verwendung von Sauerstoff beim Anlassen von Motoren immer eine große Gefahr bedeutet und unter allen Umständen vermieden werden muß.

Ie Stoffe, die in Berührung mit Wasser entzündliche oder die Verbrennung unterstützende Gase entwickeln.

Allgemeines über Grundstoffe.

In dieser Klasse treten eine Reihe noch nicht erwähnter Grundstoffe auf, so daß es angebracht erscheint, hier eine Übersicht über diese, soweit sie in der S. F. O. vorkommen oder in der Seeschiffahrt interessieren, nebst ihrer Wertigkeit, ihrer abgekürzten Bezeichnung und ihren Atomgewichten zu bringen.

Es sind jetzt etwa 88 Grundstoffe wissenschaftlich bekannt. Außerdem schließt man aus bestimmten Gründen auf das Vorhandensein noch einiger weiterer. Es bestehen aber noch Zweifel, ob alle Grundstoffe, die wir bis jetzt als solche ansehen, auch tatsächlich Urstoffe sind. Ein Eingehen auf diese Verhältnisse würde zu weit führen.

In nachfolgenden sind die Grundstoffe nach ihren gleichartigen Eigenschaften in Gruppen geordnet aufgeführt.

Tabelle D.

Gruppe	Alkalimetalle			Erdalkalimetalle			Erdmetalle			Kohlenstoffgruppe		
Wertigkeit	I.			II.			III.			IV.		
		Atomgewicht	Bezeichnung		Atomgewicht	Bezeichnung		Atomgewicht	Bezeichnung		Atomgewicht	Bezeichnung
Stoffe	*Natrium*	23	Na	*Magnesium*	24	Mg	Bor	11	B	Kohlenstoff	12	C
	Kalium	39	K	*Calcium*	40	Ca	*Aluminium*	27	Al	Silizium	28	Si
				Zink	65	Zn						
				Strontium	87,6	Sr	Seltene Erden wie Cerium	140	Ce			
				Barium	137,4	Ba						
Weitere Metalle der Gruppe	*Kupfer*	63,6	Cu	*Quecksilber*	200	Hg				*Zinn* } auch II-wertig	119	Sn
	Silber	108	Ag									
	Gold	197	Au	Radium	226	Ra				*Blei* } auch II-wertig	207	Pb

Gruppe	Stickstoffgruppe			Sauerstoffgruppe			Wasserstoffgruppe			Metalle außerhalb der vorbezeichneten Gruppen		
Wertigkeit	III. oder V.			II.			I.			II. und III.		
		Atomgewicht	Bezeichnung		Atomgewicht	Bezeichnung		Atomgewicht	Bezeichnung		Atomgewicht	Bezeichnung
Stoffe	Stickstoff	14	N	Sauerstoff	16	O	Wasserstoff	1	H	*Eisen*	56	Fe
	Phosphor	31	P	Schwefel (auch IV- und VI-wertig)	32	S				*Kobalt*	59	Co
	Arsen	75	As				Fluor	19	F	*Nickel*	59	Ni
	Antimon	119	Sb				Chlor	35	Cl	*Osmium*	191	Os
	Tantal	181	Ta				*Mangan*	55	Mn	*Iridium* (auch IV)	193	Ir
	Wismut	208	Bi	Chrom (auch III- und VI-wertig)	52	Cr	Brom	80	Br			
							Jod	126	J	*Platin* (auch IV	195	Pt
				Selen	79	Se						
				Uran	238	Ur						

Die angegebenen Wertigkeiten sind die hauptsächlich auftretenden. Einzelne Stoffe wechseln aus verschiedenem Anlaß diese Wertigkeiten.

Die *kursiv* gedruckten Stoffe bezeichnen wir als Metalle und verstehen darunter undurchsichtige, metallglänzende Stoffe von verschiedener Farbe (z. B. weiß bis bläulichgrau [Blei], rot [Kupfer], gelb [Gold]). Sie sind geschmeidig und zäh und lassen sich hämmern und schmelzen, einzelne sind spröde. Sie lassen sich bei hohen Temperaturen in Dampfform überführen, lösen sich meist in Säuren und bilden mit diesen Salze. Die leichten Metalle bilden mit der Hydroxylgruppe (OH) Basen (vgl. später und unter Klasse V). Durch Zusammenschmelzen verschiedener Metalle oder Mischen geschmolzener Metalle entsteht eine Lösung des einen im andern. Diese nennt man Legierungen, die also keine chemische Verbindung mehrerer Metalle darstellen. Zum Beispiel ist Messing (Gelbmetall) eine Legierung von Kupfer und Zink, das bei wechselndem Gehalt an Kupfer und Zink mehr rot (Rotguß) oder mehr weiß werden kann, ferner Bronze; Legierung von Kupfer und Zinn. So gibt es auch Legierungen von Kupfer mit Aluminium, Silber, Nickel, Mangan, Gold und dergleichen. Unter dieser Klasse sind solche Legierungen von Kalzium und Natrium und dergleichen angeführt.

Die gewöhnlich gedruckten Stoffe bezeichnet man als Metalloide, die nicht die Eigenschaften der Metalle haben. Sie bilden in Verbindung mit Sauerstoff und Wasserstoff Säuren (s. Klasse V).

Die Bezeichnung „Alkali" ist ein von den Arabern, die uns im Mittelalter die chemischen Kenntnisse übermittelten, übernommenes Wort, und hat Bezug auf die basischen Eigenschaften der betreffenden Stoffe. Hiernach dürften die bei den Stoffen in der Klasse I a der Anlage 1 der S.F.O. gebrauchten Bezeichnungen verständlich sein.

Wir haben nun unter den dort angegebenen Stoffen des Güterverzeichnisses 2 Gruppen zu unterscheiden:

1. solche, die mit Wasser entzündliche Gase entwickeln. Hierzu gehört Na, K, Ca usw. sowie ihre Legierungen, bei denen nach vorstehendem die Stoffe nur gemischt sind, also ihre Eigenarten beibehalten haben.

Betrachten wir einen Stoff, das Natrium, näher:

Na ist ein sehr leichtes, weißes, wachsweiches Metall, das sehr dazu neigt, sich bei Feuchtigkeit mit dem Sauerstoff der Luft zu verbinden. Es muß daher stets unter Petroleum aufbewahrt werden. Es ist leichter als Wasser, sein spezifisches Gewicht ist = 0.97, Wasser bei 4^0 C = 1. (Der Begriff des spezifischen Gewichts muß dem Seemann im allgemeinen bekannt sein.) Kommt es mit Wasser zusammen, so zerlegt es das Wasser H — O — H, indem es eine Gruppe [— O — H], Hydroxylgruppe genannt, an sich zieht und sich damit zu einer Base, deren Molekülbezeichnung Na O H = Natron oder Natriumhydroxyd ist, verbindet, die in Wasser gelöst Natronlauge (ätzend) ergibt (s. Klasse V). Der vom zerlegten Wasser übrigbleibende Rest, ein Wasserstoffatom (H), wird freigegeben. Dies geschieht in mehreren Molekülen gleichzeitig, so daß mehrere Wasserstoffatome sich zu Wasserstoffmolekülen (H_2) vereinen und als Gas in die Luft gehen. Die Zerlegung des Wassers und Vereinigung der Hydroxylgruppe (OH) mit Natrium zu Na O H macht so viel Wärme frei, daß sich der entstehende Wasserstoff (H_2), der sich an der Luft mit Sauerstoff O mischt, meist entzündet. Beim Kalium (K) tritt diese Entzündung regelmäßig wegen der noch höheren Wärmeentwicklung ein. Sollte an Bord durch Zerbrechen eines Gefäßes mit Kalium oder einem ähnlichen Stoff und Zutritt von Wasser ein Unfall entstanden sein, so hüte man sich vor Verbrennung durch die umherspritzenden erhitzten und stark ätzenden Teile. Kalium und Natriummetall schwimmen stets auf dem Wasser, da sie leichter sind. Beim Kalzium ist die vorerwähnte Gefahr weniger groß, jedenfalls kann aber bei Nichtbeachtung der Vorschriften Wasserstoff entstehen und sich ein explosives Knallgas im engen Schiffsraum ansammeln, das bei Zutritt von offenem Licht explodiert. Im übrigen können auch die entstandenen Ätzlaugen auf Ladung und Schiff schädlich wirken.

In gleicher Weise gibt das Kalziumhydrür (Hydrolith), das eine Kalziumwasserstoffverbindung $Ca\begin{matrix}\diagup H\\ \diagdown H\end{matrix} = Ca\,H_2$ ist, mit Wasser Anlaß zu Wasserstoffentwicklung. Das an sich schon wasserstoffreiche $Ca\,H_2$ zersetzt Wasser $O\begin{matrix}\diagup H\\ \diagdown H\end{matrix}$ in der Art, daß es den Sauerstoff (O) gegen seine beiden Sauerstoffatome austauscht und 2 Wasserstoffmoleküle ($2\,H_2$) frei macht ($Ca\,H_2 + H_2O = Ca\,O + 2\,H_2$). Das Calciumoxyd = gebrannter Kalk oder Ätzkalk ($Ca\,O$) ergibt weiter mit Wasser $\begin{matrix}H\diagdown\\ H\diagup\end{matrix}O$ den gelöschten Kalk, $Ca\,O + H_2\,O = Ca\,(O\,H)_2$, der ebenfalls ätzend und wärmeerzeugend wirkt. 1 kg $Ca\,H_2$ entwickelt mit Wasser etwa 1 cbm Wasserstoff. Es wird daher zum Füllen von Luftballons gebraucht und verschickt.

Das Natriumazid ist eine Verbindung des Natriums mit 3 Stickstoffatomen $Na\,N_3$. Da der Stickstoff wenig Neigung besitzt, dauernde Verbindungen mit andern Stoffen einzugehen, so sind derartige Salze, Azide genannt, sehr explosiv. Das Natriumsalz hat diese Eigenschaft noch am wenigsten, und ist daher unter Petroleum zur Beförderung zugelassen. Mit Wasser reißt es wieder die Hydroxylgruppe an das Na, während Stickstoff und Wasserstoff frei wird. $2\,Na\,N_3 + H_2O = 2\,Na\,O\,H + 3\,N_2 + H_2$, also aus 2 Molekülen $Na\,N_3$ entstehen 2 Moleküle $Na\,O\,H$, Natronlauge, 3 Moleküle gasförmiger N und 1 Molekül gasförmiger H.

Das Kalziumkarbid ($Ca\,C_2$ gleich $\begin{matrix}C\diagdown \equiv \diagup C\\ Ca\end{matrix}$) und der kalziumkarbidhaltige Kalkstickstoff entwickeln bei Wasserzutritt Azetylen, $\begin{matrix}C & \equiv & C\\ | & & |\\ H & & H\end{matrix}$. Die Gefährlichkeit dieses Gases war schon unter I d erläutert.

Unter einem Karbid versteht man eine Kohlenstoffverbindung mit einem Metall, in diesem Falle Kalzium, im elektrischen Ofen im geschmolzenen Zustande hergestellt. Der Kalkstickstoff entsteht auf gleiche Weise durch Zuführung von Stickstoff zu der vorgenannten schmelzflüssigen Verbindung. Näheres über die Stoffe siehe bei dem hierhinter angeführten Unfall des österreichischen Dampfers „Sebenico“.

Kalkstickstoff enthält noch größere oder kleinere Mengen von gefährlichem Kalziumkarbid. Dieses setzt sich mit Wasser und auch schon bei längerer Einwirkung von Luftfeuchtigkeit wie folgt um:

$$\begin{array}{ccccccc} H & + & C & \equiv & C & + & H \\ | & & & Ca & & & | \\ H{-}O & & & & & & O{-}H \end{array}$$

gleich $Ca\begin{array}{l} \diagup OH \\ \diagdown OH \end{array} + \begin{array}{ccc} C & \equiv & C \\ | & & | \\ H & & H \end{array}$ oder abgekürzt geschrieben: $C_2Ca + 2\,H_2O = Ca(OH)_2 + C_2H_2$, in Worten: Kalziumkarbid und Wasser gibt gelöschten Kalk und Azetylen.

Die beiden Kohlenstoffatome (C) des Kalziumkarbids sind hier im Molekül mit 3 Wertigkeiten aneinandergekettet, so daß von jedem C-Atom nur noch je eine Wertigkeit für je ein Wasserstoffatom (H) überbleibt. Man nennt solche Kohlenstoffverbindungen, bei denen die C-Atome zweifach oder dreifach aneinandergekettet sind, ungesättigt, weil ihre Wertigkeiten nicht möglichst vollzählig durch andere Grundstoffe oder Verbindungen abgesättigt sind. Es entsteht also aus Kalziumkarbid gelöschter Kalk oder Kalziumhydroxyd und Azetylen, das sich seinerseits mit dem Sauerstoff der Luft umsetzt wie folgt: 2 Moleküle $\begin{array}{ccc} C & \equiv & C \\ | & & | \\ H & & H \end{array}$ + 5 Moleküle O_2 = 4 Moleküle CO_2 + 2 Moleküle H_2O oder abgekürzt geschrieben: $2\,C_2H_2 + 5\,O_2 = 4\,CO_2 + 2\,H_2O$, in Worten: Azetylen und Sauerstoff gibt Kohlensäure und Wasser, mithin unter Licht- und Wärmeerscheinung die gewöhnlichen Verbrennungsprodukte.

Die Verpackungsbestimmungen zu Ziffer 2 a, b und c der Klasse I c tragen einem wechselnden (höheren oder niederen) Karbidgehalt und damit der größeren oder geringeren Gefährlichkeit des Stoffes schon Rechnung. Trotzdem wird man bei solchen Karbid- und Kalkstickstoffladungen, die Azetylengasgeruch zeigen, stets die Vermutung hegen müssen, daß sich explosive Gemische gebildet haben, und man wird dementsprechend mit Feuer und Licht besonders achtsam umgehen müssen.

Zum Schluß sei noch das Natriumsuperoxyd besprochen. Wie schon vorn erwähnt, ist ein Superoxyd ein Stoff, der mehr Sauerstoff in der Verbindung aufweist, als der betreffende Grundstoff oder seine Verbindungen nach den verfügbaren freien Wertigkeiten normal aufnehmen kann. Na ist einwertig (I), O ist zweiwertig (II), also müßte die normale Absättigung Na_2O ergeben. Natriumsuperoxyd besitzt nun auf ein Na ein O-Atom, also NaO (aus gewissen Gründen Na_2O_2 geschrieben), wir können uns hier die Verbindung wie folgt vorstellen: $\overset{(I)}{Na} - \overset{(II)}{O} - \overset{(II)}{O} - \overset{(I)}{Na}$.

Wegen dieses Sauerstoffüberschusses, den es leicht abgibt, wirkt es oxydierend (s. vorn), auf geeignete, leicht brennbare Stoffe unter Explosion. Bei gewöhnlicher Temperatur können wir uns die Zersetzung mit Wasser wie folgt vorstellen:

$$\begin{array}{l} Na_2O_2 \\ +\,H_2O \end{array} \text{ gleich } \left.\begin{array}{l} Na{-}O{-}O{-}Na \\ +\,HO{-\!-\!-}H \end{array}\right\} = 2\,NaOH + O$$

Der freiwerdende und in dieser Form besonders wirksame Sauerstoff unterstützt die Verbrennung anderer geeigneter Stoffe stark.

Aus vorstehendem ergibt sich, daß die Stoffe der Klasse I e peinlichst vor jeder Feuchtigkeit bewahrt werden müssen, um das Schiff vor gefährlichen Explosionen und Bränden zu schützen.

Beispiele aus Seeamtssprüchen.

1. Dampfer Planet von Königsberg (Seeamt Königsberg, 3. 9. 20).

Der Dampfer hat am 18. 12. 19 eine Explosion von Azetylen im Maschinenraum erlitten. Das Azetylen ist durch Hinzutritt von Wasser zu einem Kalziumkarbidbehälter entstanden. Das Gas hat sich im unteren Teil des Maschinenraums ausgebreitet und ist durch die brennende Lampe des aus dem Tunnel steigenden Maschinisten entzündet.

Die Untersuchung hat ergeben:

Im Maschinenraum standen 2 Karbidbehälter zwischen Treppe und Schottwand eingeklemmt, ohne weiter befestigt zu sein. Am 18. 12. 20 morgens war aus einem dieser Behälter Karbid zur Auffüllung der Lampen entnommen worden. Der Maschinist, der bis 12 Uhr Dienst an der Maschine hatte, ging gegen 10 Uhr in den Tunnel zur Revision einer Pumpe. Als er mit der brennenden Lampe zurückkam, erfolgte die Explosion. Von den beiden Karbidbehältern war der eine von seiner Stelle gerückt, der Deckel lag weit ab, und das Karbid war ausgelaufen. Der andere Behälter befand sich noch an seiner Stelle, war aber umgekippt, der Deckel war abgesprungen, und im Behälter befand sich noch eine Flamme. Der Maschinist war durch die Explosion schwer verletzt. Das Seeamt ist im Einvernehmen mit dem Sachverständigen zu dem Ergebnis gekommen, daß bei dem letzten Öffnen Wasser in den Behälter gelangt ist. Hier hat sich Azetylen entwickelt. Dieses hat auf den Deckel einen starken Druck ausgeübt, den Deckel fortgeschleudert und gleichzeitig einen Riß in der Wand des Gefäßes gebildet. Das Gas hat sich nun auf dem Boden des Maschinenraums ausgebreitet und ist durch die Lampe des zurückkehrenden Maschinisten entzündet worden. Der zweite Behälter ist umgekippt, sein Deckel hat sich gelöst, so daß Wasser zum Inhalt hinzutreten konnte, wodurch neues Azetylen entstand, das infolge der Explosion in Brand geriet.

Der Unfall hat zu verschärften Vorschriften für die Aufbewahrung von Kalziumkarbid an Bord geführt.

2. Dampfer Pommerania von Stettin (Seeamt Stralsund, 24. 7. 17).

Der Dampfer ist am 1. 7. 17 bei der Greifswalder Oie infolge einer Explosion untergegangen, die durch die Entzündung von Azetylen entstanden ist, das sich aus der feucht gewordenen Kalziumkarbidladung entwickelt hatte.

Die Schiffsleitung trifft kein Verschulden. Durch den Untergang in Verbindung mit der Explosion haben 3 Leute den Tod gefunden.

Die Untersuchung hat ergeben:

Der Dampfer hatte in Kragerö Heringe in Fässern und Kalziumkarbid in Blechtrommeln von $3/4$ m Länge, $1/2$ m Höhe und ca. 3 Zentner Gewicht genommen. Diese waren ohne Beihilfe der Mannschaft durch Leute der Fabrik verstaut. Zwischen Karbidladung und Maschinenschott lagen 118 Tonnen Heringe.

Beim Verlassen von Kragerö am 23. 6. 17 lief der Dampfer auf einen Felsen auf, kam aber wieder ab. Er machte etwas Wasser. Das Schiff wurde daher an geeigneter Stelle zur Untersuchung aufgesetzt. Während dieser Arbeit hatte sich am 26. 6. ein Teil des Inhalts der Karbidtrommeln nach Zutritt von Wasser entzündet. Es war aber keine Explosion eingetreten. Als beim Lenzen das Wasser abnahm, ließ das Brennen nach. Am 27. 6. wurde kein Feuer mehr festgestellt, der Schiffsboden wurde gedichtet und danach die Reise am 28. 6. 17 fortgesetzt. Am 1. 7. 17 nahm Wind und See stark zu. Die Luken mußten geschlossen werden. Der Wasserstand im Raum betrug 10 Fuß. Mittags ereignete sich plötzlich auf See eine starke Explosion zwischen Maschinen und Vorderschott. Das Schiff hatte stark gearbeitet. Es wurde angenommen, daß sich Trommeln gelöst und beschädigt hätten.

Weder offenes noch elektrisches Licht ist im Raum gebraucht worden. Das Schiff sank nach der Explosion in 2 Minuten, wobei 3 Mann der Besatzung, die zum Teil schon durch die Explosion verletzt waren, den Tod fanden. Nach dem Gutachten des Sachverständigen lag Entzündung des Azetylens in explosiver Mischung mit Luft vor.

Minengefahr war in der Unfallgegend nicht. Durch das harte Aufeinanderstoßen der schweren Blechtrommeln im Seegang war ihre Beschädigung und damit der Zutritt von Wasser zum Kalziumkarbid, Azetylenentwicklung, Bildung eines explosiven Luftgemisches und Entzündung durch einen Reibungsfunken wahrscheinlich.

3. Österreichischer Dampfer Sebenico (Hafenbehörde Triest, 17. 1. 13).

Auf dem Dampfer erfolgte am 16. 1. 13 abends eine Explosion, durch die das Schiff schwer beschädigt und Menschen getötet wurden.

Die Ursache ist in einer Explosion von Azetylengas, mit Luft gemischt, zu suchen, das sich aus einer Ladung Kunstdünger, bestehend aus Kalziumzyanamid (Kalkstickstoff) bei Zutritt von Feuchtigkeit gebildet hat. Wegen der während der Verladung herrschenden regnerischen Witterung waren die Säcke durchfeuchtet, und die Ladeluken blieben aus gleichem Grunde während der Fahrt und nach Ankunft in Triest geschlossen. Es war zwar von mehreren Personen der Besatzung ein starker Geruch wie nach Kalziumkarbid, das immer etwas nach Azetylen riecht, in der Nähe der Laderäume bemerkt worden, aber wegen der Gewöhnung an derartige Transporte von der Besatzung nicht beachtet worden. Es ist angenommen, daß ein Teil der Säcke mit Kalkstickstoff noch größere Mengen von Kalziumkarbid enthielt, das bei Durchwässerung reichlich Azetylen entwickelte. Dieses mischte sich mit Luft im Laderaum und drang bei zunehmendem Druck durch die Fugen der Luken auf das Verdeck und entzündete sich dort an Zigaretten des Ladepersonals, das bei dem Unfall verunglückt ist.

Aus dem Gutachten des Sachverständigen sei folgendes angeführt:

Das Kalziumzyanamid (chemische Formel $Ca\,(CN)_2$, das jedoch niemals als technisches Produkt ganz rein ist, wird durch Erhitzen des fertigen Kalziumkarbids im elektrischen Ofen auf 3600° C unter einem reinen Stickstoffstrom erhalten. Hierbei verwandelt sich nicht alles Karbid in Cyanamid. Es wird verschiedene Handelsware unterschieden. Das Produkt für Düngezwecke wird mit Wasser befeuchtet, wodurch das enthaltene Karbid in Azetylen und Kalziumhydroxyd übergeht. Das Azetylen entweicht als Gas. Das Ölen mit Mineralrückständen erfolgt, um das gesundheitsschädliche Stauben zu unterbinden. Dieser Artikel bildet 95 % der Produktion und ist nicht gefährlicher als etwa Steinkohle. Die restlichen 5 % werden für besondere Industrien verwendet (Ammoniumsulfat) und dürfen weder mit Wasser, behandelt noch gefettet werden. Dieser Stoff ist daher bei Zutritt von Wasser und Luft in geschlossenem Raum explosionsgefährlich.

Die Verladung erfolgt in Säcken von 50 kg, die sich äußerlich von denen des unschädlichen Stoffes nicht unterscheiden.

Der Dampfer S. hatte vorn 40 Tonnen der nicht befeuchteten und daher gefährlichen Ware geladen.

[Die deutschen Vorschriften der Anlage 1 zur S. F. O. regeln neuerdings bei der Klasse I e, 2 a—c die Verpackung und Verladung von Kalkstickstoff derart, daß bei genügender Beachtung eine Gefährdung des Schiffes ausgeschlossen sein sollte.]

Klasse II. Selbstentzündliche Stoffe.

Über Ursachen der Selbstentzündung.

Die Verbrennung und Entzündung war schon vorn allgemein behandelt. Es gilt daher nur noch, die Ursachen für eine Selbstentzündung näher zu besprechen.

Hier haben wir 2 Gruppen zu unterscheiden:

a) Phosphor und seine Verbindungen und Mischungen, Zinkmethyl und Zinkäthyl, pyrophorische Metalle, Schwefelkalium und Schwefelnatrium. Bei diesen Stoffen liegt die Ursache der Selbstentzündung in den Stoffen selbst. Sie gehen an der freien Luft eine Umsetzung mit Sauerstoff unter Wärmeentwicklung ein, die bei zunehmender Wärme immer stärker verläuft, und zur Selbstentzündung führt. Der Phosphor, ein Grundstoff, ist in der weißen oder gelben Form sehr giftig. Er ruft Verbrennungen und Verletzungen hervor, die sehr schmerzhaft sind und schwer heilen. Bei gewöhnlicher Temperatur ist er wachsweich, er riecht schwach knoblauchartig. Da er sehr zur Sauerstoffaufnahme neigt, muß er unter Wasser aufbewahrt werden. Er leuchtet im Dunkeln (Phosphoreszenz); an feuchter Luft raucht er unter Verbreitung eines eigentümlichen Geruchs, der an Ozongeruch erinnert. (Ozon ist eine Form, in der Sauerstoff als Molekül mit 3 Atomen O_3 vorkommt, während er in gewöhnlicher Form mit O_2 bezeichnet wird, O = O und .

Steigt bei der Sauerstoffaufnahme die Temperatur auf 45° C, so entzündet sich der Phosphor selbst und verbrennt zu Phosphorpentoxyd, P_2O_5 = 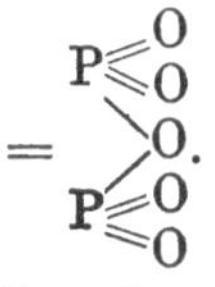.

Die Entzündung kann also schon durch bloßes Liegen an der Luft und auch bei geringer Reibung oder bei Berührung mit einem heißen Gegenstand, z. B. einem warmen Glasstab, erfolgen. Zerschneiden darf daher nur unter Wasser erfolgen.

Eine Abart des weißen Phosphors ist der rote amorphe Phosphor. Er ist nicht giftig, geruchlos, leuchtet nicht, entzündet sich erst bei 260° C und nicht durch geringe Reibung, oxydiert langsam an der Luft, ist daher nicht sehr gefährlich. Er wird hauptsächlich für die Reibflächen der Zündholzschachteln in Mischung mit fein gepulvertem Glas und Klebstoff verwendet. Durch die Reibung der Zündköpfe der Streichhölzer entsteht so viel Wärme, daß sich etwas Phosphor entzündet und seinerseits die Streichholzzündmasse in Brand setzt.

Phosphorsesquisulfid ist in Vermischung mit Kaliumchlorat leicht entzündlich und verbrennt bei Erhitzen mit weißlich-gelber Flamme und dickem Rauch.

Verbindungen des Phosphors mit Metallen, wie Phosphorkalzium, Phosphorstrontium, Phosphoreisen und dergleichen, geben mit Feuchtigkeit (Wasser oder verdünnter Salzsäure) den sehr giftigen Phosphorwasserstoff von stinkendem, knoblauchartig fauligem Geruch (den meisten älteren Seeleuten, die noch in der Kaiserlichen Marine gedient haben, vom Torpedoschießen her bekannt, da er sich aus den Leuchtspitzen der Torpedos entwickelte und an der Luft selbst entzündete). Man kann sich die Umsetzung etwa wie folgt klarmachen: $Ca_3P_2 + 6\,H_2O = 3\,Ca\langle{}^{OH}_{OH} + 2\,PH_3$ und $2\,PH_3 + 4\,O_2 = P_2O_5 + 3\,H_2O$.

Der Phosphorwasserstoff (PH_3) ist an sich nicht selbstentzündlich, er tritt aber stets mit einer andern Art Phosphorwasserstoff (P_2H_4) zusammen auf, die sehr selbstentzündlich ist.

Obwohl der amorphe Phosphor selbst in ganz reinem Zustande nicht selbstentzündlich ist, kann er doch noch Spuren von gelbem Phosphor enthalten, der es notwendig macht, auch bei ihm dieselben Vorsichtsmaßregeln wie beim gefährlicheren anzuwenden.

Zinkmethyl und Zinkäthyl sind organische Stoffe (Kohlenstoff und Wasserstoffverbindungen) mit dem Zink (Metall) vereinigt. Diese Stoffe sind sehr umsetzungs(reaktions-)fähig und fangen bei gewöhnlicher Temperatur im Augenblick der Berührung mit Luft Feuer. Sie verbrennen mit rötlichbrauner Flamme.

Die pyrophorischen Metalle sind Metalle, die durch eine chemische Maßnahme in so feiner Verteilung hergestellt sind, daß sie ein sehr feines, poröses Gebilde darstellen. Man denke hierbei an die Platin-Gasanzünder. Diese tragen an der Spitze ein Stückchen meist schwarz aussehendes Platin in sehr feinporöser Form. Auch andere Metalle können in dieser Form erhalten werden. Die pyrophorischen Metalle haben die Eigenschaft, Gase, also auch den Sauerstoff in diese feinsten Kanälchen gewissermaßen einzusaugen und zu verdichten, wobei der Stoff zu glühen beginnt. Platin besonders hat schon als gewöhnliches Metall und besonders in der pyrophorischen Form die Eigenschaft, Wasserstoff und Sauerstoff auf sich zu vereinigen und zu verdichten (kondensieren). Durch das Glühen wird zugeführtes brennbares Gas oder andere Stoffe entzündet (Gebrauch als Gasanzünder).

Das trockene Schwefelkalium (K_2S) und das Schwefelnatrium (Na_2S) können dadurch gefährlich werden, daß sie mit Säuren in irgendeiner Form zusammenkommen. Es entwickelt sich in diesem Falle Schwefelwasserstoffgas, das mit Luft gemischt explosiv und in großen Mengen giftig ist. In gebrochener Form, in Stücken bieten die Stoffe der Luft eine große Oberfläche dar, oxydieren und erwärmen sich leicht. Selbstentzündung ist noch nicht beobachtet, Vorsicht ist aber geboten, besonders bei großen Mengen.

b) Zur zweiten Gruppe gehören die Stoffe, die aus reinem Kohlenstoff (Ruß, Holzkohle, Lederkohle) in frisch geglühtem Zustande bestehen, sie sind sehr feinporig, nehmen in frisch geglühtem Zustande Sauerstoff auf und erwärmen sich dabei in der vorher beschriebenen Art bis zur Selbstentzündung, besonders bei viel Sauerstoffzufuhr und in größeren Mengen, wenn die im Innern der Masse entstehende Wärme nicht abgeleitet werden kann. Kohle und Ruß sind schlechte Wärmeleiter. Es gehören dazu ferner die Stoffe, dieaus Zellulose, Pflanzenfasern (Kunstwolle, Baumwolle, Flachs, Hanf, Jute usw.) oder aus Eiweißstoffen (Wolle, Haare, Seide) bestehen. Die Grundstoffe der ersteren sind C, H und O, die der letzteren C, H, N, O und S. Ohne weiteres sind diese Stoffe in dünnen Lagen nicht selbstentzündlich, sind sie jedoch mit Fetten, Ölen, Firnis, Leinöl, Harzöl, Petroleumrückständen (Mineralöl) und dergleichen getränkt, so tritt Sauerstoffaufnahme dieser Tränkungsmittel an der Luft und Oxydation ein. Sie erleiden Veränderungen (z. B. Leinöl wird fest, gummiartig), und hierbei entsteht Wärme, die sich den getränkten Stoffen mitteilt und bei fester Packung ohne genügende Luftzufuhr und Abkühlung allmählich zu starker Wärmeansammlung und zur Selbstentzündung führt.

Erst, wenn die Tränkungsmittel vollständig getrocknet sind, oder wenn die Stoffe genügend ausgekühlt sind (Ruß, Kohle), ist die Gefahr minder groß, und sie dürfen ohne weiteres befördert werden, wenn ausdrücklich bescheinigt ist, daß die gefahrbringenden Tatsachen nicht mehr bestehen.

Zum näheren Verständnis des Vorgangs diene das Folgende: Als Tränkungsmittel für Faserstoffe kommt in erster Linie das Leinöl, ein flüssiges Pflanzenfett aus dem Samen des Leins oder Flachses, in Betracht. Aus diesem Leinöl wird durch Kochen mit Bleioxyd (PbO) oder mit Mangansalzen, die mit dem Leinöl eine Verbindung eingehen und die Trocknung beschleunigen (daher Sikkative, Trockenmittel genannt), Firnis hergestellt. Das Leinöl hat die Eigenschaft, an der Luft unter Sauerstoffaufnahme zu trocknen. Beim Firnis geht dieser Prozeß verhältnismäßig schnell vor sich. Man kann sich an Bord sehr leicht davon überzeugen, wenn man einen vom letzten Weißmalen übriggebliebenen Farbenrest im Topf betrachtet. Dieser zeigt oben eine elastische, gummiartige Haut oxydierten Leinöls, darunter das Öl unverändert, weil die Haut die Luft ferngehalten hat, und schließlich als unterste Schicht den Farbstoff.

Beim Malen soll die Ölschicht sehr dünn aufgetragen werden, das Öl soll überall mit Luft in Verbindung kommen und schnell erhärten. Es trocknet. Hat ein Ungeübter gemalt, so findet man dickere Stellen, die nur oberflächlich hart sind, aber beim Anstoßen abreißen. Die Luft konnte hier nicht alles Öl trocknen. Gelangen nun diese Öle auf Baumwolle, Seide, Hanf und dergleichen, so werden sie von den porösen Stoffen aufgesaugt, es bilden sich sehr dünne Ölhäutchen bei sehr großer Oberfläche. Die Faserstoffe, die selbst schlechte Wärmeleiter sind, lassen keine Luftzirkulation zur Abkühlung der bei dem Oxydationsprozeß auftretenden Wärme zu, die Wärme wird besonders bei größeren Packungsschichten festgehalten und steigert sich verhältnismäßig schnell bis zur Selbstentzündung der Stoffe. Tritt nun aus irgendeinem Grunde Sauerstoff hinzu (Luftzug oder Sauerstoffentwicklung aus erwärmten, Sauerstoff abgebenden Stoffen), so flammt der Stoff hell auf. Baumwolle ist in dieser Hinsicht besonders gefährlich (öliger Twist, fettige Säcke usw.).

Bei Wolle, einem tierischen Erzeugnis, kann man sich die Erhitzung wie folgt erklären:

Bei der Wolle verbreitet sich das Öl nur auf der Oberfläche der Faser. Innerhalb der Wolleballen ist noch genug Luft eingeschlossen, um die Oxydation des Öls einzuleiten, aber nicht Sauerstoff genug, um die ganze Ölmenge zu oxydieren. Daher beginnt das Öl der Wolle chemisch gebundenes Wasser (H_2O) zu entziehen, die Wolle verkohlt (vgl. Klasse V, Schwefelsäure). Hierbei steigt die Temperatur, und es tritt bei Öffnung des Ballens und Luftzutritt Entflammung ein.

Die Wirkung der Fette (feste oder weiche Verbindungen von Fettsäuren mit Glyzerin) ist ähnlich wie die der Öle, indem sich diese Stoffe, die vielfach Beimengungen von Eiweißstoffen haben, zersetzen (ranzig werden) und mit dem Sauerstoff der Luft oxydieren.

Ähnlich gefährlich verhalten sich gemahlener Gummi (Zellulose) und Kautschuk (kompliziertere Kohlenstoff-, Wasserstoff- und Sauerstoffverbindungen), aus Pflanzensäften stammend, sowie Metallspäne oder Pulver, mit Fetten vermischt; ferner Seide in Strängen, die hochbeschwert ist. Die Beschwerung besteht aus gewissen Metallsalzen (Zinnchlorid, Natriumphosphat, Wasserglas = Natriumsilikat) und dient dazu, das Gewicht der Seide zu vermehren, ohne ihren Glanz und ihre Färbbarkeit zu beeinflussen. Die Färbbarkeit wird durch Anwendung solcher Beschwerungsmittel (Beizen genannt) bei vielen Stoffen erst ermöglicht. Als Beschwerungs- und Färbemittel kommen auch Eisensulfat (s. Klasse V), Gerbsäure und Blutlaugensalz in Betracht. Beschwerte Seide neigt zur Selbstentzündung und darf auf Schiffen nur befördert werden bei Anwendung der vorgeschriebenen Sicherheitsmaßnahmen.

Schließlich seien noch die ungereinigten Hefebeutel mit Heferesten, die auch zur Selbsterhitzung neigen, angeführt. Die Hefe erzeugt Gärung und Spaltung in gewissen Stoffen, sie oxydiert die Stoffe, spaltet Kohlensäure (CO_2) ab, ein Zeichen von stattgefundener langsamer Verbrennung.

Alle diese Stoffe dürfen natürlich nicht mit andern, die bei Entzündung gefährlich wirken, zusammen verladen werden, da sie leicht Ursache von Bränden oder zum mindesten von unzulässiger Erwärmung werden.

Man halte sich bei der Einschätzung von Stoffen auf Selbsterhitzung nicht streng an die hier aufgeführten Stoffe und betrachte auch andere an Bord vielfach achtlos behandelte Stoffe als gefährlich, z. B. öligen Twist, mit Terpentinöl getränkte Faserstoffe und dergleichen, und lasse sie nicht achtlos in Bunkern, Ecken oder Laderäumen liegen. Ebenso können alte Säcke oder Packmaterial, das irgendwie mit Öl in Verbindung war, zur Selbstentzündung Anlaß geben.

Beispiele aus Seeamtssprüchen:

1. Dampfer Casablanca von Oldenburg (Seeamt Brake, 3. 1. 12).

Am 25. 10. 11 ist auf dem Dampfer auf der Reede von Larasch im Unterraum II Feuer ausgebrochen.

Die Ursache ist nicht aufgeklärt, doch ist Selbstentzündung von im Raum neben Ölfässern verstaut gewesenen alten Säcken und Entzündung von danebenliegender alter Holzwolle wahrscheinlich.

Die Untersuchung hat ergeben:

Die Ladung Stückgüter war in Hamburg genommen und damit bereits mehrere Häfen angelaufen und davon aus dem Laderaum mehrfach gelöscht, ohne Gefahren zu bemerken. Am 25. 10. 11 wurde aus Raum II gelöscht. Hier lagen auf dem Boden Fässer mit Öl, nach vorn Drums mit Sprit, Zucker und alte Säcke sowie Holzwolle. Außerdem lag Holzwolle über den Waren. Während einer Löschpause infolge Ausbleibens der Leichter blieb die Luke offen. Später wurde, da keine Leichter mehr kamen, die Luke gegen 5 h 30 m nachmittags geschlossen. Gegen 7 h nachmittags bemerkte man einen brandartigen Geruch. Es wurde festgestellt, daß es unter der Luke 2 knisterte und knackte. Sofortige Dampflöschversuche hatten keinen Erfolg. Beim Öffnen der Luke schlugen die Flammen heraus. Mit fremder Hilfe und unter angestrengter Arbeit der Mannschaft gelang es nach mehreren Stunden, das Feuer zu dämpfen. Am andern Morgen brach es noch einmal aus, wurde dann aber endgültig gelöscht. Es wurde festgestellt, daß die Holzwolleballen die starken Flammen entwickelt hatten. Der Herd des Feuers wurde am Schiffsboden da, wo die Ölfässer neben der Holzwolle gelagert hatten, gefunden.

Da andere Ursachen, wie elektrische Leitung, Funkenflug, leichtsinniges Umgehen mit Licht und dergleichen nicht in Frage kamen, hat das Seeamt die oben angeführte Ursache für die Entstehung des Feuers als möglich angesehen. Es scheint, daß etwas Öl aus den Fässern getreten ist, und daß die alten Säcke damit in Berührung gekommen sind und dann durch irgendeine Druckmöglichkeit entzündet sind. Durch Wegnahme der Zuckerladung sei Luft hinzugetreten, die das Feuer langsam hat anschwelen lassen, bis es nachmittags zum vollen Ausbruch gekommen ist. Das vorübergehende Offenlassen der Luken hat das Seeamt nicht für einen Fehler angesehen.

Klasse III. Brennbare Flüssigkeiten.

Über Kohlenwasserstoffe.

Die hier unter besondere Beförderungsvorschriften gestellten Flüssigkeiten bilden wegen der Häufigkeit ihres Seetransports und wegen ihrer großen Feuergefährlichkeit eine sehr zu beachtende Gruppe der gefährlichen Güter. Es sei daher hier etwas näher auf ihre Eigenarten und ihre Zusammensetzung eingegangen. Sie sind durchweg Verbindungen des Kohlenstoffs (C) und zwar überwiegend mit Wasserstoff (H), sodann in erweitertem Maße gegen früher behandelte Stoffe mit Sauerstoff (O), Stickstoff (N) und Schwefel (S).

Sie gehören also zu den organischen Stoffen. Die Bezeichnung als Kohlen wasserstoff stammt von ihrer Zusammensetzung aus Kohlenstoff und Wasserstoff. Die Kohlenwasserstoffe bilden außerordentlich weitverzweigte Gruppen von Stoffen mit einem Gerüst von einem C-Atom an aufwärts, bis zur beliebigen Zahl von C-Atomen. Ein schematisches Beispiel möge dies klarstellen. Stellen

H
|
wir den einfachsten Kohlenwasserstoff H—C—H, CH_4, Methan, durch
|
H

folgendes Zeichen: + dar, wobei der Kreuzungspunkt immer ein C-Atom, die Striche: | oder — je ein daran gebundenes H-Atom bzw. die Verbindung zwischen 2 C-Atomen bedeuten, so können wir C_2H_6, Äthan, aus drücken durch das Zeichen: . Alle 4 Wertigkeiten des C-Atoms sind bei Methan durch je ein H-Atom abgesättigt. Man nennt solche Stoffe „gesättigte Kohlenwasserstoffe". Die Verbindung mehrerer Kohlenstoffatome untereinande bildet hierbei eine fortlaufende oder sich verzweigende Kette oder Reihe. Stellen wir z. B. den Stoff $C_{10}H_{22}$ schematisch dar, so erhalten wir das Bild einer geraden Kette: 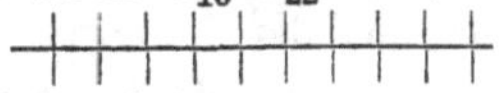 oder bei Abzweigungen in der Kette der C-Atome etwa 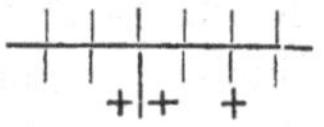 Die Verzweigungen können sehr vielseitig sein. Jede andere Verzweigung stellt einen neuen Stoff dar. Um die große Gruppe gleichartig zusammengesetzter Stoffe durch eine Formel auszudrücken, bezeichnet man allgemein die Zahl der C-Atome als „n" und erhält dann bei gesättigten Kohlenwasserstoffen ohne weiteres die Zahl der H-Atome als „2 n + 2", mithin $C_n H_{2n+2}$. Zum Beispiel $n = 20$: gesetzt, ergibt 20 C-Atome + 42 H-Atome = $C_{20}H_{42}$.

Besteht zwischen zwei C-Atomen eine doppelte oder dreifache Bindung, bei der also ihre Wertigkeiten nicht alle durch H- oder andere Atome abgesättigt sind, so sprechen wir von ungesättigten Kohlenwasserstoffen. z. B. C_2H_4 = H—C=C—H schematisch 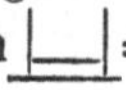 = Äthylen, das im Leuchtgas vor-

| |
H   H

kommt, allgemeine Formel $C_n H_{2n}$, oder C_2H_2 = 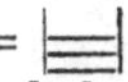 = Azetylen, das wir bereits in den Klassen I d und I e kennengelernt haben, allgemeine For- Formel: $C_n H_n$.

Bei den Kohlenwasserstoffen der Klasse III sind zu unterscheiden die Erzeugnisse, die aus Erdöl, Steinkohlenteer, Braunkohlenteer, bituminösem Schiefer, Torf oder von anderem Ursprung stammen. Alle diese Flüssigkeiten sind Gemische der verschiedensten Kohlenwasserstoffe, die sich schwer trennen lassen. Durch Behandeln mit chemischen Stoffen (Säuren oder Alkalien) werden sie von schädlichen Bestandteilen möglichst gereinigt. Durch Verdampfen und Übertreiben mittels Wärme und darauffolgendes Abkühlen (Destillation) werden Untergruppen geschaffen, die eine gewisse, für die Handelsware erforderliche Gleichmäßigkeit in den Eigenschaften besitzen, die aber immer noch ein Gemenge verschieden zusammengesetzter Kohlenwasserstoffe darstellen. Diese Gruppen sind durch ihr spezifisches Gewicht (gegenüber Wasser bei +4° C) und durch ihre Verdampfungstemperatur (Siedepunkt) gekennzeichnet. Die einfachsten Glieder der Kohlenwasserstoffe sind Gase, danach folgen flüssige, weiche, halbfeste und feste Stoffe. Letzteres sind die Paraffine, nach denen auch die ganze Reihe der gesättigten Kohlenwasserstoffe als Paraffinreihe benannt wird. Die Kohlenstoffatome sind reihenartig aneinander gebunden (—┼—┼—┼—┼—┼—).

Wie wir schon bei den Gasen (I d) gesehen hatten, haben alle Flüssigkeiten bei jeder Temperatur die Eigenschaft zu verdampfen (verdunsten), auch wenn sie noch nicht sieden (vgl. das Wasser, das bei gewöhnlicher Temperatur sich als Wasserdampf mit der Luft vermischt und bei Abkühlung Nebel bildet). Sie bilden Gase, die bei den Kohlenwasserstoffen bei Sauerstoffzutritt mehr oder weniger leicht entzündlich sind.

Wie zur Bezeichnung des Luftdrucks der Barometerstand durch die Höhe einer Quecksilbersäule in mm ausgedrückt wird (z. B. Barometerstand = 760 mm), so wird auch der Druck, den die bei einer bestimmten Temperatur durch Verdunstung seiner Flüssigkeit entstehenden Gase ausüben, in mm Quecksilbersäule ausgedrückt. Man nennt diesen Druck Dampfspannung oder Tension. Ist die Dampfspannung einer Flüssigkeit bei einer bestimmten Temperatur gleich dem Luftdruck, so siedet die Flüssigkeit. Die Dampfspannung gibt uns einen Anhalt dafür, zu erkennen, ob eine Flüssigkeit bei bestimmten Temperaturen in so erheblichem Maße verdunstet, daß sie entzündliche oder gefährliche Gase entwickeln kann. Dies kann wieder für die Beurteilung der Gefahr der Bildung von leichtentzündlichen Gasen beim Leckwerden von Packgefäßen im Laderaum von Wert sein. Daher sollen hier einige „Dampfspannungen“ angegeben werden:

Tabelle E.

Temperatur	Äthyl-alkohol	Methyl-alkohol	Äther	Schwefel-kohlenstoff	Benzol	Pentan C_5H_{12}	Azeton
0° C.	12,2 mm	26,8 mm	185 mm	128 mm	26,5 mm	183 mm	
+ 10° C.	23,8 mm	50 mm	291 mm	198,5 mm	45 mm	282 mm	
+ 20° C.	44 mm	89 mm	442 mm	298 mm	75 mm	420 mm	180 mm
+ 30° C.	78 mm	150 mm	647 mm	435 mm	118 mm	610 mm	281 mm
+ 40° C.	133 mm	244 mm	921 mm	617 mm	181 mm	873 mm	420 mm
Siedepunkte	+ 78° C.	+ 67° C.	+ 35° C.	+ 46° C.	+ 80° C.	+ 38° C.	+ 56,5° C.

Die Entzündlichkeit von brennbaren Gasen aus erwärmten Flüssigkeiten hat man als Erkennungszeichen für bestimmte Gruppen benutzt, indem man ihren **Flammpunkt** in einem nach bestimmten Grundsätzen hergestellten Apparat, dem Abelschen Apparat, feststellt. Der Apparat besteht aus einem äußeren Kessel mit Flüssigkeit, z. B. Wasser, und einem darin eingesetzten kleinen Gefäß mit der zu prüfenden Flüssigkeit, in die ein Thermometer taucht. Das Ganze wird langsam und gleichmäßig erwärmt und in das innere Gefäß von Zeit zu Zeit (etwa von ½ Grad zu ½ Grad Temperaturerhöhung) ein kleines Flämmchen bestimmter Größe für kurze Zeit gehalten. Die Temperatur, bei der sich die Gase über der Flüssigkeit entzünden, ist der Flammpunkt. Für Petroleum gilt als unterste zulässige Grenze der Entzündlichkeit für Handelsware ein Flammpunkt von 21° C (Testpetroleum). Diese Grenze ist international festgesetzt (Abeltest). Bei unserer Sommertemperatur, die meistens über 21° C steigt, erscheint diese Sicherheitsgrenze nicht genügend.

Auch an Bord in den Laderäumen können diese Petroleumsorten mit Flammpunkt um 21° C herum entzündliche Gase entwickeln.

Für die Stoffe der Klasse III ist dieser Flammpunkt von 21° C bei 760 mm Barometerstand als Grenze für die verschiedene Behandlung der Stoffe bei den Sicherheitsvorschriften festgehalten. Solche, die einen Flammpunkt unter 21° C haben, sind erheblich schärfer zu behandeln als solche mit einem Flammpunkt von 21° C und darüber.

Um sich ein einfaches Bild vom Flammpunkt zu machen, denke man an das Benzin-Taschenfeuerzeug. Ist es in der Tasche getragen auf Körpertemperatur angewärmt, so entzünden sich die Benzindämpfe durch die Funken des geriebenen Cereisens. Ist es dagegen kalt, so entzünden sie sich nicht, sondern das Feuerzeug muß erst etwas in der Hand vorgewärmt werden, bis sich solche Gase bilden.

Die nachfolgende Tabelle gibt eine Übersicht von **Flammpunkten** der für den Seetransport in Frage kommenden Stoffe:

Tabelle F.

Unter 21° C. im Abel-Apparat	spez. Gewicht	Über 21° C. im Abel-Apparat	spez. Gewicht
Azeton +8° C.	0,79	Terpentinöl +35° C.	—
Essigäther −4° C.	1,08	Kumol +39° C.	—
Schwefelkohlenstoff −20° C.	1,29	Xylol +30° C.	—
Schwefeläther −20° C.	0,74	*Leuchtölsorten*	
Methylalkohol 0°.	0,79	Standard White (amerikanisch) +24,7° C.	0,801
Petroleumäther −20° C.	0,65	Nobel (russisch) Kerosin +32,7° C.	0,819
Benzol − 8° C.	0,88	Solaröl (galizisch) +24 C.	4,820
Toluol +10° C.	0,88	Edelweiß (rumänisch) +22,7° C.	0,806
Kollodium −17,6° C.	—	Petroleum Grabow (deutsch) +29,5°.	0,805
Benzin −15° C.	—	*Besseres Leuchtöl*	
Spiritus (94%) +16° C.	—	Pensylvanisches Solaröl Water white +41° C.	0,791
		Korffs Kaiseröl +50° C.	0,791
		Sicherheitsleuchtöl	
		Colzaöl (amerikanisch) +130° C. im offenen Tiegel	0,824 für Schiffsbeleuchtung
		Pyronaphtha (russisch) +150° C.	0,871

Das spezifische Gewicht, welches das Gewichtsverhältnis eines bestimmten Raumteils eines Stoffes (Volumen) zu dem gleichen Raumteil von Wasser ausdrückt, kann natürlich wegen der verschiedenen Volumen Änderung der Stoffe durch Temperaturänderungen nur für eine bestimmte Temperatur gelten. Für Stoffe der Klasse III Ziffer 1 ist das im allgemeinen Verkehr mit solchen Stoffen übliche spezifische Gewicht bei 17,5° C vorgesehen.

Das **Erdöl** stammt, wie man heute mit großer Wahrscheinlichkeit annimmt, aus den in der Vorzeit der Erde an gewisen Stellen abgelagerten ungeheuren Massen tierischer oder pflanzlicher Stoffe (Kohle s. unter VI b), die dann im Laufe der Jahrtausende eine Zersetzung bis teilweise in ihre Grundstoffe und Umlagerung der Spaltstücke zu neuen Verbindungen durchmachten. Durch das Faulen abgestorbener Stoffe unter Wasser wurde zunächst ein Faulschlamm erzeugt, der nach Verwesung der Stickstoffsubstanz die beständigeren Fette und Wachse hinterließ. Es entstand ein stickstoffarmes Bitumen, und aus diesem wurden durch Erddruck und Wärme allmählich die Kohlenwasserstoffe erzeugt.

Je nach der Fundstelle der Erdöle sind die Einzelbestandteile und Beimengungen sehr verschieden. Diese Tatsachen können wegen ihres Umfanges hier nicht näher erörtert werden. Es soll nur erwähnt werden, daß die amerikanischen Sorten mehr Schwefel, die russischen mehr Naphtene (ringförmig gebundene Kohlenstoffgerüste der Formel $C_n H_{2n}$, also reich an Wasserstoff) enthalten.

Die Erzeugnisse aus dem Erdöl sind nach der technischen Verarbeitung etwa in folgende Gruppen zu teilen:

Ausgangsmaterial Rohöl:

Tabelle G.

Nr.	Erzeugnisse	Siedepunkt	Spezifisches Gewicht	Besonderes
1	Rohbenzin wird zerlegt in	bis 150 C.	0,65—0,77	Auch Naphtha genannt.
	a) Petroleumäther (Gasolin, Solin)	40—70° C.	0,65	
	b) Leichtbenzin	60—110° C.	0,70	Gebraucht für Autos, Luftfahrzeuge, Grubenlampen.
	c) Schwerbenzin	100—140° C.	0,73	Gebraucht für Motoren.
	d) Ligroin	über 140° C.	0,7—0,73	Lackbenzin oder Terpentinölersatz.
2	Leuchtpetroleum			
	a) Amerikanisches Handelspetroleum Standard white	125—350° C.	0,801—0,802	Enthalten 10 und mehr Proz. ungesättigter Kohlenwasserstoffe, unterer Flammpunkt 21°.
	b) Russisches Kerosin	146—300° C.	0,826 bei 15° C. (0,81—0,82)	Spezialbezeichnung: Kaiseröl oder sonstige Phantasienamen.
3	Gasöle	300—350° C.	0,85—0,88	Motoröl für Dieselmotore und als Karburieröl für Beleuchtungszwecke.
4	Schmieröle, Vaseline	über 350° C.	0,87—1,95	Vaselin (salbenartig). Die Schmieröle werden in verschiedene Typen eingeteilt, wie: Spindelöle, Kompressoröle, leichte und schwere Maschinenöle, Dampfzylinderöle, Sommer- und Winteröle (je nach Grad der Reinheit, Flüssigkeit und Verwendungszweck).
5	Rückstand (schwarze Pechharze, Goudron, Asphalt, Paraffin)		0,91 und mehr	
6	Im Zusammenhang mit Erdöl kommt Erdwachs (fest) vor.			

Die Bezeichnungen für die Gruppen weichen in der Technik etwas voneinander ab.

Es wird vielfach gesetzt:

Rigolen und Gasolin (Petroleumäther), gleichbedeutend mit Zymogen, Sherwoodoil, Kranadol, Hydrokarbür.

Leichtbenzin = C Naphtha.

Mittelbenzin = B Naphtha.

Schwerbenzin = A Naphtha, Ligroin, Gasolin (russisch), Putzöl.

Leuchtöle = Kerosin (russisch), Standard white und water white (amerikanisch).

Mineralschmieröle = Lubricating oils (amerikanisch).

Paraffine = Petroleumwachs, Scale wax (amerikanisch), Belmontin (englisch).

Vaseline = Petroleumgallerte, Mineraljelly, Petroline, Kolloidparaffin.

Rohbenzin = Naphtha (amerikanisch).

Erdölrückstände = Residuum, Masut (russisch), Astatki.

Die Benzine enthalten etwa die Stoffe der Formeln C_6H_{14} bis C_8H_{18}, das raffinierte Petroleum etwa C_9H_{20} bis $C_{17}H_{36}$, die Weich- und Hartparaffine etwa $C_{18}H_{38}$ bis $C_{28}H_{58}$.

Es muß hier besonders betont werden, daß auch nach der Trennung der Gruppen durch Destillation bei höher siedenden Erdölfraktionen (Teildestillaten) noch niedrig siedende Teile vorhanden sein können, die zu leicht entzündlichen Gasbildungen Anlaß geben können. Im allgemeinen können alle Benzinsorten als unterhalb des Flammpunktes von 21° liegend angesehen werden.

Die **Steinkohlenteeröle,** gewonnen aus dem Steinkohlenteer, sind ebenfalls Kohlenwasserstoffe. Bei ihnen herrschen aber solche vor, bei denen der Kohlenstoff (C) nicht kettenartig (Paraffinreihe) aneinander gebunden ist, sondern ringförmig. Der Typ ist das Benzol mit 6 C-Atomen in folgender Anordnung gedacht:

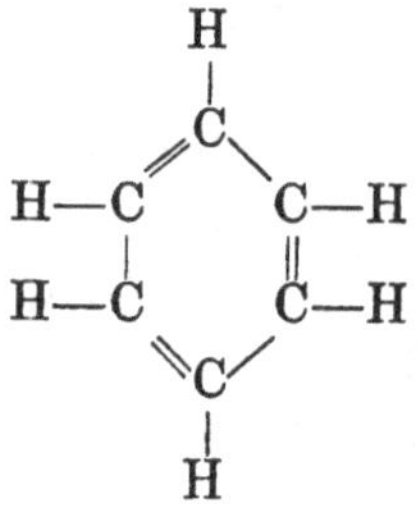

gleich C_6H_6,

schematisch als Sechseck  dargestellt. Jedes C-Atom ist mit dem einen Nachbar C-Atom einmal, mit dem andern benachbarten doppelt gebunden. Die dann noch freie Wertigkeit ist bei jedem C-Atom mit 1 H-Atom abgesättigt. Danach ist die Formel für das Benzol, C_6H_6, der allgemeine Typ dieser ringförmigen Kohlenwasserstoffe C_nH_n. Auch diese Bindungsart ist durch Ersatz des H-Atoms durch andere Grundstoffe oder Gruppen sehr änderungsfähig, so daß wir auch bei den ringförmigen Kohlenwasserstoffen, aromatische genannt, weil sie meist aromatischen Geruch haben, eine große Zahl von verschiedenen Stoffen haben. Es können sich auch zwei oder mehrere Ringe zu einer neuen Verbindung zusammenschließen, schematisch z. B.  = Benzol, 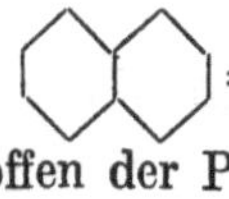 = Naphthalin,  = Anthrazen, die ihrerseits wieder mit Stoffen der Paraffinreihe, also Ketten, zusammentreten können, z. B. Ring + Kette $C_6H_5 - CH_3$,  = Toluol, $C_6H_4(CH_3)_2$, 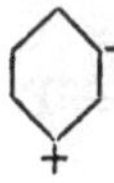 = Xylol, 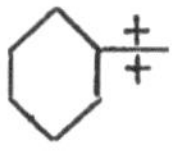

= Kumol, und so zu einer unübersehbaren Zahl von Stoffen Anlaß geben können.

Je nach der Behandlung der Kohlen und der Teere bei der Destillation erhält man verschiedene Mengen der einzelnen Stoffe und auch verschiedenartige Spaltungsprodukte. Man kann sie etwa wie folgt einteilen:

Tabelle H.

	Siedepunkt	Spez. Gewicht	Enthaltend
Leichtöl	bis 170° C.	0,91—0,95 (0,88—0,883 Flammpunkt bei 15°)	Leichtbenzol, Schwerbenzol (Toluol, Solventnaphtha, Xylol, Kumol).
Mittelöl (Karbolöl)	bis 230° C.	1,01	Karbolsäure (Phenol), Naphthalin.
Schweröl	bis 270° C.	1,04	Gemisch verschiedener schwerer Kohlenwasserstoffe.
Anthrazenöl	über 270° C.	1,10	Anthrazen und verschiedene schwere Kohlenwasserstoffe, auch mit Stickstoff.

Für die Vorschriften der Klasse III kommt hiernach nur das Leichtöl in Frage (spezifisches Gewicht unter 0,95).

Die **Braunkohlenteeröle** liefern sowohl Kohlenwasserstoffe der Paraffinreihe, als auch aromatische und ungesättigte Kohlenwasserstoffe.

Aus Braunkohlenteer wird erzeugt:

Benzin in geringen Mengen (s. Erdöl). Dies kommt kaum für den Seetransport in Betracht, ferner das Solaröl von 0,82 spez. Gew. und 175—275° Siedepunkt (Flammpunkt + 45 bis + 50°), die Schweröle von 0,86—0,93 spezifischem Gewicht, die die Hauptrohstoffe für Ölgas (s. Klasse I d, 5) liefern.

Die Paraffinöle von 0,90—0,93 spez. Gewicht dienen als Schmieröle und als Ausgangsstoff für künstliche Vaseline.

Schließlich seien noch die **Schieferöle** erwähnt, die besonders in Schottland aus dem dortigen Ölschiefer, früher Bogheadkohle, jetzt Shalekohle genannt, gewonnen werden. Diese schieferartigen Gesteine enthalten viel stickstoffreiches Bitumen, eine ölhaltige Substanz, die wahrscheinlich aus den verfaulten Resten von Meeres- und Sumpforganismen stammt (Faulschlamm) oder auch von Fischen.

Das Bitumen liefert Leuchtöl, Motoröle, Gasöl, Schmieröle, Paraffin.

Öle aus Torf kommen kaum für den Seetransport in Frage und würden dann auch so wie die andern zu behandeln sein.

Werden in den oben behandelten gefährlichen Flüssigkeiten noch leicht brennbare Stoffe, wie Harze, Kautschuk, Guttapercha (Pflanzenstoffe), Seifen (Salze von Metallen, besonders Natrium und Kalium mit Fettsäuren, die gleichfalls aus C + H + O bestehen), Asphalt oder Teer gelöst oder mit ihnen vermischt, so bleibt natürlich die Gefahr in gleicher Weise bestehen wie für die Lösungsmittel selbst. Leckwerden der Transportgefäße gibt zur Ausbreitung der Lösungen im Schiffsraum, schnellem Verdunsten und eventuell zur Entzündung der leicht brennbaren Ladung Anlaß.

Nach diesen großen Gruppen der Kohlenwasserstoffe bleiben noch die unter der Klasse III Ziffer 3—9 aufgeführten Stoffe zu besprechen. Ein Teil derselben ist aus dem gewöhnlichen Leben bekannt, wie Alkohol, Spiritus, Essigsäure, auch wohl Holzgeist und Äther. Da diese Stoffe wichtige Gruppen organischer Verbindungen bilden, können wir die Anschauungen, die man im allgemeinen von einzelnen im täglichen Gebrauch benutzten Stoffen dieser Gruppen hat, nicht allgemein auf alle anwenden, und müssen hier etwas näher auf den Zusammenhang dieser Stoffe mit den vorerwähnten Kohlenwasserstoffen eingehen sowie ihre Eigenschaften namentlich hinsichtlich der Gefahren für den Seetransport etwas näher erläutern.

Aus den Kohlenwasserstoffen der Paraffinreihe entstehen durch leichtere oder kräftigere Oxydation (Sauerstoffzufuhr) nacheinander die **Alkohole**, die **Aldehyde** und **Ketone** sowie die **organischen Säuren**. Als Beispiel mögen die hier in Betracht kommenden niederen Glieder der Stoffe dienen.

Tabelle I.

	A. Kohlenwasserstoff		S. P.	B. Alkohole		S. P.	C. Aldehyde		S. P.
1.	Methan CH_4	bei normaler Temperatur Gas	-165^0	*Methylalkohol* CH_3OH	flüssig	$+64{,}7^0$	Formaldehyd $HC\langle{}^{H}_{O}$	Gas	-20^0
2.	Äthan C_2H_6		-93^0	*Äthylalkohol* C_2H_5OH		$+78^0$	*Azetaldehyd* $CH_3C\langle{}^{H}_{O}$	flüssig	$+20{,}8$
3.	Propan C_3H_8		-45^0	Propylalkohol C_3H_7OH		$+96^0$	usw., die übrigen interessieren hier nicht		
4.	Butan C_4H_{10}		$-0{,}1^0$	Butylalkohol C_4H_9OH		$+116{,}7^0$			
5.	Pentan C_5H_{12} usw.	flüssig	$+36^0$	*Amylalkohol* $C_5H_{11}OH$ spez. Gew. 0,81—0,83 Je nach dem Vorhandensein einer oder mehrerer [O—H] Gruppen unterscheidet man ein- oder mehrwertige Alkohole (z.B. $CH_2OH-CHOH-CH_2OH$ = Glyzerin ist ein *drei*wertiger Alkohol.		$+137^0$			

	D. Ketone		S. P.	E. Säuren		S. P.	
1.	—			Ameisensäure $H\cdot C\langle{}^{O}_{O-H}$	flüssig	$+101^0$	Von höheren Säuren interessieren hier noch die Palmitinsäure = $C_{16}H_{32}O_2$, Stearinsäure = $C_{18}H_{36}O_2$, die in Verbindung mit dem vorerwähnten Alkohol, Glyzerin, die *Fette* ergeben.
2.	—			*Essigsäure* $CH_3-C\langle{}^{O}_{O-H}$		$+118^0$	
3.	*Azeton* $CH_3-\underset{\underset{O}{\Vert}}{C}-CH_3$	flüssig	$+56{,}3^0$	Propionsäure $C_2H_5-C\langle{}^{O}_{O-H}$		$+141^0$	
4.	usw.			Buttersäure $C_3H_7-C\langle{}^{O}_{O-H}$		$+162^0$	
5.	Die übrigen Glieder sind hier nicht von Interesse.			Valeriansäure $C_4H_9-C\langle{}^{O}_{O-H}$		$+186^0$	

Die *kursiv* gedruckten Stoffe kommen in der Klasse III zur Erwähnung.

Die Stoffe der Gruppen B, C, D und E der vorstehenden Tabelle können immer aus der vorhergehenden durch stärkeren Sauerstoffzutritt entstanden gedacht werden.

Bei B aus A ist statt eines H ein [O—H] Gruppe, bei C und D aus A ist statt eines H- ein O-Atom, bei E aus A ist statt eines H- ein O + ein [O — H] einzusetzen. (Beispiel: Das Sauerwerden des Bieres entsteht durch langsame Oxydation des darin enthaltenen Alkohols, C_2H_5OH, zu Essigsäure ($C_2H_4O_2$).) Die hier in Betracht kommenden niederen Alkohole sind farblose Flüssigkeiten von bekanntem Geruch. Bei steigender C-Atomzahl werden die höheren Alkohole ölig und fest, sie sind leichter als Wasser, flüssige mischen sich mit diesem und brennen lebhaft mit bläulicher Farbe, sie werden als Lösungsmittel für organische Stoffe (hier für Nitrozellulose, s. Klasse I a, Sprengstoffe) benutzt.

Methylalkohol oder Holzgeist ist giftig (Erblindung und Tod nach Genuß).

Äthylalkohol oder Weingeist ist in reiner Form (100 %) (ohne Wasser) giftig. Mit Wasser stark verdünnt als Genußmittel verwendbar und beliebt. Die Aldehyde und Ketone sind streng riechende Flüssigkeiten, die als Lösungsmittel benutzt werden.

Azeton kommt insbesondere für Azetylen als Aufsaugungsmittel in Betracht (s. Klasse I d).

Besonders als sehr gefährlich zu erwähnen ist der **Äther,** auch Schwefeläther genannt. Mit Äther im allgemeinen bezeichnet man eine Gruppe von Stoffen, die aus mehreren Alkoholen (s. oben unter D) durch Austritt von 1 Molekül H_2O entstanden sind, z. B. Schwefeläther, so genannt nach seiner Herstellungsweise mit Schwefelsäure (Schwefel ist nicht in ihm enthalten):

$$C_2H_5 - O - \underbrace{\boxed{H + H - O}}_{\downarrow(-H_2O)} - C_2H_5 = (C_2H_5)_2O = \text{Äther},$$

in Worten: 2 Moleküle Äthylalkohol — 1 Molekül Wasser geben 1 Molekül Äther. Dieser Äther ist eine niedrig siedende (bei + 35° C), leichtbewegliche Flüssigkeit, sehr entzündlich und entwickelt Gase, die schwerer sind als Luft, sich daher am Boden ansammeln und dort leicht durch Unvorsichtigkeit entzünden können. Man merkt das Vorhandensein solcher Gase durch den Geruch zunächst nicht, da sich die Nase oberhalb der Ätherschicht befindet und den verdunstenden Äther nur leicht empfindet. Der Äther kann zu heftigen Bränden und Explosionen Anlaß geben. Im bestimmten Verhältnis mit Alkohol gemischt, kommt er als „Hoffmannstropfen" in den Handel. Er ist ein Lösungsmittel.

Zu erwähnen sind ferner noch die **Ester.** Sie sind aufzufassen als eine Vereinigung einer organischen Säure mit einem Alkohol unter Wasseraustritt ($- H_2O$), z. B.

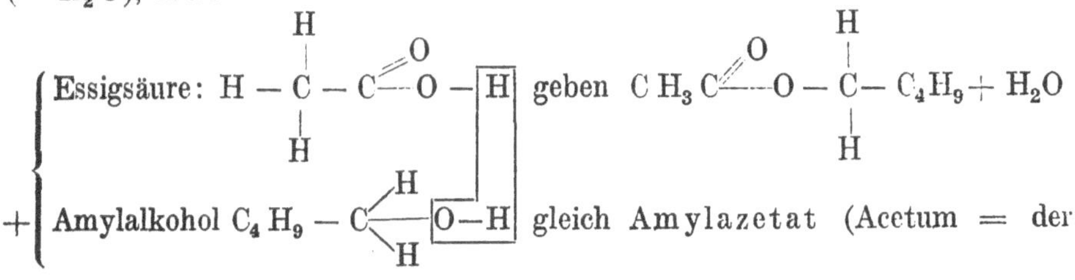

Essig, Azetate = Salze der Essigsäure) und Wasser. Die Ester sind farblose

Flüssigkeiten, leichter als Wasser, mit diesem nur bedingt mischbar, vielfach von sehr angenehmen Geruch, wie Früchte, daher zu Fruchtessenzen verwendet und brennbar. Bienenwachs ist solch ein Ester aus höheren Gliedern der Alkohole und Säuren.

Pyridin, $C_5 H_5 N$, eine giftige, ringförmige Verbindung 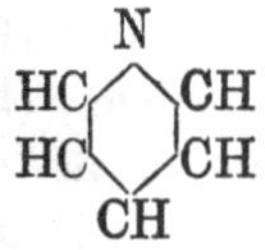

des Kohlenstoffs mit Stickstoff und Wasserstoff, ist eine klare Flüssigkeit (S. P. = + 115°C), nicht feuergefährlich, aber brennbar, namentlich mit Spiritus gemischt. Der Geruch erinnert etwas an Tabaksgeruch. Es wird zum Denaturieren des Spiritus verwendet.

Als Lösungsmittel für organische Stoffe kommt weiterhin der Schwefelkohlenstoff ($C S_2$) vor. Er gehört nicht in die Klasse der vorbesprochenen organischen Stoffe, ist aber sehr feuergefährlich, verbrennt mit bläulicher Flamme und siedet bei + 46° C. Er ist schwerer als Wasser und wirkt eingeatmet giftig. Die gewöhnliche Ware riecht unangenehm, wie alle Schwefelverbindungen.

Unter Ziffer 9 der Klasse III sind besonders neben absolutem Alkohol (100proz.), Spiritus, Weingeist (90—96proz. Alkohol), Fuselölen (Propyl, Butyl und Amylalkohol und nächsthöhere Alkohole), das Terpentinöl nebst ätherischen Ölen und die fetten Öle erwähnt.

Das Terpentinöl gehört zur Klasse der **ätherischen Öle,** die aus Pflanzen gewonnen werden. Sie sind flüchtig (daher ätherisch), geben auf Papier einen Fettfleck, der aber bald verfliegt, oxydieren leicht, schon durch den Sauerstoff der Luft, daher entzünden sich auch terpentinölgetränkte Lappen sehr leicht selbst. Diese Öle haben meist einen angenehmen Geruch. Sie bestehen aus ringförmig angeordneten Kohlenstoffatomen mit angehängten Seitenketten in Verbindung mit Wasserstoff und haben die Grundformel $C_{10} H_{16}$. Sie sind leicht brennbar. Terpentinöl siedet bei 160° C.

Von ihnen sind streng zu unterscheiden die **fetten Öle.** Dieses sind Ester des Glyzerins eines dreiwertigen Alkohols mit Ölsäure, einer organischen ungesättigten Säure von der Zusammensetzung $C_{18} H_{34} O_2$. Sie kommt also der der gesättigten Fettsäure „Stearinsäure" nahe. Diese Ester sind unlöslich in Wasser, sind nicht flüchtig, d. h. sie geben auf Papier einen bleibenden Fettfleck, sie nehmen Sauerstoff auf und oxydieren. Sie trocknen an der Luft oder werden durch Freiwerden der Fettsäuren, was durch den Sauerstoff der Luft bewirkt wird, und durch Entstehung von unangenehm schmeckenden und riechenden Aldehyden ranzig.

Die Öle werden gewonnen aus dem Pflanzen- und Tierreich (z. B. Leinöl, Rüböl, Fischtran und dergleichen).

Alle Öle sind leichter als Wasser.

Das Spalten des Glyzerins von der Ölsäure unter Wasseraufnahme nennt man Verseifen. Es ist die umgekehrte Reaktion wie die vorher besprochene Esterbildung. Es entstehen hierbei wieder Glyzerin als Alkohol und Fettsäure oder Ölsäure als organische Säure. Die Verbindung solcher Fettsäuren mit Metallen wie Natrium oder Kalium und dergleichen nennt man allgemein

Seifen (vgl. Klasse III, Ziff. 2). Fette Öle sind nicht sehr feuergefährlich. Der Flammpunkt des Leinöls z. B. liegt zwischen 250 und 280° C. Wenn sie aber in Brand geraten sind, unterstützen sie die Verbrennung auch anderer Stoffe sehr lebhaft, so daß auch bei ihrer Seebeförderung erhebliche Vorsicht anzuwenden ist. Die Anlage 1 sieht hinsichtlich dieser Stoffe Erleichterungen beim Zusammenladen mit andern gefährlichen Gütern vor (vgl. Teil I, Verladebestimmungen, Tabelle II).

Für das Löschen von Bränden aus Stoffen der Klasse III ist Wasser nicht brauchbar. Luftabschluß, Sand, Asche, bei kleineren Bränden nasse Decken werden hier eher zum Ziele führen.

Bei den Stoffen dieser Klasse kann man erkennen, daß die leichte Brennbarkeit mit dem wachsenden Wasserstoffprozentgehalt steigt.]

Beispiele aus Seeamtssprüchen:

1. Dampfer Standard von Hamburg (Seeamt Hamburg, 31. 8. 10).

Am 19. 7. 10 ist im Hafen von Kopenhagen auf dem Dampfer ein Feuer dadurch ausgebrochen, daß beim Löschen von Petroleum dieses durch die Öffnung des schadhaft gewordenen Steigrohres in den B. B. Seitenbunker, von dort durch eine offen gelassene, an sich wasserdichte Tür in den Querbunker und von dort in den Heizraum geflossen ist, wo es sich entzündet hat. Der Schiffs- und Maschinenleitung ist der Vorwurf gemacht, daß sie die Rohrleitung nicht genügend sorgfältig, wie es die Reedereiinstruktion vorschreibt, kontrolliert hat. Außerdem hätte die wasserdichte Tür unbedingt geschlossen gehalten werden müssen. Das Feuer ist mit Hilfe der Landfeuerwehr gelöscht, ohne auf die Petroleumtanks überzugreifen. Es hat aber das Schiff schwer beschädigt.

Die Untersuchung hat ergeben:

Das Schiff hatte am 18. 7. an den Kai in Kopenhagen gelegt und begann 11 h 30 m mittags aus Tank I und VII an Land zu löschen. Der B. B. große Kessel und die Hilfskessel waren für die Pumpen in Betrieb. Um 3 h früh bemerkte ein Heizer, daß ein starker Strom Petroleum aus der offenen Tür des B. B.-Unterbunkers herausfloß. Er ließ dies sofort dem Maschinisten melden, der die Pumpen stoppen ließ. Gleichzeitig bemerkte man schon die Flammen aus dem Heizraum und Längsbunkern schlagen. Nach Aussage des Heizers hat sich das ausströmende Petroleum schnell im Heizräum ausgebreitet und Feuer gefangen. Nach Löschen des Feuers wurde festgestellt, daß das durch den Bunker geführe Leitungsrohr ein etwa einen Zoll großes Loch hatte, durch das Petroleum in den Bunker geströmt und von hier weiter ca. 4 m hoch herunterfallend durch die Bunker in den Heizraum gelangt war. Hierbei hatten sich vermutlich Gase entwickelt und im Heizraum entzündet. Besondere Vorsichtsmaßregeln bei der Entlöschung waren schiffseitig nicht angeordnet. Die von der Reederei vorgeschriebene Untersuchung war nach Ausführung des Reichskommissars vernachlässigt.

In diesem Falle war die Kontrolle der Leitungen durch Reedervorschrift zwar dem Maschinisten übertragen, jedoch hat das Seeamt auch den Kapitän dafür verantwortlich gehalten, daß der gefährliche Betrieb so sorglos gehandhabt wurde.

2. Petroleumtankdampfer Mohawk von Hamburg (Seeamt Hamburg 22. 11. 13).

Am 27. 6. 13 ist auf dem Dampfer im Hafen von New York Feuer ausgebrochen. Die Ursache ist nicht mit Sicherheit festgestellt. Es wird aber vermutet, daß die Arbeiter gegen das Verbot im Heizraum offenes Licht gebraucht oder geraucht haben, wodurch Ölgase entzündet sind. Das Schiff hat bedeutenden Schaden erlitten.

Die Untersuchung hat ergeben:

Das Schiff hatte Petroleum gelöscht und sollte am 28. 7. in See gehen. 2 Maschinisten waren mit 2 Heizern am 27. 7. nachmittags in den Maschinen beschäftigt, als man eine schwache und darauf eine zweite sehr heftige Explosion aus dem Heizraum, der eine große Stichflamme in den Maschinenraum folgte, verspürte. Das Personal wurde zu Boden geschleudert und verletzt, konnte sich aber an Deck retten. Es entstand ein rasch um sich greifendes heftiges Feuer, das von der Landfeuerwehr und Besatzung bis abends gelöscht wurde. Der Schaden war erheblich. Unter anderem erhielt der Dampfer an B. B. beim hinteren Querbunkerschott einen senkrechten Riß durch 2 Plattengänge, der stellenweise einen Fuß breit war. Im Heizraum waren 4 Landarbeiter tödlich verunglückt.

Über die Ursache ist folgendes ermittelt. Im Heizraum war das vom B. B.-Ölbunker zu den Feuern führende Saugrohr defekt und mußte repariert werden. Hier wurde der Bunker nach dem St. B.-Bunker entleert, dann wurden Arbeiter vom Land zum Abschrauben des Rohres und Dichten der Flanschen in den Heizraum geschickt. Diese Arbeit wurde ihnen morgens vom 1. Maschinisten zugewiesen und ihnen dabei eingeschärft, kein offenes Licht zu gebrauchen oder zu rauchen. Es sind ihnen auch elektrische Lampen zugewiesen. Es wird vermutet, daß die Leute dem Verbot zuwider beim Ansetzen der Flanschen die Schrauben mit einem Streichholz abgeleuchtet oder geraucht haben, woran sich die Ölgase entzündet haben. Die Flamme ist in den Bunker hineingeschlagen und hat die dort angesammelten Gase entzündet.

3. Dampfer Lisboa von Oldenburg (Seeamt Brake, 4. 2. 14).

Am 19. 9. 13 ist auf dem Dampfer im Hafen von Oporto im Raum III Feuer ausgebrochen, das Schiff und Ladung erheblich beschädigt hat.

Es ist entstanden, indem aus eisernen Behältern Isolierlack geleckt ist und sich unter der Ladung verbreitet hat.

Aus diesem haben sich Spiritusgase entwickelt, die sich an einem Streichholz, das ein portugiesischer Stauer angezündet hat, entzündet haben. Es wäre richtig gewesen, den Isolierlack im Manifest als gefährliche Ladung zu bezeichnen und seine Verstauung an Deck zu veranlassen. Der Gebrauch von offenem Licht oder Feuer in den Laderäumen ist streng zu untersagen.

Die Untersuchung hat ergeben:

Die Ladung bestand aus Stückgütern. Im Zwischendeck waren im Raum III mehrere eiserne Fässer mit Isolierlack, daneben andere Waren in Kisten und Kasten gelagert. Gegen 7 h abends war mit Löschen begonnen. Gegen 9½ Uhr sah ein Matrose, daß an der Stelle, wo die Lackfässer gelagert hatten, sich eine ca. 1 m breite Zunge nach den andern Waren hin erstreckte. Der beaufsichtigende Steuermann ordnete zur Untersuchung an, daß Licht geholt wurde. Inzwischen rieb einer der portugiesischen Stauer ein Streichholz an und näherte sich damit dem Fleck. Gleich darauf stand eine helle Flamme darüber, und ein sich schnell verbreitender Brand entstand über Raum III. Zudecken der Luken nutzte nichts, ebensowenig Wasser. Das Feuer nahm zu. Maschine und Heizraum wurden ergriffen und mußten verlassen werden. Unter Beistand eines Pumpendampfers gelang es, des Feuers Herr zu werden. Die wertvolle Ladung von Raum III und IV war fast völlig verbrannt. Das Feuer ist auf das Leckwerden der Lackfässer zurückzuführen. Es ist anscheinend eine große Quantität Lack ausgelaufen, die sich erheblich verbreitet hat.

Der Isolierlack ist eine feuergefährliche Flüssigkeit, er setzt sich je nach der Fabrikmarke aus mehreren Teilen Spiritus oder Terpentin gegenüber einem Teil Harz zusammen. Wenn er auch in den Fässern ungefährlich ist, so ist er doch beim Austreten feuergefährlich. Das Seeamt ist daher der Auffassung, daß es richtiger gewesen wäre, diese Ladung auf Deck zu verstauen, und daß dies ausdrücklich in dem dem Kapitän auszuhändigenden Manifest anzuordnen war. Daneben wurde der Gebrauch eines Streichholzes gerügt.

4. Dampfer Marienfels von Bremen (Seeamt Bremerhaven, 8. 6. 14).

Auf der Reise von New York nach Malta ist ein Brand in der Petroleumladung ausgebrochen. Diese war wie folgt verstaut: In den unteren Räumen lag Petroleum in Kisten, im Zwischendeck und im Poop außer Petroleum, Benzin, Lubricating Oil und Stückgüter, im vorderen Brückendeck 1500 Kisten Petroleum und Schmieröl in Fässern oberhalb des Brückendecks, in der Postkammer Munition, Gewehre und 12 Kisten Patronen. Die Gesamtladung an Petroleum betrug 4500 Kisten, die je 3 Fuß lang, 2 Fuß breit waren und je 2 Tins Petroleum enthielten. Die Kiste wog 75 Pfund engl. brutto, 65 Pfund engl. netto. Die Ladung war von berufsmäßigen Stauern von Land unter Aufsicht des Kapitäns und der Steuerleute gut garniert und gestaut, die Luken ordnungsmäßig gesichert.

Antritt der Reise am 6. 1. 14. Zunächst war gutes Wetter. Am 17. 1. 14 trat orkanartiger Sturm ein mit hoher wilder See, so daß vor den Wind gegangen wurde. Verschiedene Havarien entstanden von der See an Deck. Später wurde beigedreht. Am 18. 1. nachmittags wurde Rauch aus einem Ventilator bemerkt. Die sofortige Untersuchung ergab, daß im vorderen Brückendeck, wo Petroleum und Lubricating Oil lag, Feuer ausgebrochen war. Es wurden sofort Feuerlöscharbeiten in Angriff genommen. Die obere Lage der Petroleumkisten an B. B. stand in hellen Flammen. Dank der aufopfernden Tätigkeit des Kapitäns gelang es, an den Herd des Feuers zu kommen und unter erheblichen Schwierigkeiten (der Kapitän entfernte persönlich mehrere brennende Kisten) den Brand zu löschen. Inzwischen wurde hinten im Brückendeck ein anderer Feuerherd gemeldet. Dank der energischen Tätigkeit des Kapitäns wurde auch dieser Brand gelöscht.

Die Untersuchung des Brandes ergab:

Bei 18 Kisten Petroleum war das Holz weggebrannt, bei verschiedenen Tins das Lötzinn und die Verschlußkapseln geschmolzen. Deck und Ventilatoren waren beschädigt.

Die Untersuchung der Entstehung des Feuers hat keine sichere Aufklärung gegeben. Beim Verstauen ist ordnungsmäßig verfahren, geraucht ist nicht und kein offenes Licht gebrannt worden. Beschädigte Kisten sind bei der Übernahme zurückgewiesen.

Der Brandraum ist seit Verlassen des Hafens nicht geöffnet worden. Dampfleitungen kommen für die Entzündung nicht in Frage. Ventiliert und Temperatur gemessen war nicht. Kurzschluß kommt nicht in Frage. Auch nicht Selbstentzündung öligen Twists, ebenso kein Funkenflug. Die Ursache mußte daher in der Ladung selbst gesucht werden. Es mußte angenommen werden, daß infolge heftigen Arbeitens des Schiffes im Sturm durch Reibung von Holz- und Eisenteilen Funkenbildung oder Entzündung aufgetreten sei. Da der Raum nicht ventiliert war, kann eine Temperaturerhöhung im Raum eingetreten sein, die infolge Leckens einzelner Petroleumbehälter zur Entwicklung von Petroleumgasen beigetragen hat, die sich an Wärmequellen entzündet und so das Petroleum in Brand gesetzt haben.

Die Verstauung der Petroleumladung unter der Munition widersprach den Vorschriften. Die unvorschriftsmäßige Verladung hat hier eine sehr schwere Gefahr für das Schiff herbeigeführt. Wenn das Feuer später entdeckt oder nicht so schnell gelöscht wäre, so wäre voraussichtlich eine Explosion und der Untergang des Schiffes unabwendbar gewesen. Das Seeamt hat in diesem Sinne gesprochen und dabei empfohlen, daß mindestens größere Schiffe, zumal mit derartig gefährlicher Ladung, einen Rauchhelm an Bord führen.

5. Tankdampfer Geestemünde, von Hamburg (Seeamt Hamburg, 26. 3. 14).

Am 5. Januar 1914 ereignete sich im Hafen von New Orleans eine schwere Explosion im Schiff, durch welche das Schiff erheblich beschädigt, ein Heizer getötet und ein Steward schwer verletzt wurde.

Die Explosion riß das Großdeck an B. B. vom Kajütschott bis zum Pumpenraum auf, das B. B.-Rettungsboot wurde zertrümmert und auch sonst schwerer Schaden angerichtet. Die Untersuchung hat ergeben:

Das an B. B.seite auf Oberdeck entlangführende Dampfrohr war in Baton Rouge an Land zur Reparatur gewesen, und danach waren die Schutzbleche nach Einsetzen an Bord nur lose darübergelegt. Auf der Fahrt am 5. 1. war dem verunglückten Heizer der Befehl erteilt, die Schutzbleche mit Hilfe der aus dem Deck herausragenden Schraubbolzen wieder festzumachen. An einer Stelle war zum Lösen der Bleche ein Schraubbolzen abgesägt worden. Dieser sollte später ersetzt werden. An diese Arbeit hat sich ohne Wissen des Maschinisten ein Heizer gemacht, hat in der Dunkelheit das Loch zum Einsetzen der Schraube unter dem Blech nicht finden können und zum Suchen ein Streichholz benutzt, wodurch die Explosion ausgelöst wurde. Dies ist durch den mit verunglückten Zeugen erwiesen. Die Verwendung von offenem Licht war durch Aushang an Bord streng verboten, ebenso wie das Rauchen. Es hatten sich nach diesem Tatbestand im Tank leichtentzündliche Petroleumgase angesammelt, die durch das Streichholz in Brand gesetzt wurden.

Das Seeamt hat in diesem Sinne gesprochen.

6. Dampfer Bürgermeister Hachmann, von Hamburg (Seeamt Hamburg, 11. 12. 19).

Am 28. 8. 13 hat sich auf dem Dampfer im Hafen von New York in der Kistenölladung im Unterraum II eine Explosion ereignet; die Ladung ist verbrannt, der Dampfer schwer beschädigt. Die Ursache ist nicht mit Sicherheit festzustellen.

Die Schiffs- und Maschinenleitung trifft kein Verschulden. Mängel an Einrichtungen oder Ausrüstung des Schiffes sind nicht festgestellt.

Die Untersuchung hat ergeben:

Der Dampfer nahm vom 20. 8. 13 ab eine Ladung Kistenöl am Kai ein. Sie bestand aus Benzin, Motor Car Spirits, Special Refined Oil, Pen Rose Oil, White Rose Oil. Gegen Schluß der Ladung erfolgte in Raum 2 eine heftige Explosion, durch die die ganze Ladung in Brand geriet. Die Arbeiter konnten sich retten. Feuerlöschversuche mit Wasser unter Hilfe vom Land und durch Schlepper hatten wenig Erfolg. Explosionen von Ölkisten folgten in Abständen hintereinander. Hierdurch wurde das Schott zwischen Unterraum 2 und Maschinenraum undicht. Das Wasser lief in den Heizraum. Der Betrieb mußte eingestellt werden. Das Feuer griff auch trotz der Hilfe von Pumpendampfern auf andere Räume über, das Schiff mußte verlassen werden. Das Schiff ging auf Grund und erhielt starke Schlagseite.

Am 30. 8. war das Feuer gelöscht.

Zur Zeit der Anfangsexplosion wurde im Heizraum, der durch ein wasserdichtes Schott von dem Raum 2 getrennt war, bei offenen Lampen (Funzeln) mit Malarbeiten gearbeitet. Die Behauptung, daß durch Abschrauben eines Schutzbleches von der Schottwand ein Loch in dieser entstanden sei und dadurch explosive Gase in den Heizraum gelangt seien und sich an den Lampen entzündet hätten, ist von Schiffseite bestritten. Das Seeamt hat auch festgestellt, daß die Explosion sich nicht im Heizraum, sondern im Unterraum 2 ereignet hat. Es soll allerdings bei der Explosion eine Stichflamme in den Heizraum eingedrungen sein. Dies wird dadurch erklärt, daß das Schott durch die Explosion im Raum 2 stark nach dem Heizraum hin durchgebogen und undicht geworden sei. Im Schott befand sich eine Falltür zum Kohlentrimmen, diese war aber nach Aussage des I. Offiziers gut verschlossen und verschraubt. Im Heizraum hat sich, wie im ganzen Schiff, schon vor der Explosion ein starker Gasgeruch bemerkbar gemacht, was aber bei der Einnahme derartiger Ladungen eine durchaus gewöhnliche Erscheinung ist. Beschädigte Behälter wurden beim Laden zurückgewiesen, sobald vom Inhalt etwas ausgeflossen war. Immerhin war es möglich, daß Kisten mit beschädigtem Inhalt dann verladen sind, wenn sich das Ausfließen des Öls noch nicht an dem Äußeren der Holzkiste zeigte. Nach der Explosion wurde von einem Ölinspektor dem I. Offizier gesagt, daß einer der Arbeiter eine Kiste aus dem Zwischendeck in den Unterraum habe fallen lassen, und daß dadurch die Explosion herbeigeführt sei. Diese Äußerung wurde später bestritten. Der Dampfer war mit Sicherheitslampen ausgerüstet, die an Bord nur zur Prüfung des Luftinhlts geschlossener Räume benutzt wurden. 24 elektrische Batterielampen waren bestellt,, aber noch nicht geliefert.

Es besteht auch die Möglichkeit, daß entgegen dem bestehenden Verbot einer oder mehrere der italienischen Arbeiter geraucht oder daß das Feuer durch ein achtlos fortgeworfenes Streichholz oder eine Zigarette entstanden ist. Gegen die Verwendung offener Lampen zu den damals vorgenommenen Arbeiten im Heizraum hat das Seeamt nichts eingewendet. Diese Verwendung stand nicht im ursächlichen Zusammenhang mit der Explosion, da ohnehin, wenn entzündbare Gase in den Heizraum gedrungen wären, sich diese an den glühenden Schlacken hätten entzünden können.

7. Tankdampfer Sioux, von Hamburg (Seeamt Hamburg, 26. 3. 14).

Am 2. 7. 13 ist im Heizraum ein Feuer ausgebrochen, durch das ein Heizer tötlich verunglückte.

Der Unfall ist durch Platzen eines verzinkten Gasrohres, durch das Heizöl in die Heizschlange gelangt ist, entstanden. Ob das dann umherspritzende Öl oder die entweichenden Gase sich an der heißen Frontplatte oder an den bei den Manometern aufgehängten offenen Lampen entzündet habe, war nicht festzustellen.

Es ist jedenfalls als instruktionswidrig und höchst unvorsichtig festgestellt, daß im Heizraum mit offenen Lampen gearbeitet wurde.

Die Untersuchung hat den vorstehenden Tatbestand ergeben. Das Heizöl das mit 10 Atm. durch das geplatzte Gasrohr gepreßt wurde, mußte nach Platzen in feiner Verteilung umherspritzen und hat sich hierbei offenbar an der heißen Frontplatte oder den offenen Lampen entzündet. Das elektrische Licht war abgestellt, so daß die Manometer besonderer Beleuchtung bedurften. Daher waren dort zwei offene Lampen angebracht, deren Flammen völlig frei brannten.

Die Reederei des Dampfers hatte folgende Instruktion erlassen:

„Die Verwendung von Feuer und Licht an Bord hat mit größtmöglicher Vorsicht zu geschehen, und prinzipiell soll nie offenes Licht gebraucht werden.

In den Petroleum-Kompartements und in den Bunkern ist nur mit Sicherheitslampen und elektrischem Licht zu arbeiten, und es ist Sorge des Kapitäns bzw. des I. Maschinisten, daß eine genügende Anzahl davon stets an Bord ist.

Außerdem war an mehreren Stellen angeschlagen, daß das Rauchen und der Gebrauch offenen Lichts streng verboten sei.

Beim Löschen des Feuers waren Schwierigkeiten durch Anlage der Löscheinrichtungen entstanden. Diese sind später durch Umbau behoben, so sind sämtliche Bilgebleirohre, die zum Teil geschmolzen waren, durch kupferne ersetzt. Sand ist als Löschmittel für Öl an Bord vorrätig gehalten.

Die Untersuchung hat ferner ergeben, daß der Verunglückte insofern unzweckmäßig behandelt ist, als man ihm die brennenden Kleider vom Leibe riß. Die Anleitung zur Gesundheitspflege sagt hierüber:

„Wenn des Verunglückten Kleider noch brennen oder glimmen, schlage man ihn schleunigst in eine Decke oder ein schnell ausgezogenes eigenes Kleidungsstück, um durch Abschluß der Luft das Feuer zu ersticken, dann begieße man ihn mit Wasser und lösche so das Feuer vollständig.

Das Abreißen der Kleider vom Leibe hat zur Folge, daß auch die Haut vom Körper abgerissen wird und die Verletzungen dadurch verschlimmert werden."

Über die Ursache des Bruchs des Gasrohres ist nichts festgestellt.

8. Motorfischkutter Sachsen, von Swinemünde (Seeamt Stralsund 7. 6. 21).

Der Kutter ist am 22. 3. 21 auf der Fahrt zwischen Swinemünde und Warnemünde bei Arkona infolge einer Explosion untergegangen.

Die Ursache des Feuerausbruchs konnte nicht festgestellt werden. Ein Verschulden der Schiffsleitung ist nicht erwiesen. Das Verlassen des Schiffes war wegen drohender Explosion gerechtfertigt.

Die Untersuchung hat folgendes ergeben:

Der Kutter war zum Fischen in See. Der Motorraum befand sich in der Mitte, der Fischraum achtern im Boot, die Welle ging unter dem Fischraum durch. Der Benzolraum war achter dem Fischraum und von da aus durch eine geschlossene Klapptür zu erreichen. Im Fischraum haben Netze und Fischkästen gelegen, sonst nichts. Gegen Mittag stieg die Stärke des Windes auf 5—6 bei hoher See. Beim Öffnen der Achterluke zum Herausholen von Fischkästen schlugen dem Fischer Flammen und Rauch entgegen. Dieser meinte, daß sich das Feuer aus dem Motorraum, der vom Steuerstand aus nicht zu übersehen war, durch die Bilge oder durch Gase nach dem Fischraum hinübergetragen haben könne. Der Fischraum war ohne Löcher, da trocken gefischt wurde. Als das Feuer bemerkt wurde, ist der Motor gestoppt. Schließen der Luke zum Ersticken des Feuers nutzte nichts. Im Achterraum hinter dem Fischraum befanden sich 2 große, lose Kannen Benzol à 200 kg und 50 kg Öl. Außerdem war der Benzolspeisetank ziemlich gefüllt. Da das Feuer nicht zu dämpfen war und eine Explosion befürchtet wurde, ging man in das Boot. 5 Minuten nach Abstoßen flog das Hinterschiff hoch und bald darauf der Motorraum infolge Explosion des Speisetanks. Das ganze Schiff brannte jetzt und versank nach einer halben Stunde. Die Mannschaft ist gerettet.

Klasse IV. Giftige Stoffe.

Über Gifte.

Nicht nur die Stoffe dieser Klasse sind giftig, sondern auch eine Reihe anderer, in den übrigen Klassen enthaltener Stoffe sind in dieser Hinsicht als gefährlich anzusehen. Bei ihnen überwiegt aber die dort aufgeführte Eigenschaft so erheblich, daß sie der andern Gefahrklasse zugerechnet werden müssen.

Gifte können fest, flüssig oder gasförmig sein. Im allgemeinen versteht, man unter Gift einen Stoff, der durch Hineingelangen in die Säftebahn des Menschen oder Tieres schon in kleinen Mengen die Tätigkeit einzelner Organe stören und dadurch krankhafte Zustände oder den Tod herbeiführen kann. Solche Stoffe können auf verschiedene Organismen verschieden wirken. Auch sind die Gifte unter sich in ihren Wirkungen und in der Menge, in der sie als Gifte wirken, sehr verschieden. Manche wirken in geringen Mengen richtig verabreicht als Heilmittel. Ein allgemein bekanntes Beispiel ist der Alkohol, der, in mäßigen Grenzen und in richtiger Mischung mit andern Flüssigkeiten genossen, anregend, in großen Mengen und unverdünnt aber als Gift wirkt. Gleiches ist vom Tabak bekannt.

Aus der großen Zahl der Gifte sind in der Klasse IV nur wenige der gefährlicheren aufgeführt.

Die narkotischen Gifte bewirken Betäubung, Schlafsucht, Lähmung, Schlagfluß. Hierunter fallen die Blausäuren, die aus dem Zyankalium oder Zyannatrium sowie aus andern Zyanverbindungen wie Bromzyan durch Einwirkungen von gewissen Säuren leicht entstehen, und die durch Einatmen schon in sehr geringer Menge den sofortigen Tod herbeiführen kann. Auch können durch die Einwirkung giftiger Stoffe in geringer Menge starke Reizungen und Entzündungen besonders empfindlicher Organe eintreten, die zu schweren Erkrankungen führen.

Die meisten Gifte wirken lähmend auf die Nerven oder auf die Zentralorgane des Körpers (Herz, Gehirn). Diese Wirkung kann je nach der einverleibten Menge und nach der Empfindlichkeit des Körpers deutlicher oder weniger deutlich zutage treten. Das Eindringen von Giften in den Körper kann wirken vom Verdauungskanal, Magen und Darm aus, in die das Gift direkt durch den Mund mit Nahrungsmitteln oder anderweitig gelangt ist, oder es kann durch Wunden oder direkte Einwirkung auf die Haut in den Blutkreislauf gelangen. Die Wirkung kann sich äußern in Lähmung des Herzens, einzelner Muskeln, der Atmungsorgane (Lunge) oder des Bewußtseins (Gehirn). So wird z. B. durch Blausäure oder Zyankalium, sobald der Stoff in genügender Menge ins Blut gelangt, oft der Tod auf der Stelle herbeigeführt. Phosphor und andere Stoffe brauchen längere Zeit zur Wirkung und rufen in geringen Mengen schwere Entzündungen, die sehr schlecht heilen, hervor.

Die Reizung durch Gifte kann sich steigern bis zur Ätzung, dem Zerfressen der angegriffenen Organe. Hierher gehören also auch die Stoffe der Klasse V und besonders die Säuren in konzentrierter Form, auch Oxalsäure (Kleesalz), Essigsäure, Ätzlaugen (Ätzalkalien) wie Natronlauge, Kalilauge und die durch Wasser zersetzlichen Chloride.

Die Gifte können dem Mineralreich, dem Tierreich oder dem Pflanzenreich entstammen.

Sehr viele Metalle sind giftig, doch sind nicht alle für den Menschen gefährlich, wie z. B. das Silber, das sich beim Gebrauch als Eßgeschirr gar nicht löst und dadurch nicht in einer dem Menschen gefährlich werdenden Form in den Körper gelangen kann. Andere dagegen bilden leicht lösliche Verbindungen (Salze) und wirken dann in dieser Form sehr gefährlich auf den Organimus ein. Hierzu gehören insbesondere die Metallpräparate wie Quecksilberpräparate (Präzipitat, Sublimat), die Verbindungen des Kupfers (Kupfervitriol, Blaustein), des Bleis (Bleiglätte, Glätte, Massikot, Mennige, Bleifarben oder Rückstände), das Arsen (besonders flüssige oder nicht flüssige Arsenverbindungen mit Sauerstoff, arsenige Säure, Arsenik, gelbes Arsenik, rotes Arsenik, Arsensäure), das Barium (Baryt, Barythydrat), das Zink und das Chrom.

Manche Gifte rufen erst in geraumer Zeit Vergiftungserscheinungen hervor, wie z. B. Bleipräparate, die bei längerer Beschäftigung mit ihnen erst nachträglich zu schweren Erkrankungen führen.

Besonders gefährlich sind weiterhin die Gase, und von diesen wiederum diejenigen, die nicht durch Geruch oder durch das Auge von vornherein wahrgenommen werden können. Zu den leicht bemerkbaren gehört das Chlor (grünliche Dämpfe, stechender Geruch (vgl. Chlorkalk bei der Desinfektion), das Brom (rötliche Dämpfe, stinkender Geruch), das Jod (violette Dämpfe, stinkender Geruch). Diese machen schon von selbst den Aufenthalt in gefahrbringenden, vergasten Räumen unmöglich oder so unbequem, daß die Räume verlassen werden, doch darf auch vorübergehend keiner dieser Stoffe in die Atmungsorgane gelangen, da dies zu schweren Erkrankungen führen kann.

Heimtückisch gefährlich sind aber die Kohlensäure (Kohlendioxyd CO_2) und das Kohlenoxyd (CO), die sich nicht durch Geruch besonders auffällig bemerkbar machen und die bei demjenigen, der sie einatmet, schwere Schädigungen an der Gesundheit oder den Tod verursachen können. Insbesondere sei auf die Gefährlichkeit des Kohlenoxyds, das durch die Lungen in den Blutkreislauf gelangt und hier mit dem Hämoglobin, einem wichtigen Bestandteil der roten Blutkörperchen, eine Verbindung eingeht und dadurch bewirkt, daß dieses seine richtige Funktion, den Sauerstofftransport in der Blutbahn, nicht mehr ausüben kann, hingewiesen.

Das Auftreten freier Kohlensäure ist außer bei den verdichteten oder verflüssigten Gasen (I d) noch an anderer Stelle, z. B. bei der Klasse VI b, besprochen.

Das Kohlenoxyd (CO) entsteht aus der unvollkommenen Verbrennung kohlenstoffreichen Materials, z. B. der Kohle, in schlecht abziehenden Öfen, besonders in kleinen eisernen Öfen, in der Art, daß das Verbrennungsprodukt, Kohlensäure (CO_2), aus dem verbrennenden Kohlenstoff nicht abziehen kann und wegen Mangels an frisch zugeführtem Sauerstoff (O) sich in der Glühhitze des schwelenden Heizmaterials zersetzt und seinerseits Sauerstoff an den neu hinzutretenden Kohlenstoff abgibt, wodurch aus einem Molekül $CO_2 + C$ $2\,CO = 2$ Moleküle Kohlenoxyd entstehen, das wegen mangelnder Abzugsgelegenheit sich im Wohn- oder Schlafraum ausbreitet und hier Vergiftungen hervorruft. Es ist auch im Leuchtgas enthalten und bewirkt beim Einatmen die gefährlichen Vergiftungserscheinungen. Da die Kohlensäure bedeutend schwerer als die Luft ist, so wird sie sich in Räumen, die nicht bis auf den Boden gut ventiliert sind, unten in stärkerer Konzentration ansammeln und Personen, die ahnungslos hineinsteigen, vergiften. Es ist daher dort, wo die Gefahr von Kohlensäureentwicklung (auch in unbenutzten Räumen) eintreten kann, stets zweckmäßig, die Probe mit einer eingeführten brennenden Sicherheitslampe zu machen. Brennt diese trübe oder geht sie aus, so ist das Betreten des Raumes gefährlich und dieser erst vorher gründlich zu lüften. Offene Flammen sind wegen der eventuellen Bildung anderer explosiven Gasmischungen streng zu vermeiden. Kohlenoxydgas ist in feuchter Luft in geeigneter Mischung mit Luft ebenfalls explosiv.

Einer besonderen Erwähnung bedarf der Transport von Ferrosilizium (Kieseleisen, Ferrosilikon) und Ferromangansilizium, die im elektrischen Ofen hergestellt sind. Die Stoffe sind Legierungen von Eisen mit Silizium, eventuell unter Manganzusatz. Enthält die Legierung 30—70 Teile vom Hundert Silizium, so ist sie sehr gefährlich für den Seetransport. Die Stoffe werden entweder in etwa faustgroßen Stücken zerbrochen oder zu Pulver zermahlen versandt. Sie entwickeln teils in Feuchtigkeit, teils ohne besonders erkennbare Ursachen schon bei der Bewegung des Schiffes in See (Reibung und Zertrümmerung) Phosphorwasserstoff und Arsenwasserstoff. Beide Gase sind infolge ihres hohen Wasserstoffgehalts ebenso gefährlich wie dieser in Mischung mit Luft. Bei dem harten Stoff können durch Reibung leicht Funken entstehen und dadurch Knallgasexplosionen hervorgerufen werden, und zwar schon innerhalb der Packgefäße. Außerdem sind sie außerordentlich gefährlich durch ihre Giftwirkung auf Lebewesen. Auf gewisse Organe des Menschen wirken sie geradezu vernichtend. Die Gase machen sich durch einen unangenehm stinkenden, knoblauchartigen Geruch bemerkbar.

Sie haben schon mehrfach Todesfälle unter der Schiffsbesatzung verursacht, z. T. dadurch, daß sie durch undichte Schotten oder Decks in Wohn- und Schlafräume gelangten. Die Explosionsgefahr scheint stärker zu sein als die Giftgefahr, vor der man sich **bei Vorsicht** schützen kann.

Der Schiffer sei daher eindringlichst auf die Gefahren dieser Ladung hingewiesen, sowie darauf, daß er den Angaben ausländischer Ablader, die den deutschen Gesetzen gegenüber nicht verantwortlich sind, über die Ungefährlichkeit dieser Stoffe mit einer gewissen Vorsicht begegnet.

Die Stoffe sollten vor der Verschiffung mindestens 10 Tage an freier Luft unter Bedachung entlüftet worden sein.

In England sind nur Stoffe mit einem Siliziumgehalt unter 30 v. H. und über 70 v. H. zugelassen. In Norwegen gelten die Stoffe mit einem Siliziumgehalt zwischen 10—80 v. H. als gefährlich.

Das Nähere ist aus den hier beigefügten Seeamtssprüchen („Friesenland" und „Herrmann") zu ersehen.

Äußere Anzeichen eintretender Vergiftungen sind bei reizenden und ätzenden Substanzen kratzendes und schmerzhaft zusammenziehendes Gefühl im Schlunde, Druck in der Herzgegend, Übelkeit und Erbrechen, später auch Schwindelanfälle, Lähmung, Schwarzwerden vor den Augen. Betäubende Mittel rufen meist anfänglich Erregung, Herzklopfen, Unruhe, Übelkeit hervor, denen dann bei stärkerer Vergiftung Lähmungen folgen.

Gelangt das Gift direkt in das Blut, so ist die Wirkung schneller, als wenn es durch den Mund eindringt. Über die Behandlung der Vergiftung soll hier nicht gesprochen werden. Es ist Sache der Heilkunde (s. Anleitung zur Gesundheitspflege auf Kauffahrteischiffen). An dieser Stelle soll nur darauf hingewiesen werden, daß verladene Giftstoffe an Bord von jeder Berührung mit Nahrungs- und Genußmitteln sorgfältig ferngehalten werden müssen, daß sich bei dem Transport der Gefäße, insbesondere wenn solche beschädigt werden, größte Sorgfalt empfiehlt, und daß die Vorbeugung vor Vergiftung durch Vorsicht beim Umgehen mit Giftstoffen der beste Schutz ist. Werden die ersten Anzeichen einer Vergiftung bemerkt, so ist schleunigstes Eingreifen nötig. Man sollte daher auch leichtere Wunden nicht vernachlässigen.

Von den giftigen Stoffen der Klasse III ist hier noch der Holzgeist, Methylalkohol, erwähnt, der nicht für den menschlichen Genuß geeignet ist und schwere Erkrankung, Erblindung und den Tod herbeiführen kann und in vielen Fällen schon herbeigeführt hat. Absoluter, d. h. wasserfreier Äthylalkohol (Weingeist) und Fuselöle können, schon in kleineren Mengen genossen, ebenfalls sehr gesundheitsschädlich wirken.

Von den Stoffen der Klasse II ist gelber oder weißer Phosphor sehr gefährlich, namentlich ist jede Berührung mit der Haut zu vermeiden (auch nicht anfassen), während roter (amorpher Phosphor) nicht giftig ist.

Auch die Stoffe der Klasse I e sollten nicht mit der Haut in Berührung kommen, da z. B. die Metalle Natrium und Kalium sich begierig mit Wasser verbinden und solches bei längerer Berührung aus dem Organismus entnehmen und scharf ätzende Eigenschaften erhalten. Mit petroleumbefeuchteter Hand oder Löschpapier wird man sie für kurze Zeit gefahrlos anfassen können.

Von den verdichteten und verflüssigten Gasen der Klasse I d sind als giftig zu erwähnen: die Kohlensäure (s. oben), das Stickoxydul, das Ammoniak, das Chlor, die schweflige Säure, das Chlorkohlenoxyd, das Stickstofftetroxyd, als giftig und entzündlich das Azetylen, das Leucht-, Fett-, Misch- und Wassergas, das Äthan, das Grubengas und das Ölgas. Der Raum, in dem solche Stoffe etwa durch brechende Gefäße frei geworden sind, darf keinesfalls betreten werden und auch nicht mit offenem Licht in Berührung kommen.

Die Stoffe der Klasse VI a haben neben andern gefährlichen Eigenschaften ebenfalls Giftwirkungen.

Man befleißige sich daher allgemein, wenn man mit Stoffen, deren Unschädlichkeit man nicht genau kennt, an Bord zu tun hat, der größten Vorsicht, um sich vor Gesundheitsschädigungen zu schützen.

Zum Schluß sei hier noch erwähnt, daß der Schwefelwasserstoff, der sich in Bilgen aus dem Bilgewasser (faulende Stoffe) entwickeln kann und sich durch starken Geruch bemerkbar macht, in größeren Mengen giftig wirkt. Man halte daher die Bilgen sauber, was schon aus andern Gründen nötig ist.

Auch der Schwefelkohlenstoff wirkt schädlich auf die Atmungsorgane.

Beispiele aus Seeamtssprüchen:

1. Dampfer Käthe Vick, von Rostock (Seeamt Rostock, 9. 1. 11).

Am 30. 10. 10 ist auf dem Dampfer im Heizraum ein Heizer auf der Reise tot aufgefunden. Der Tod ist infolge von Kohlenoxydgas eingetreten. Nähere Umstände konnten nicht festgestellt werden.

Die Untersuchung hat ergeben:

Ein neu angemusterter Heizer, ein kräftiger Mann von gesundem Aussehen, hatte am 30. 10. 10, 4 h früh die Wache im Heizraum bezogen. Um 4 h 30 m hatte der Maschinist diesen Heizer beim Feuerreinigen getroffen und ihn gefragt, ob er das Feuer bald rein hätte. Er hatte die Antwort erhalten, er sei gleich fertig. Im Heizraum war alles in Ordnung. Eine Viertelstunde später traf ihn der Maschinist noch bei derselben Arbeit tätig, sprach aber nicht mit ihm und ging wieder in die Maschine. Nach 5 Minuten sah der Maschinist den Heizer zunächst nicht. Alle vier Feuertüren waren etwas geöffnet. Der Maschinist ging in den Heizraum und fand hier den Heizer mit dem Gesicht nach unten auf den Flurplatten, etwa 1½ m von den Feuern, liegend. Vor diesen lagen einige glühende Schlacken, die aussahen, als ob Wasser aufgegossen sei. Es machte den Eindruck, als ob der Heizer noch mehr Wasser habe holen wollen. Der Heizer war leblos, Wiederbelebungsversuche erfolglos, er wurde später seziert. Der Befund hat unzweifelhaft Tod durch Erstickung infolge Kohlenoxydgas (CO) ergeben. Nach ärztlichem Befund ist es wahrscheinlich, daß der Heizer CO eingeatmet hat, hingefallen und dann erstickt ist. Der Heizraum ist normal ventiliert. Ventilatoren bringen frische Luft herein. Der Abzug der schlechten wird durch den Schornstein und durch offene Luken an Deck bewirkt. Über Mangel an Ventilation ist nicht geklagt worden.

Nach ärztlichen Gutachten genügen geringe Mengen von CO, um zunächst eine Betäubung und, wenn nicht die Ursache alsbald beseitigt wird, den Erstickungstod herbeiführen. Ein Ausströmen von Kohlenoxydgas kann bei vollständig normalen Verhältnissen im Heizraum z. B. durch Veränderung in der Richtung des Luftzuges eintreten.

Das Seeamt hat noch die Vermutung ausgesprochen, daß die Betäubung vielleicht eingetreten ist beim Herausreißen der noch glühenden Schlacken, vielleicht auch beim Aufgießen von Wasser auf dieselben.

2. Dampfer Patriot, von Hamburg (Seeamt Stettin, 19. 3. 19).

Am 5. 11. 18 sind 2 Leichtmatrosen an Bord des Dampfers durch Gasvergiftung infolge übermäßiger Füllung des Ofens mit Kohlen und Verstopfung des Abzugsrohres verstorben. Ein Verschulden an dem Tode ist nicht festgestellt.

Die Untersuchung hat ergeben:

Am 15. 11. 18 früh beim Wecken wurden die beiden Verunglückten entkleidet in ihren Kojen im Logis leblos vorgefunden. Der Kapitän, dem der Vorfall sofort gemeldet wurde, beorderte sofort einen Sauerstoffapparat aus Stettin. Wiederbelebungsversuche hatten keinen Erfolg. Beide waren nach ärztlichem Befund an Kohlendunst gestorben und der Tod schon vor Stunden eingetreten. Der Ofen war erst im September oder Oktober 1918 gekauft. Er ist fraglos beim Heizen durch die Verstorbenen so voll geschüttet, daß das Abzugsrohr verstopft war. Ein Sachverständiger hat folgendes Urteil abgegeben:

Am Tage der Besichtigung war der Ofen aus dem Logis entfernt und im Maschinenraum zur Heizung aufgestellt. Er war nicht im Betrieb. Kohlenoxyd konnte sich nur bilden, wenn, wie der Kapitän angibt, der Ofen zu voll geschüttet war, derart, daß das Abgangsrohr sich verstopfen mußte. Die Bequemlichkeit hat hier sicher dazu geführt, daß der Ofen gewohnheitsmäßig nach Wegnahme der oberen 3 Ringe von oben vollgeschüttet wurde. Die Heiztür wird gar nicht benutzt worden sein. Die Konstruktion des Ofens erleichtert das Verstopfen insofern, als der Abzugsstutzen verhältnismäßig tief sitzt. Nachdem der Ofen bei sonst lebhaftem Feuer vollgeschüttet war und da sich vermutlich zwischen den Kohlen Grus befand, mußte das Rohr verstopfen, es mußte sich Kohlenoxyd bilden, und dies mußte durch alle Undichtigkeiten an den Ringen und Türen in das Logis treten. Eine an der Deckdurchführung befindliche ringförmige Öffnung von 1 cm Breite kann ebenfalls Rauchgase, kein Kohlenoxydgas, in das Logis durchgelassen haben. Das Seeamt hat diesen Sachverhalt als festgestellt erachtet und den Tod der beiden Leichtmatrosen auf Bildung von Kohlenoxydgasen durch Verstopfung des Abzugsrohrs zurückgeführt.

3. Motorschoner Friesenland, von Blankenese (Seeamt Hamburg, 18. 6. 20).

Am 18. 11. 16 sind auf dem Schooner im Hafen von Sarpsborg 5 Leute der Besatzung erkrankt, von denen 3 verstorben sind. Die Krankheits- bzw. Todesfälle sind auf Vergiftung der Leute durch Gase (Phosphorwasserstoff und Arsenwasserstoff) zurückzuführen, die sich in der in Holzfässern verpackten Kieseleisenladung entwickelt haben, und die durch die undichten Holzschotten in das Mannschaftslogis dringen konnten. Das Kieseleisen hätte nach der Verordnung betr. die Beförderung gefährlicher Gegenstände mit Kauffahrteischiffen vom 1. 6. 13 auf diesem Schiffe nicht verladen werden dürfen, da das Logis dem Laderaum benachbart und nicht durch ein dichtes Schott von ihm getrennt ist.

Die Untersuchung durch das Seeamt hat ergeben:

Der Schoner hatte am 17./18. 11. 20 3100 Drums Kalziumkarbid und 893 Fässer Kieseleisen geladen. Beim Wecken am 18. 11. früh wurden alle im Mannschaftslogis liegenden Leute krank vorgefunden. Es hatte Erbrechen stattgefunden, und es wurde zunächst angenommen, daß dies eine Folge von Genußmitteln war. Die Leute wurden in den Kojen belassen. Sie kamen im Laufe des Nachmittags an Deck und versuchten zu arbeiten. Sie konnten dies nicht. Auf Befragen des Kapitäns gaben sie an, am Tage vorher nur Wurst von Land genossen zu haben. Dies erklärten sie auch dem am Abend an Bord kommenden Arzt. Sie waren noch krank und schwach, hatten Magenschmerzen mit Erbrechen, Atemnot und Druck auf der Brust. 3 Leute wurden daraufhin sofort in das Landkrankenhaus übergeführt, die beiden andern sollten wegen Platzmangels erst am nächsten Tage dorthin kommen. Diese beiden Leute verstarben im Laufe der Nacht in ihren Kojen. Einer der an Land gebrachten Leute verstarb ebenfalls während der Nacht, die beiden andern erholten sich nach mehreren Tagen. Die norwegischen Behörden haben den Fall untersucht, da der Verdacht auftauchte, daß es sich nicht um eine Vergiftung durch Genuß von Wurst, sondern durch Gase aus dem Laderaum handelte. Eine Luftprobe aus dem Logis lieferte kein Ergebnis, da die Kieseleisenladung vor dem Anbordkommen der Kommission wieder gelöscht war. Es wurde aber festgestellt, daß die Wände zwischen Laderaum und Logis nur aus Holz bestanden, ebenso wie der Fußboden, und daß diese Gase durchließen. Die bakteriologische Untersuchung der Wurst hatte kein nachteiliges Ergebnis.

Der Laderaum für das Kieseleisen hatte 2 Ventilatoren (Druck- und Saug-), die bei richtiger Einschaltung die Gase zum größten Teil hätten entfernen müssen. Der Kapitän und der Steuermann, die eine Zeitlang in dem Logis zur Wache für die Kranken waren, haben keinen besonderen Gasgeruch dort wahrgenommen, nur ein Knoblauchgeruch ist festgestellt (Arsenwasserstoff).

Die Sezierung von 2 Verstorbenen stellte Vergiftung durch Stoffe fest, die durch die inneren Organe einwirkten, wie Phosphorwasserstoff oder Arsenwasserstoff. Die chemische Untersuchung stellte in einem Fall Arsen in nicht unbedeutenden Mengen fest. Phosphorwasserstoff selbst ist nicht festgestellt. Dies hat aber nicht zu besagen, daß der Verstorbene nicht der Einwirkung dieses Stoffes ausgesetzt gewesen sei, da dies Gas sehr leicht oxydiert und dann nicht nachweisbar ist. In den Teilen der beiden Verstorbenen wurde als anatomischer Befund eine starke Fettdegeneration der Muskeln nebst erweitertem Herz und wasserartigen Ansammlungen in den Lungensäcken und Lungen, ebenso Fettdegeneration der Leber und Nieren festgestellt, was nach den Sachverständigen gerade als Kennzeichen der Wirkung des Phosphorwasserstoffs anzusehen ist. Diesem hat sich der Sachverständige des Seeamts angeschlossen. Durch die Aufnahme der Gase mittels der Atmungsorgane sei eine Vergiftung des Blutes eingetreten. Diese hat die Verfettung des Herzens und der Leber herbeigeführt. Solches kann schon nach einigen Stunden eintreten. Die Feststellungen sind auch durch hamburgische Sachverständige bestätigt.

Daher wurde die Vergiftung auf die Entwicklung von Phosphorwasserstoff und Arsenwasserstoff aus der Kieseleisenladung und das Eindringen dieser Gase durch die undichten Holzschotten in den Mannschaftsraum zurückgeführt. Nach dem hamburgischen Sachverständigen trete solche Gasentwicklung schon ein, wenn die Fässer ganz ruhig ständen, wie durch Versuch festgestellt sei. Wenn die Fässer während der Verladung gerollt würden, sei es, selbst wenn sie ganz dicht seien, möglich, daß solch eine Vergiftung schon beim Verladen eintreten könnte. Es wurde angeregt, die Holzfässer, falls diese Verpackungsart beibehalten bliebe, innen und außen zu asphaltieren.

Das Seeamt hat sich diesem angeschlossen und demgemäß seinen Spruch abgegeben. Es wurde festgestellt, daß der Kapitän gegen die Verordnung über die Beförderung gefährlicher Gegenstände mit Kauffahrteischiffen verstoßen habe, eine besondere Schuld ist ihm aber nicht vom Seeamt zur Last gelegt, weil ihm die Undichtigkeit der Schotten nicht völlig klar war, weil er sich auf die Ventilatoren verlassen hat und weil nach seiner Angabe die S. B. G. auf Anfrage des Maklers die Verladung dieses Stoffes auf dem Schiffe genehmigt hat.

4. Schoner Hermann, von Hamburg (Seeamt Lübeck, 25. 1. 21).

Auf dem Schoner sind während der Reise von Christiansand nach Lübeck 2 Personen der Besatzung infolge Vergiftung durch giftige Gase erkrankt, die sich aus der Kieseleisen(Ferrosilizium)ladung entwickelten. Infolge davon ist das Schiff in Gefahr der Strandung geraten. Es war nicht richtig, daß das Schiff eine solche Ladung nahm. Diese Ladung eignet sich nur für solche Schiffe, auf denen sich die Mannschaftsräume von dem Ladungsraum fest abschließen lassen, und auf denen der Ladungsraum genügend gelüftet werden kann. Doch trifft den Schiffer und Reeder kein Verschulden.

Die Untersuchung hat ergeben:

Die Besatzung des 67,4 Reg.-Tons großen Schoners bestand aus 4 Personen. Am 18. 12. 20 verließ das Schiff Christiansand mit einer Ladung Kieseleisen in Holzfässern mit kleinen Luftlöchern zum Entweichen der Gase. Schon während des Ladens war starker Gasgeruch bemerkt. Der Kapitän, dem gesagt war, daß Leute an dergleichen Gasen gestorben seien, wandte sich nochmals an den leitenden Ingenieur der absendenden Fabrik. Dieser erklärte ihm, so gefährlich sei das nicht, er solle sich nur vorsehen und nicht bei der Ladung schlafen[1]). Daher schlief der Kapitän nicht in seiner Kajüte unter Deck. Die Mannschaftsräume lagen über Deck. Hier sind Erkrankungen nicht vorgekommen. Die Gasausströmungen machten sich aber für den Mann am Ruder bemerkbar, dessen Stand unmittelbar vor der Kajüte war. Vor der Abfahrt stellten sich beim Kapitän nach kurzem Aufenthalt in der Kajüte Kopfschmerzen

[1]) (Anmerkung des Verfassers: Nach §3 der Verordnung hat der Ablader die Verantwortung für die richtige Verpackung der Stoffe der Anlage 1. Als Ablader kann aber nur die den deutschen Gesetzesvorschriften unterworfene Persönlichkeit gelten.)

und Erbrechen ein. Am 21. 12. 20 erkrankten auf See 2 Personen, die das Ruder bedient hatten, an ähnlichen Erscheinungen. Auf der Höhe von Skagen konnte bei zunehmendem stürmischen Winde das Großsegel wegen Ausfalls dieser beiden Personen nicht mehr festgemacht werden, so daß es zerriß. Beim Anlaufen von Skagen als Nothafen geriet das Fahrzeug beinahe auf die Ostmole und mußte in sehr gefährlicher Lage ankern. Mit Hilfe dänischer Fahrzeuge gelang es, das Schiff nach Schlippen des Ankers in den Hafen zu bringen. Dort kamen die Erkrankten an Land in ärztliche Behandlung bis 28. 12. 20. Auf der weiteren Heimreise erkrankte der Kapitän noch einmal leicht. Das Gutachten des Sachverständigen besagt:

Ferrosilizium ist ein Stoff, der in Eisengießereien und Hochöfen als Zusatz zum Gußeisen verwendet wird. Es entwickelt Phosphorwasserstoff, Arsenwasserstoff, Azetylen und Siliziumwasserstoff. Die drei ersteren sind giftig, das letztere nicht. Die giftigen Gase entwickeln sich besonders unter dem Einfluß der Feuchtigkeit. Sie können bei Menschen Erkrankungen hervorrufen und tödlich wirken. Auch Explosionen sind durch Phosphorwasserstoff möglich. Die Löcher in den hölzernen Fässern sind nötig, weil sonst diese leicht platzen können. Die Gase müssen der Mannschaft ferngehalten und ins Freie geleitet werden. Diese Ladung eignet sich daher nur für Schiffe mit ausreichender Lüftungsanlage. Solche war nicht auf dem Schiffe, die Erkrankungen waren unvermeidlich, da die Gase durch die Kajüte zum Ruderstand gelangen konnten. Die Gase entwickelten sich auch hier aus der trockenen Ladung. Der Hermann war ungeeignet für die Ladung. Das Seeamt hat die Schuld dem sachkundigen Ablader und dessen für die Beladung verantwortliche Angestellte, die eine so gefährliche Ladung mit einem so wenig geeigneten Schiffe niemals hätten befördern dürfen, zugeschrieben.

Klasse V. Ätzende Stoffe.

Über Säuren, Basen, Salze.

Unter Ätzen versteht man die Einwirkung mehrerer Stoffe aufeinander derartig, daß die Substanz des einen durch den andern zerstört wird und andere Verbindungen hierbei entstehen. (Letzteres beruht auf einem der wichtigsten Naturgesetze, daß bei keiner chemischen Umsetzung Stoffe verloren werden.) Beim Ätzen ist der zerstörte Stoff in der Regel fest, der zerstörende flüssig oder gasförmig. Feste Stoffe in fester Form (nicht in Lösung) wirken chemisch kaum aufeinander. In der Klasse V sind nun die Sicherheitsvorschriften gegen unbeabsichtigte Zerstörungen an Schiff, Ladung und auch gegen Verletzungen von Personen gegeben. Wir haben es hier nur mit den stärksten Ätzmitteln, den anorganischen Säuren, Basen und einigen Verbindungen und Grundstoffen zu tun, die als Handelswaare für den Seetransport in Betracht kommen.

Zum Verständnis der Wirkung der Stoffe sei das Folgende gesagt:

Die **anorganischen Säuren** (organische hatten wir schon bei der Klasse III, z. B. Essigsäure, kennengelernt) sind Verbindungen der Nichtmetalle mit Wasserstoff (Metalloide s. Tabelle bei Klasse I e); einige enthalten auch Sauerstoff. Kennzeichnend für Säuren ist aber stets der Wasserstoff (H). Sie sind sauer. Dieser Begriff ist jedem vom Speiseessig, der eine Verdünnung der Essigsäure darstellt, bekannt. Will man mit dem Geschmack die Säure nicht feststellen, was bei starken Säuren selbstverständlich nicht geschehen darf, so kann man einen Pflanzenfarbstoff, in porösem Papier aufgesaugt, Lackmus genannt, hierzu benutzen. Blaues Lackmuspapier wird von Säuren rot gefärbt und umgekehrt wird rotes von Basen blau gefärbt (rotes Papier in Säuren gehalten und blaues Papier in Basen gehalten geben natürlich keinen Beweis für die betreffende Wirkung). Hat man nur blaues Papier und will Basen feststellen, so befeuchtet man dieses erst mit etwas Essig oder einer andern zur Hand befindlichen verdünnten Säure, bis es rot ist, danach kann man am Farbenumschlag feststellen, ob Basen vorhanden sind. Das Umgekehrte ist zur Feststellung von Säuren der Fall. Zum Blaufärben kann etwas Ammoniak (Salmiakgeist) oder ein Tropfen verdünnter Sodalösung, die an Bord leicht beschafft werden kann, dienen. Gekauftes Lackmuspapier kann sich, wenn es nicht in einem geschlossenen Gefäß aufbewahrt wird, durch äußere Einflüsse leicht entfärben.

Anorganisch = nicht organisch werden die Säuren genannt, weil sie nicht organischen Ursprungs sind, keinen Kohlenstoff enthalten. Von den aufgeführten Säuren stammen die *Schwefelsäure* von Schwefel (S), die *Salzsäure* von Chlor (Cl), so genannt, weil sich aus ihr das Koch- oder *Speisesalz* (Na Cl), im gewöhnlichen Leben kurz „Salz“ genannt, bildet, die *Salpetersäure* vom Stickstoff (N), so genannt, weil sie früher aus dem „Salpeter“, einer in der Natur vorkommenden Stickstoffverbindung, hergestellt wurde. Der Stoff ist dem Seemann als Chilesalpeter (Natronsalpeter) bekannt. Sie wird „*Scheidewasser*“ genannt, weil sie Silber löst, Gold nicht löst und daher zur Trennung (Scheidung) dieser beiden Edelmetalle benutzt wird.

Die *Flußsäure* ist eine Verbindung des Wasserstoffs (H) mit dem Grundstoff Fluor (F).

Schwefelsäure und Salpetersäure sind Flüssigkeiten, der Handelsartikel Salzsäure ist das in Wasser gelöste Chlorwasserstoffgas, die Flußsäure ist unter 19° C eine Flüssigkeit, darüber ein Gas. Alle diese Säuren sind als starke, ätzende Gifte für Lebewesen anzusehen. Sie kommen entweder in einer ihrer chemischen Molekularformel entsprechenden Zusammensetzung, die für Schwefelsäure nach der Atomgruppierung

$$S\begin{cases} O-H \\ O-H \\ O \\ O \end{cases} = H_2SO_4$$

(bestehend aus 1 Molekül SO_3 + 1 Molekül H_2O), für Salzsäure $H - Cl = HCl$, für Salpetersäure

$$N\begin{cases} O \\ O \\ O-H \end{cases} = HNO_3,$$

für Flußsäure $H - F = HF$ ist oder dieser nahekommenden Form als *konzentrierte* Säuren oder mit Zusatz von Wasser als *verdünnte* Säuren zum Versand.

Jede Säure hat die Eigenschaft, bestimmte Metalle oder andere Stoffe zu lösen und mit diesen Verbindungen einzugehen, wobei das Metall an die Stelle des Wasserstoffs tritt. Dieser entweicht bei der Umsetzung als Gas in feinen Bläschen, und es bleibt eine Verbindung, in den meisten Fällen in Lösung, zurück, die man ganz allgemein ein **Salz** nennt. Zum Beispiel Eisen (Fe) + Schwefelsäure (H_2SO_4) = schwefelsaures Eisen ($FeSO_4$) + Wasserstoff (H_2), und Natrium + Chlorwasserstoff = Na + H Cl = Na Cl (Chlornatrium) = Kochsalz + Wasserstoff (H). Am Kochsalz können wir uns leicht den Begriff einer Lösung klarmachen. Das auf unserem Eßtisch stehende „Salz" ist ein weißer, beim Zerreiben zwischen den Fingern sich körnig anfühlender fester Stoff, die gröberen Stücke leicht erkennbar von glatten, spiegelnden Flächen begrenzt (kristallinisch). Bleibt es an Bord längere Zeit an der Luft stehen, so wird es von selbst feucht, es zieht Wasser an, tut man etwas mehr Wasser hinzu, so zerfließt es darin, es löst sich, behält aber seine Eigenschaft, nämlich den salzigen Geschmack, bei. Wir haben eine Lösung eines Salzes in Wasser. Entsprechend hat man sich die Lösungen anderer Stoffe vorzustellen.

Der verschiedenen Wirkung der Säuren auf verschiedene Metalle muß das Material der Transportgefäße angepaßt werden, so darf z. B. Flußsäure nur in Blei- oder Kautschukgefäßen, da sie als Ätzmittel für Glas dient und Metalle angreift, Salpetersäure und verdünnte Schwefelsäure nur in Glas- oder Tongefäßen, die wegen ihrer leichten Zerbrechlichkeit besonderer Schutz- und Vorsichtsmaßregeln bedürfen, befördert werden. Von Schwefel- und Salpetersäure in höchster Konzentration werden einzelne reine Metalle nur so wenig angegriffen, daß ihr Transport in Tanks, die aus solchen Metallen gefertigt sind, zulässig ist. Zum Beispiel gilt fast reines (99,5 proz.) Aluminium als widerstandsfähiges Metall gegen Salpetersäure, Eisen wird von konzentrierter 53grädiger Schwefelsäure nicht angegriffen. Gemische von Schwefel- und Salpetersäure dienen als sogenanntes Nitriergemisch zur Herstellung von Sprengstoffen. Durch Behandlung mit diesem Gemisch wird den an sich ungefährlichen Stoffen, z. B. Zellulose, die uns im Holz entgegentritt, eine oder mehrere Nitrogruppen, eine Sauerstoff-Stickstoffverbindung (NO_2), chemisch verbunden, wodurch sie die Eigenschaft erhalten, innerhalb ihrer molekularen Anordnung Sauerstoff an Kohlenstoff und Wasserstoff in solcher Menge abgeben zu können, daß diese durch momentane Verbrennung als Sprengstoff wirken. Edelmetalle (Gold, Silber, Platin und dergleichen), die allgemein nicht von Säuren angegriffen werden (ausgenommen Silber von Salpetersäure), kommen der Kosten wegen nicht als Packgefäße in Betracht.

Die Säuren gehen mit den meisten Stoffen Umsetzungen ein, verändern diese also, auf Metalle wirken sie durch Ätzung, sie zerstören organische Stoffe, z. B. verkohlt Holz oder Zucker dadurch, daß konzentrierte Schwefelsäure, die sehr begierig Wasser anzieht, aus dem Kohlenstoff, Wasserstoff und sauerstoffhaltigen Verbindungen die Grundstoffe H und O, die in der Zellulose des Holzes gerade in dem Mengenverhältnis $H_2 - O$ enthalten sind, herauszieht, so daß nur der Kohlenstoff als schwarze Kohle zurückbleibt.

Die chemische Zusammensetzung der Zellulose ist $(C_6H_{10}O_5)_x$. Es entfallen danach im Molekül auf 6 C-Atome $5H_2O$. Da ein Zellulosemolekül aus mehreren solcher Grundgruppen ($C_6H_{10}O_5$) besteht, deren Anzahl man noch nicht kennt, so ist die chemische Formel in Klammern gesetzt und mit einer unbekannten Zahl x zu multiplizieren.

Kommt Schwefelsäure mit Wasser in Berührung, so geht die Mischung sehr energisch vor sich. Die Energie, die in jedem Stoffe für sich angesammelt war, ist nach der Mischung beider nicht mehr in demselben Umfange vorhanden. Der Überschuß wird bei der Vermischung abgegeben und erhitzt das Gemisch sehr schnell und hoch. Es darf daher nicht ohne Gefahr des Umherspritzens und Verbrennens Wasser *in* Schwefelsäure gegeben werden. Beim Mischen kleiner Mengen darf nur langsam Schwefelsäure *in* Wasser gegossen werden. Diese Tatsache ist für Beseitigung etwa ausgeflossener Schwefelsäure beim Verdünnen wegen der Gefahr für die Besatzung beachtenswert. Es muß mit einem stark kühlenden Überschuß von Wasser gearbeitet werden. Bei der Behandlung etwa in das Schiff ausgeflossener Säuren mit Wasser ist daran zu denken, daß sich alle Säuren mit Wasser mischen, in Röhren gelangen können, und daß Reste solcher Gemische hier zurückbleiben und zerstörend auf das Rohrmaterial oder auf den Schiffskörper wirken können. Im allgemeinen werden die Säuren auf Schiffen an Deck befördert. Da, wo eine Unterdeckbeförderung zugelassen wird, muß stets durch eine genügende Menge einer Unterlage, die von den Säuren nicht angegriffen wird oder keine schädlichen Gase entwickeln kann, dafür gesorgt werden, daß etwa ausgeflossene Säure *völlig* aufgesaugt wird, damit sie nicht im Schiff Schaden anrichten kann. Säurefeste Auskleidung von Decks (Ton, Zement, Gips) oder Unterlagen von Kieselgur, Sand *sind* hierzu zu benutzen. Asche kann mit Säuren, besonders Salzsäure, Schwefelwasserstoff (giftig, stinkend und Metall angreifend) erzeugen. Kohle kann mit konzentrierter Salpetersäure nitrose Gase (sehr giftig) erzeugen.

Es ist daher bei der Verladung besonders darauf zu achten, *welche Säurenart* verladen wird und welches Unterlagematerial für diese zulässig ist. Verdünnte Säuren, besonders Schwefelsäure, wirken auf Metalle stärker als konzentrierte, da letztere die Metalle mit einer schützenden Oxydschicht versehen. Konzentrierte oder rauchende Salpetersäure sollte wegen der Gefahr der Entwicklung giftiger Gase *nie* unter Deck verladen werden.

Die Salpetersäure entwickelt beim Heißwerden bräunliche Dämpfe, die stechend riechen, aber nicht sogleich als unangenehm empfunden werden. Diese *nitrosen Gase* entstehen auch bei Verbindungen, die die Salpetersäure mit andern Stoffen eingeht. Sie sind *außerordentlich schädlich und giftig* für Lebewesen und darum besonders gefährlich, weil sie nicht sofort wirken, sondern weil diese Wirkung erst nach einiger Zeit zu inneren Erkrankungen führen kann, die vielfach den Tod herbeiführen. Schon geringe Mengen eingeatmeter nitroser Gase, die kaum als solche empfunden sind, können schlimme Folgen haben. Es sei daher ganz besonders eindringlich davor gewarnt.

Die Konzentration einer Säure, d. i. die Größe des Wassergehalts im Vergleich zum Säuregehalt, wird nach dem *spezifischen Gewicht* bestimmt. Je mehr Wasser in der Säure ist, desto mehr nähert sich das spezifische Gewicht dem des Wassers = 1. *Konzentrierte* H_2SO_4 von 1,5 % Wassergehalt hat das spezifische Gewicht 1,836—1,84, *wasserfreie Schwefelsäure* = *festes Oleum* oder *Schwefelsäureanhydrid* auch *Schwefeltrioxyd* SO_3 ist fest. Den Bestandteil SO_3 nennt man, weil es Schwefelsäure (H_2SO_4) *ohne Wasser* (H_2O) ist, *Anhydrid* (griechisch: Hydor, das Wasser, „a" oder „an" = Verneinung = „ohne". Verbindungen *mit Wasser* heißen danach Hydrate, z. B. die vorerwähnte Zellulose $(C_6(H_2O)_5)_x$ und Zucker = $C_6(H_2O)_6$ = *Kohlenhydrate*, weil sie aus Kohlenstoff, Wasserstoff und Sauerstoff bestehen, von denen die letzten beiden Stoffe zwar im *Verhältnis* der Zusammensetzung des Wassers „H_2O", aber nicht als solches in der Verbindung vorhanden sind.

Das Schwefeltrioxyd SO_3 ist etwas flüchtig, d. h. es verdampft als fester Stoff. Es zieht begierig Wasser aus der Luft an sich, um mit diesem die Schwefelsäure H_2SO_4 zu bilden. Letztere verdampft nicht so leicht wie das SO_3, daher verdichtet sie sich, wenn sie in der Luft durch Wasseranziehung mit dem verdampften SO_3 entstanden ist, zu feinen Schwefelsäuretröpfchen (wie der Nebel), was den Anschein erweckt, als ob sie rauche. Die Schwefelsäure, die viel SO_3 gelöst enthält, wird rauchende Schwefelsäure genannt. Man muß vermeiden, derartige Nebel einzuatmen.

In Verbindung hiermit sei angeführt, daß die rote rauchende Salpetersäure eine Lösung von Stickstoffdioxyd (NO_2) in konzentrierter Salpetersäure darstellt, die einen höheren Wirkungsgrad als letztere hat. Sie stößt rotbraune und rote giftige Dämpfe aus. Sie oxydiert durch Sauerstoffabgabe an andere Stoffe noch stärker als gewöhnliche Salpetersäure und kann brennbare Stoffe zur Entzündung bringen. Sie ist daher sorgfältig von allen organischen Stoffen fernzuhalten.

Ferner sei im Anschluß hieran noch erwähnt, daß auch Salzsäure im Zusammentreffen mit Ammoniak (NH_3 oder in wäßriger Lösung NH_4OH) weiße Dämpfe entstehen läßt. Diese bestehen aus Salmiak ($NH_3 + HCl = NH_4Cl$), der schwerer flüchtig ist als jeder der beiden Ausgangsstoffe und daher nach dem Entstehen kondensiert, d. h. Nebel bildet.

Kommt Salzsäure und Salpetersäure in bestimmter Mischung zusammen, so entsteht Königswasser, das namentlich beim Erhitzen alle Metalle (auch Gold und Platin) unter Entwicklung schädlicher Dämpfe stark angreift.

Die Stärke der Säuren wird außer nach dem spezifischen Gewicht auch nach Grad Baumé (Name eines Chemikers) gemessen, einer Gradbezeichnung auf in die Flüssigkeit eintauchenden und dort schwimmenden Meßinstrumenten, die in Verbindung mit Tabellen gestattet, den Wassergehalt einer Säure in Teilen vom Hundert festzustellen. 0° zeigt reines Wasser an. Die Instrumente sind ähnlich wie die an Bord gebrauchten Salinometer. Die nachfolgende Tabelle möge einigen Aufschluß über die Prozentverhältnisse der Säuren geben:

Tabelle K.

Säure	spez. Gewicht	Grad Baumé	Prozentsatz an Säure	
Schwefelsäure				[1]) d. h. auf 100 Teile Flüssigkeit sind 9,5 Teile H_2SO_4 und 90,5 Teile Wasser vorhanden.
verdünnte	1,065	8,7	9,5 [1])	
konzentrierte	1,400	41,2	50,1	
höher konzentrierte	1,58	53,0	66,95	
höchstkonzentrierte	1,84	66,6	100	
		enthält		[2]) d. h. eine Lösung von Schwefeltrioxyd (SO_3) in H_2SO_4 raucht, weil sie begierig Wasser anzieht, das kondensiert.
Rauchende Schwefelsäure .	1,93	SO_3 30%	flüssig [2])	
= (*Oleum*)	1,98	SO_3 59%	fest	
Salpetersäure		Grad Baumé		[3]) d. h. auf 100 Teile Flüssigkeit sind 11,51 Teile HNO_3 und 88,49 Teile Wasser vorhanden. Bei *roter rauchender* Salpetersäure ist Stickstoffdioxyd NO_2 (braunes Gas) in Salpetersäure gelöst.
verdünnte	1,065	8,7	11,51 [3])	
konzentrierte	1,40	41,2	65,3	
höherkonzentrierte	1,48	46,8	86,0	
höchstkonzentrierte	1,52	49,4	100	
Salzsäure				[4]) d. h. in 100 g Flüssigkeit sind 7,15 g Chlorwasserstoffgas gelöst.
verdünnte	1,035	4,7	7,15 [4])	
konzentrierte	1,125	16,0	24,78	

Eine zweite Gruppe der ätzenden Stoffe bilden die **Ätzlaugen**. Diese entstehen durch Einwirkung von Wasser auf die Metallgruppen der Alkalien und Erdalkalien (vgl. I c). Sie sind im Gegensatz zu den Säuren — **Basen**, d. h. sie färben rotes Lackmuspapier blau und haben laugenhaften Geschmack (wie Soda). In der Ätzwirkung sind die starken Basen den starken Säuren ähnlich. In der Klasse V kommen in Betracht: Natronlauge, Sodalauge, Kalilauge, Pottaschenlauge. Diese sind wäßrige Lösungen von Salzen, und zwar des Ätznatrons oder Natriumhydroxyds (NaOH), des Ätzkalis oder Kaliumhydroxyds (KOH) oder des Ätzkalks oder Kalziumoxyds (CaO), ferner der Pottasche oder des Kaliumkarbonats = kohlensaures Kalium = K_2CO_3 und der Soda oder des Natriumkarbonats = kohlensaures Natrium = Na_2CO_3.

Die Basen enthalten die Sauerstoff-Wasserstoffgruppe [OH], Hydroxyl genannt, die für die alkalische Wirkung der Basen maßgebend ist (alkalisch, weil von Alkalien herrührend).

Der Gehalt der Laugen an Basen wird ähnlich wie bei Säuren bestimmt nach spezifischem Gewicht und Grad Baumé. Ein Beispiel genüge: 100 Gewichtsteile 50,1prozentiger Natronlauge vom spez. Gewicht 1,53 = 50° Baumé enthalten 50,1 Gewichtsteile festes Ätznatron in Wasser, bei alkoholischer Lauge, in Alkohol gelöst.

Aus Säuren und Basen entstehen ebenfalls **Salze**, und zwar vereinigen sich beide unter Wasseraustritt zu einer Metall-, Nichtmetall-, event. Sauerstoffverbindung. Da die die Säuren und Basen charakterisierenden Stoffe (H + OH) durch den Wasseraustritt entfernt sind, haben die Salze im allgemeinen weder eine **saure** noch eine **basische** Wirkung, sie haben andern Geschmack als Säuren oder Basen und färben Lackmus nicht, sie sind **neutral**, wie das Wasser H_2O, in dem die beiden Gegensätze (sauer und basisch) genau ausgeglichen sind. Die Salze werden nach den Basen in Verbindung mit Metallen benannt. Einige Beispiele werden das erläutern:

$$\begin{matrix}\text{Base} & & \text{Säure} & & \text{Salz} & & \text{Wasser}\\ NaOH & + & HCl & = & NaCl & + & H_2O,\end{matrix}$$

in Worten Natriumhydroxyd + Salzsäure = Chlornatrium + Wasser,

oder $Fe\left\langle\begin{matrix}OH\\OH\end{matrix}\right. + \left.\begin{matrix}H\\H\end{matrix}\right\rangle SO_4 = FeSO_4 + H_2O$ (aus IIwertiger (Ferro-) Eisenverbindung),

Ferrohydroxyd + Schwefelsäure = schwefelsaures Eisen (Ferrosulfat) + Wasser

oder $\left\{\begin{matrix}Fe\left\langle\begin{matrix}OH\\OH\\OH\end{matrix}\right.\\ Fe\left\langle\begin{matrix}OH\\OH\\OH\end{matrix}\right.\end{matrix}\right\} + \left\{\begin{matrix}H_2\,SO_4\\H_2\,SO_4\\H_2\,SO_4\end{matrix}\right\} = Fe_2\,(SO_4)_3 + 6H_2O$ (aus IIIwertiger (Ferri-) Eisenverbindung),

2 Ferrihydroxyd + 6 Schwefelsäure = Ferrisulfat + 6 Wasser.

Das Eisen (Fe) ist im letzteren Falle IIIwertig, bei der Schwefelsäure werden nur je 2 Iwertige H-Atome frei, daher muß das Mengenverhältnis wie oben gewählt werden, auf 2 Eisenverbindungsmoleküle — 3 Schwefelsäuremoleküle, dagegen würde sich bei der einwertigen Salpetersäure die Verbindung wie folgt abspielen: $\overset{III}{Fe}(OH)_3 + 3\overset{I}{H}NO_3 = \overset{III}{Fe}(NO_3)_3 + 3H_2O$ = salpetersaures Eisenoxyd (Ferrinitrat) und Wasser.

Verbindet sich eine *sehr starke Säure* mit einer *sehr schwachen Base*, so wird das Produkt in der Endwirkung nicht neutral sein, sondern es überwiegt noch die Wirkung des stärkeren Teils. Dies ist z. B. der Fall bei Pottaschen- (K_2CO_3) und Sodalauge (Na_2CO_3), die aus der sehr schwachen Kohlensäure $CO_2 + H_2O = H_2CO_3$ + NaOH bzw. KOH (Ätznatron und Ätzkali), die sehr starke Basen sind, entstehen. Hier überwiegt noch der sehr stark basische Einfluß, und diese Stoffe wirken alkalisch und ätzend. Ätznatron und Ätzkali kommen auch als Seifenstein und Ätzstein oder kaustische Soda an Bord vor.

Saure Salze nennt man solche Salze, bei denen nicht alle Wasserstoffatome einer Säure mit Basenhydroxyd zu Wasser verbunden sind, z. B. $\left.\begin{matrix}Na\\H\end{matrix}\right\}CO_3$, das Natriumbikarbonat oder doppeltkohlensaure Natrium. Hier ist nur ein H-Atom durch ein Na-Atom ersetzt und nur ein H_2O entstanden, durch das 2. H-Atom würde nun die Verbindung sauer sein müssen. Es tritt hier aber tatsächlich die im vorstehenden Absatz erläuterte Wirkung auf, so daß dieses saure Salz in Wirklichkeit basisch wirkt. Ein bekannteres saures Salz ist das saure, schwefligsaure Natrium $\left.\begin{matrix}Na\\H\end{matrix}\right\}SO_3$ = Natriumbisulfit (schwefligsauer = sulfit), das in der Photographie gebraucht wird.

Entsprechend spricht man bei Basen, deren [O-H]-Gruppen nicht sämtlich durch Säure-Wasserstoffatome neutralisiert sind, von **basischen Salzen**, z. B. das basische Wismutnitrat, Wismutsubnitrat $Bi\left\{\begin{matrix}OH\\OH\\NO_3\end{matrix}\right.$. In Verbindung mit andern Säureresten finden basische Wismutsalze Verwendung als Heilmittel gegen Brandwunden. Die unter V Ziffer 2 angeführte *Eisenbeize* ist ein basisches Ferrisulfat $[Fe_8(OH)_6(SO_4)_9]$, das in der Färberei als Beize zur Farbenbindung am Stoff benutzt wird. Es wirkt noch ätzend. Die Bezeichnung Beize hat aber mit dieser Ätzwirkung nichts zu tun.

Die Salze aus der Salzsäure heißen *Chloride*, die aus der Schwefelsäure *Sulfate*, die der schwefligen Säure *Sulfite*, die der Salpetersäure *Nitrate*, die der salpetrigen Säure *Nitrite*, die der Kohlensäure *Karbonate*, die der Phosphorsäure *Phosphate*.

Bei den organischen Verbindungen werden die Verbindungen, die den hier behandelten Salzen entsprechen, *Ester* genannt (s. Klasse III). Es sei hier noch erwähnt: Unter Klasse IV, 4, giftige Stoffe, ist *Zyankaliumlauge* als Gift angeführt. Diese Lauge ist die wäßrige Lösung des Salzes Zyankalium, entstanden aus Kaliumhydroxyd (*starke* Base) und der Zyanwasserstoffsäure (*sehr schwache* Säure). Das Salz wirkt (reagiert) nach dem Vorhergesagten in Lösung *alkalisch*, daher wird von Zyankalilaugen gesprochen.

Der *Ölsatz* (V3), *Rückstände aus der Ölraffinerie*, auch *Säureharz* genannt, enthält von der Reinigung der Öle her noch Schwefelsäurereste, die ätzend wirken, wenn sie auf dem Transport der Ware abtropfen.

Schließlich seien noch die unter Ziffer 5 angeführten Säurechloride erwähnt. Diese sind Verbindungen bestimmter Stoffe, wie Phosphor, Schwefel, Chrom, Antimon und anderer mit Chlor, die durch Zutritt von Wasser in eine Sauerstoffverbindung des Grundstoffs und in Salzsäure zerlegt werden. Letztere wirkt ätzend.

Die Umsetzungen, in der in diesem Abschnitte behandelten Art, wie fast allgemein in der Chemie gehen in Lösungen oder im gasförmigen Zustand vor sich. Feste Stoffe wirken kaum auf feste Stoffe.

Der Vollständigkeit halber sei hier noch erwähnt, daß Schwefelkiesabbrände (s. Klasse VI b) bei längerem Transport auf Seeschiffen durch Zutritt von Wasser ausgelaugt werden können($SO_2 + H_2O = H_2SO_3$ oxydiert zu H_2SO_4), und daß sich in den Bilgen erheblich schwefelsäurehaltige Flüssigkeit ansammeln kann, die den Schiffsboden eiserner Schiffe, wie das bereits mehrfach beobachtet ist, stark anfressen und zu Leckagen oder zum mindesten zu umfangreichen Reparaturen Anlaß geben können. Öfteres Durchspülen der Bilgen oder gänzliches Trockenhalten der Ladung und der Bilgen wird vorbeugend wirken.

Das Brom, unter normaler Temperatur eine braunrote, giftige Flüssigkeit, schwerer als Wasser (3,18). siedet bei + 63° C, entwickelt aber schon bei gewöhnlicher Temperatur schwere, braunrote Dämpfe. Es stinkt und ätzt sehr stark die Haut. Seine Dämpfe greifen die Schleimhäute stark an, daher ist es zu vermeiden, in Berührung mit Bromdämpfen zu kommen. 1 Teil Brom löst sich in 30 Teilen Wasser. Bei Zerspringen von Gefäßen mit Brom kann es daher stark verdünnt und unschädlich gemacht werden.

Beispiele aus Seeamtssprüchen:

1. Bark Shakespeare von Hamburg (Seeamt Hamburg, 29. 10. 92).

Das Leckwerden der Bark auf der Reise von Hamburg nach Buenos Aires ist durch Ausfließen von im Raum verladenen Säuren hervorgerufen, die den eisernen Schiffsboden durchfressen haben. Welche Partie der Säuren dies verursachte und wodurch die Leckage entstanden ist, hat sich nicht feststellen lassen. Es ist auch nicht festgestellt, daß jene Säuren nach der damaligen Praxis fehlerhaft verstaut waren.

Die Untersuchung hat ergeben:

Das Schiff hatte Hamburg am 1. 8. 89 mit Stückgutladung, darunter Säuren in Kisten und eisernen Fässern, verlassen. Nach fast zweimonatiger Reise bei teilweise schwerem Wetter wurde unweit der brasilianischen Küste am 30. 9. 89 ein Leck im Schiff festgestellt. Die Pumpen vermochten das Wasser nicht zu vermindern und konnten wegen Erschöpfung der Mannschaft und wegen Verstopfung nicht dauernd in Betrieb gehalten werden. Das Schiff wurde von einem deutschen Dampfer nach mehrtägigem Treiben in den Hafen von Rio de Janeiro gebracht, wo es gelang, das Schiff ins Dock zu bringen. Die Ladung war zum Teil zerschlagen. Das Wasser im Schiff war stark mit Säuren vermischt. Beim Löschen zerbrachen weiterhin angefressene Fässer mit Säuren, die starke Gasentwicklung verursachten.

Die Untersuchung im Dock ergab, daß das Schiff am B. B. mitschiffs ca. 4 cm von der Kielplatte entfernt ein Loch von 3 cm Durchmesser hatte, dessen innere Ränder die Einwirkung der Säuren, die durch einen Riß im Zement gedrungen waren, deutlich erkennen ließen. Es fanden sich noch mehrere stark angefressene Stellen, die aber noch nicht leckten, vor. Der Schaden an der Ladung war erheblich, besonders dadurch, daß die mitverladenen Waren beschädigt waren. Bei der Stauung sind schadhafte Behälter nicht übergenommen. Eine Kiste mit Säurekruken, die gegen die Bordwand schlug und leckte, wurde zurückgewiesen. Daß die Ladung, die ordnungsmäßig gestaut war, während der stürmischen Witterung losgekommen wäre, ist nicht bemerkt.

2. Schonergaliote Charlotte von Warsingsfehn (Seeamt Bremerhaven 17. 11. 94).

Die Schonergaliote ist am 19. 8. 94 auf der Reise von der Weser nach Christiania wegen starker Rauchentwicklung aus zerbrochenen Salpetersäure- und Salzsäureballons auf See von der Mannschaft verlassen, aber von einem Fischdampfer nach Geestemünde eingeschleppt worden.

Die Ladung bestand aus 350 Ballons Salzsäure und 50 Ballons Salpetersäure.

Die Untersuchung hat ergeben, daß die Verstauung nicht nach den damals gültigen Vorschriften vorgenommen war. Bei dem hohen Seegang in der Nordsee waren einige Ballons zerbrochen, und aus ihnen hatte sich in Wirkung auf das Packmaterial, Holz, Stroh und Torf ein starker Rauch entwickelt. Die Leute, die über die Natur der Säuren nichts wußten, hatten an Ausbruch eines Feuers geglaubt und daher das Schiff, als Wassereinbringen in den Raum nichts nutzte, verlassen. Die roten Dämpfe aus der Salpetersäure waren für Flammen gehalten. Die damalige Verordnung über die Beförderung gefährlicher Gegenstände war völlig unbeachtet gelassen.

3. Schoner Johanna, von Hamburg (Seeamt Flensburg, 1. 12. 13).

Auf dem Schoner ist zwischen 1. und 10. Oktober 1913 bei stürmischem Wetter auf der Reise von Bremen nach Sundsvall die Ladung, bestehend aus. Salzsäure in Flaschenkörben, teilweise zerbrochen und übergegangen.

Ob die Ursache des Zerbrechens der Behälter ihren Grund in der Stauung der Ladung oder in der Dünnwandigkeit der Flaschenhälse gehabt hat, konnte nicht mit Sicherheit festgestellt werden. Letzteres ist anzunehmen.

Die Untersuchung hat ergeben:

Die Ladung, bestehend aus 1200 Ballons Salzsäure für Sundsvall, wurde von einer Bremer Firma gestaut, die seit längerer Zeit derartige Arbeiten übernimmt. Der Schiffer hat sich auf die Firma verlassen. Jeder Ballon Säure stand in einem Weidenkorb mit 2 Griffen. Der Korb reichte bis zum Hals der Flasche und hatte oben eine Strohpolsterung. Jeder Glasballon war mit einem Zementpfropfen verschlossen, der Kopf war frei. Jeder Ballon wog 80 kg, der Inhalt 60 kg. Auf den Bauchdielen des Schiffes lag etwa 1 Fuß hoch Sand. Darauf standen die Ballons. Ihre Zwischenräume waren mit Torf ausgestopft. Auf der unteren Lage Ballons zwischen je 4 Köpfen stand eine obere Lage. Die Zwischenräume waren mit Torf und leeren Körben ausgefüllt. Nach der Bordwand zu waren Bretter zum Absteifen angebracht. Während der Fahrt hatte das Schiff grobe See und kehrte, als aus den Ventilatoren starker Rauch kam, der auf Platzen der Säureballons schließen ließ, in den Hafen von Holtenau zurück. Die Besichtigung der Ladung durch Sachverständige ergab, daß 129 Flaschen zerbrochen waren. Die ausgelaufene Säure war in die Bilge gelaufen und hatte das Schiff beschädigt, die Sandunterlage war nach B. B. hin verrutscht. Die oberen Ballons standen teilweise direkt auf den unteren Glasballons, die fast alle zerdrückt waren. Die Schalbretter, die zum Versteifen gegen die Bordwand benutzt sein sollten, fanden sich unter den Körben.

Am Schiff waren die meisten Bodenwrangen und Spanten vollständig von der Säure zerfressen. Von einigen waren nur noch der obere Rand und der mit dem Schiffsboden verbundene Teil vorhanden. Die Schäden am Schiffsboden waren sehr stark und ausgedehnt. Der Schiffsboden war, soweit er zementiert war, unbeschädigt. Die Dicke der beschädigten Glashälse war nur etwa 2 mm. Die Vorschriften über die Beförderung gefährlicher Gegenstände mit Kauffahrteischiffen hat der Schiffer nicht gekannt.

Das Gutachten der Sachverständigen hat die Verstauung der Glasballons unter Berücksichtigung ihrer Schwäche bemängelt, ferner die Sicherheitsmaßnahmen als den gesetzlichen Vorschriften nicht genügend anerkannt sowie die Verschlüsse der Ballons nicht als sicher bezeichnet, da ein Teil abgefallen war, ein Teil lose saß.

Für eine derartige Ladung hätten Längsschotten eingebaut werden müssen und besser Zwischenmaterial in der oberen Lage verwendet werden müssen. Daß der Schiffer bei Erkennen der Lage umdrehte, wurde als zweckmäßig anerkannt. Im übrigen hat das Seeamt wie oben seinen Spruch abgegeben.

Klasse VI. Sonstige gefährliche Güter.

Klasse VI a. Feste, nicht selbstentzündliche feuergefährliche Stoffe.

Über Sauerstoff abgebende Stoffe.

Der Begriff der „Salze“ wird nach den Erläuterungen im vorigen Abschnitt verständlich geworden sein. In diesem Abschnitt haben wir es mit einer Klasse von Salzen zu tun, die alle bei Erwärmung leicht Sauerstoff abgeben, daher bei chemischen Arbeiten zur Erzeugung von Sauerstoff bzw. zur Oxydation von Stoffen benutzt werden. Sie sind für sich betrachtet nicht gefährlich und auch nicht selbstentzündlich, sie brennen auch nicht ohne weiteres. Sie sind aber außerordentlich gefährlich, wenn sie mit entzündlichen oder oxydierbaren Stoffen, wie Phosphor, Schwefel, und mit organischen Stoffen, wie Zucker ($C_6H_{12}O_6$), Mehl [$(C_6H_{10}O_5)_x$] und dergleichen ganz besonders, wenn diese Stoffe fein verteilt oder pulverig sind, zusammenkommen. Im Gemisch mit letzteren bilden z. B. chlorsaure und überchlorsaure Salze Sprengstoffe (s. Klasse I a). Die Entzündung kann schon durch Reibung, wie es z. B. bei schlingerndem Schiffe in der Ladung stets vorkommt, oder durch Erhitzung ausgelöst werden. Ein Beispiel hierfür bietet die Zündmasse (Köpfchen) der schwedischen Streichhölzer, die aus Kaliumchlorat = chlorsaurem Kalium und Schwefelantimon besteht.

Mit Säuren entwickeln diese Salze zum Teil giftige Gase. Die Chlorate = chlorsaure Salze (z. B. Kaliumchlorat $KClO_3$) entwickeln Chlor und Chlordioxyd (ClO_3), letzteres mit Schwefelsäure. Dies letztere ist ein äußerst gefährliches Gas, das sich schon bei Erwärmung über 30° C unter furchtbarer Explosion zersetzt. Daher dürfen Säuren keinesfalls mit Chloraten in Berührung kommen.

Die Salze der Überchlorsäure = überchlorsaure Salze oder Perchlorate geben ebenfalls sehr leicht und verhältnismäßig viel Sauerstoff ab, sind daher in dieser Hinsicht gefährlicher wie Chlorate ($KClO_4$), sie werden aber von Säuren nicht in dem Maße wie Chlorate angegriffen, insbesondere entsteht kein Chlordioxyd (ClO_2).

Die Permanganate = Salze der Übermangansäure, entwickeln ebenfalls beim Glühen Sauerstoff, ebenso wie in angesäuerter Lösung mit andern oxydierbaren Stoffen zusammen. Ein sehr bekanntes Salz der Übermangansäure ist das Kaliumpermanganat, $KMnO_4$. Mit Salzsäure entwickelt es Chlor, im trockenen Zustande mit oxydierbaren Stoffen gemischt, explodiert es, mit Schwefelsäure entwickelt es eine leicht explosive Manganverbindung Mn_2O_7. Die Permanganate sind daher ebenfalls von organischen Stoffen und Säuren fernzuhalten.

Die bromsauren Salze (Bromate) haben sehr große Ähnlichkeit mit den Chloraten und sind ebenso zu behandeln.

Ganz besondere Vorsicht ist geboten bei der Behandlung des Bariumsuperoxyds, das schon mehrfach sehr große Seeunfälle (vgl. Volturno-Katastrophe) verursacht hat. Es wurde bisher in seinen Eigenschaften unterschätzt, auch Gutachten von Technikern stellten es noch als verhältnismäßig ungefährlich hin, doch haben die tatsächlich eingetretenen Seeunfälle (Brände und Explosionen) ein wohl gerechtfertigtes Mißtrauen gegen diesen Stoff erweckt. Die Techniker mögen nicht unrecht haben, wenn sie sagen, reines BaO_2, Bariumsuperoxyd, kann sich nicht bei Reibung ohne weiteres selbst entzünden. Bei der sehr verschiedenen Herkunft und der Verarbeitungsmethode können aber auch nur leichte Verunreinigungen in den Salzen enthalten sein, die das Verhalten derselben beeinflussen, namentlich wenn die Ware aus dem Auslande stammt. Es ist ein weißes, wasserunlösliches Pulver. Es gibt bei 700° C Sauerstoff ab und nimmt zwischen 350° und 700° bei geeigneter Behandlung Sauerstoff auf. Mit organischer Substanz gerieben und erwärmt hat es zur Entzündung dieser geführt. Wird also ein Behälter an Bord beschädigt, sei es durch das Stauen, oder durch den Druck der Ladung oder beim Arbeiten des Schiffes, so streut das Pulver aus, es kommt hier mit Holz oder anderem Packmaterial in Berührung. Bei tage- und wochenlangem Schlingern reiben sich die aneinanderliegenden Teile des Packmaterials unter dem Druck der Ladung. Es muß allmählich Erwärmung eintreten. Die Reibung wird vermehrt durch das rauhe Pulver. Dies vermischt sich innigst mit den zermahlenen Holzteilchen, und zu geeigneter Zeit flammt dieses auf. Die Erwärmung bedingt mehr Sauerstoffabgabe, das BaO_2 brennt mit andern brennbaren Stoffen je länger desto heftiger auf. Hiermit wird bei der Unterbringung dieser Stoffe an Bord gerechnet werden müssen. Abschließen des Sauerstoffs aus der Luft, also Lukenschließen, nützt hier nichts, da der Sauerstoff an Ort und Stelle entwickelt wird. Schnelle, ausgiebige Abkühlung durch viel Wasser wird gegebenenfalls, wenn rechtzeitig angewendet, helfen können. Von Säuren oder sauren Salzen, ebenso wie von oxydierenden (entzündlichen Stoffen), wie Phosphor und Schwefel, ist es sorgfältig fernzuhalten.

Sind derartige Salze durch Beschädigung eines Packgefäßes an Bord verstreut, so sind sie vorsichtig wegzufegen. Vermischen sie sich mit organischem Staub, so können sie schon durch Reibung unter eisenbeschlagenen Schuhen sich entzünden.

Beispiele aus Seeamtssprüchen:

Dampfer Kalymnos, von Hamburg (Seeamt Hamburg, 23. 12. 13). Auf dem Dampfer brach am 29. 10. 13 im Unterraum III auf der Reise zwischen Hamburg, Newcastle o. T. nach Malta Feuer aus.

Der Dampfer hatte im Kanal und in der Biskaya stürmisches Wetter gehabt und in der hohen, wilden See sehr stark gearbeitet. Eine an Deck verstaute Säureladung war teilweise zerschlagen, hatte aber anscheinend Schaden nicht angerichtet. Es mußte zeitweise beigedreht werden. Nach Abflauen arbeitete das Schiff in der Dünung noch sehr stark. Nach leichter Rauchentwicklung aus einem Ventilator entstand während der Fahrt eine starke Explosion, durch die die ganze Luke III herausgeschleudert wurde und die sofort eine starke Feuerentwicklung, die auf die Decksladung übergriff, unter sehr starker Rauchentwicklung zur Folge hatte. Die Maschine mußte verlassen werden. Es folgten weiter leichtere Explosionen unter starker Rauchentwicklung. Bei der Unmöglichkeit, des Feuers Herr zu werden, und der Gefährdung der Leute mußte das Schiff eine Zeitlang verlassen werden, konnte aber, da weitere Explosionen nicht mehr erfolgten, am Nachmittag wieder betreten werden. Es gelang dann allmählich, das Feuer etwas einzudämmen und weitere feuergefährliche Ladung auf dem Hinterschiff über Bord zu werfen. Später gelang es, die Maschine wieder in Fahrt zu setzen und das Schiff vor Vigo zu Anker zu bringen, wo der Raum III völlig unter Wasser gesetzt und das Feuer gedämpft wurde. Die Ursache des Feuers ist in einer in Newcastle genommenen Ladung von 8 Faß Bariumsuperoxyd durch Selbstentzündung zu suchen. Das chemische Staatslaboratorium zu Hamburg hat hierzu ausgeführt, daß Bariumsuperoxyd für sich zwar ganz ungefährlich sei, daß aber in Berührung mit brennbaren Stoffen, z. B. Säcken, schon bei verhältnismäßig geringer Reibung Entzündung eintrete. Da das Bariumsuperoxyd in der Hitze Sauerstoff entwickelt, so entsteht rasch ein Feuer von sehr großer Heftigkeit, sobald einmal Entzündung eingetreten ist. Wenn eins der Fässer undicht war oder bei dem starken Arbeiten des Schiffes an den Sturmtagen vor Ausbruch des Feuers undicht wurde, so hätte dies fast mit Notwendigkeit zur Entzündung führen müssen, da das Arbeiten des Schiffes in hoher See leicht genügen wird, das auf benachbarte Säcke ausgestreute Bariumsuperoxydpulver durch Reibung zur Entzündung zu bringen. Es waren unter der Bezeichnung Drogen noch andere Chemikalien im Raum verladen, deren nähere Bezeichnung aber nicht bekannt war. Das Seeamt hat in seinem Spruch dahin erkannt, daß das Feuer durch Bariumsuperoxyd entstanden sei.

2. Englischer Dampfer Volturno (Spruch der englischen Volturno-Untersuchungskommission vom 16. 1. 19).

Der Spruch führt den Verlust des Dampfers auf Feuer, das in der Ladung ausbrach und zum Verlust von Menschenleben führte, zurück.

Die Untersuchung ergab:

Der britische Dampfer Volturno für Fracht- und Reisendebeförderung verließ am 2. Oktober 1913 nach Beladung in Rotterdam mit 22 Kajüts- und 539 Zwischendeckspassagieren den Hafen nach kanadischen und nordamerikanischen Häfen. Die Besatzung betrug 93 Köpfe. Die holländische Auswanderungsbehörde hatte das Schiff kontrolliert und im Einklang mit den Gesetzen befunden.

Die Ladung bestand in Raum 1 aus Torfstreu, Strohmatten, gesalzenen Häuten, Lumpen, Teeröl in Fässern, Anilinöl in Trommeln, Bariumchlorid in Fässern und Kohlenstofftetroxyd-Chlorid in Trommeln, im Zwischendeck Nr. 1 aus Bariumoxyd in Eisenfässern, Rüböl in Fässern und Pflanzen in Kisten sowie Passagiergepäck; in Raum 2: aus Heringen, Magnesit, Zelluloid, Baumwolle, Vorräten, Strohmatten, Lumpen, Torfstreu und Wein. Die Betrachtung der Eigenart der verschiedenen Stoffe dieser Ladung ergab, daß ein Teil gänzlich unbrennbar, ein Teil leicht entzündlich und sehr brennbar (Strohmatten, Torfstreu) war. Das Rüböl und Teeröl hat einen verhältnismäßig hohen Flammpunkt, der des Anilinöls liegt über dem Flammpunkt des Testpetroleums (21° C), Zelluloid brennt sehr heftig ab, Lumpen geben dem Feuer gute Nahrung und neigen auch zur Entzündung unter gewissen Bedingungen.

Einige der Chemikalien geben Sauerstoff bei Erhitzung ab und unterstützen dadurch die Verbrennung. Das Bariumsuperoxyd hat die Eigenschaft, bei Reibung mit entzündlichen Stoffen zu zünden.

Die der Untersuchungskommission vorgeführten eisernen Packgefäße für Bariumsuperoxyd erschienen als brauchbare Behälter für den Transport dieses Gutes. Es wurde daher als wahrscheinlich angesehen, daß die Packgefäße entweder beim Laden beschädigt seien oder durch das auf der Reise heftig rollende Schiff in Bewegung geraten und dabei undicht geworden seien, obwohl dies letztere von den kontrollierenden Offizieren nicht festgestellt ist. Die Luken waren verschalkt und mit Persenningen bedeckt, sie waren aber nicht verschlossen und konnten geöffnet werden.

Vom 5. bis 8. Oktober war stürmisches Wetter mit heftiger See. Am 9. Oktober bemerkten Auswanderer über dem Raum 1 Rauch und beim Öffnen der Luke Flammen herausschlagen. Sie alarmierten das Schiff. Kurz darauf ereignete sich eine oder zwei Explosionen aus Raum 1, und die Flammen schlugen bis Masthöhe. Das Schiff wurde sofort vor den Wind gebracht. Bald darauf trat eine dritte sehr heftige Explosion ein. Dies ereignete sich, während die Löschversuche eingeleitet wurden, innerhalb von 10 Minuten. Mehrere Leute waren im vorderen Raum verbrannt. Der Kompaß wurde beschädigt und der Dampfsteuerapparat außer Tätigkeit gesetzt, so daß es schwierig war, das Schiff vor den Wind zu bringen.

Die Dampffeuerlöscheinrichtung konnte, da die Luke 1 fortgeschleudert war, im Raum 1 keinen Erfolg haben. Das Feuer breitete sich trotz aller Löschmaßnahmen sehr schnell weiter aus. Da es auf Maschinen- und Kesselräume einwirkte, fiel der Dampf, und die Pumpen mußten außer Betrieb gesetzt werden. Während dieser Vorgänge rollte das Schiff im hohen Seegang heftig. Die Heftigkeit des Feuers ließ den Versuch naheliegend erscheinen, die Passagiere und Mannschaft in den Booten zu retten. Dies mißlang zum größten Teil.

Den drahtlosen Hilferufen waren mehrere passierende Schiffe gefolgt, u. a. auch die deutschen Dampfer Graf Waldersee, Großer Kurfürst und Seydlitz, von denen sich besonders die beiden letzteren hervorragend am Rettungswerk beteiligten und eine Anzahl von Mannschaften unter sehr gefahrvollen Umständen retteten. Diese Tatsache sei, obwohl mit der vorliegenden Abhandlung nicht im Zusammenhang stehend, hier besonders erwähnt.

Als Ursache für das Feuer kamen nach Feststellung der Kommission Kurzschluß, Selbstentzündung der Lumpen oder ähnlicher Ladung, Rauchen oder der Gebrauch von Streichhölzern oder offenem Licht an verbotenen Stellen nicht in Frage. Dagegen bestand infolge des plötzlich ausbrechenden sehr heftigen Feuers hohe Wahrscheinlichkeit dafür, daß dieses durch Chemikalien verursacht war. Als solche kamen hier Barium und Strontiumnitrat, die an sich nicht entzündlich sind, aber bei Erhitzung Sauerstoff abgeben, der die Verbrennung sehr heftig macht, wenn sie auch nicht selbst die Entzündung verursachen können, ferner Bariumsuperoxyd, das außer der Sauerstoffabgabe bei Erhitzung noch die sehr gefährliche Eigenschaft hat, bei Reibung in Berührung mit brennbaren Stoffen Entzündung und Feuer zu verursachen. Ein diesbezüglicher Versuch, vor der Kommission, bei dem Bariumsuperoxydpulver auf einer hölzernen Unterlage einer mäßigen Reibung unterworfen wurde und zur Entzündung von Holzspänen führte, lieferte den Beweis für diese Annahme.

Deutscherseits ist das Bariumsuperoxyd unter Klasse VI a, Ziffer 3 der Anlage 1 zur S. F. O. aufgenommen.

Der Unfall ist in dieser Sammlung, obwohl es sich um ein ausländisches Schiff handelt und wir auch ähnliche Erfahrungen auf deutschen Schiffen gemacht haben, aufgenommen, als Beispiel für die Folgen der Unterschätzung der erst auf See eintretenden Gefahren einer unzweckmäßigen Verladung gewisser Güter.

Klasse VI b. Massengüter, die der Selbsterhitzung unterliegen.

Über Ursachen der Selbsterhitzung organischer Stoffe, ihre Selbstentzündung einschließlich der Gefahren aus Steinkohlenladungen.

Hierher gehören Ladungen, die unverpackt (Schüttladung) oder nur oberflächlich zusammengehalten (Ballen) oder in durchlässigen Packstoffen (Säcken) in größeren Mengen zur Verschiffung gelangen.

A. Kohlenladungen.

Ein großer Teil der Seeunfälle und des spurlosen Verschwindens von Seeschiffen ist auf Feuer in Kohlenladungen zurückzuführen. Die Unfallverhütungsvorschriften der S. B. G., die S. F. O. und die Denkschrift über Steinkohlenladungen geben eingehende Vorschriften und Anhaltspunkte über die Vorsichtsmaßregeln, die auf Schiffen mit solchen Ladungen zu befolgen sind. Die Wichtigkeit dieser Vorschriften kann nicht genug betont werden. Es sei daher auch an dieser Stelle darauf zurückgekommen, wobei entsprechend den andern Abschnitten auf den Ursprung der Stoffe und auf deren Umsetzungen zurückgegangen werden soll.

Die Kohlen sind aus Holzsubstanz von einer Zusammensetzung in trockenem Zustande von durchschnittlich 50 % Kohlenstoff (C), 6 % Wasserstoff (H) und 44 % Sauerstoff (O) entstanden. Nasses Holz enthält 30—50 % Feuchtigkeit. Daneben finden sich geringe Mengen von Stickstoff (N), Schwefel

(S) und bei der Verbrennung Asche gebende Bestandteile, wie Sand (Quarz), Tonerde (Aluminiumoxyd), Schwefelkies.

Bei Fäulnis an der Luft verbinden sich die Kohle bildenden Stoffe mit Sauerstoff unter Mitwirkung von Bakterien zu Wasser (H_2O) und flüchtigen Gasen (CO_2, CO, NH_3).

Bei der Vermoderung unter Luftabschluß, wie es bei der Entstehung von Kohlenbecken geschehen ist, bei denen in großen Mengen abgelagerte Sumpfpflanzen von Sand und Schlamm überdeckt wurden, treten andere Bedingungen auf. Die Grundstoffe der Holzfaser treten miteinander in Verbindung (Reaktion) und bilden Wasser (H_2O), Kohlensäure (CO_2) und Methan (CH_4), daneben auch Äthan (C_2H_6) und scheiden Wasserstoff (H_2) ab. Solche Umsetzung hat im Laufe von Jahrtausenden stattgefunden und ist bei Kohlenlagern verschiedenen Alters natürlich sehr verschieden weit fortgeschritten. Ähnliche Neubildungen haben wir noch heute in unseren Sumpf- und Moorgegenden aus kleineren Pflanzen, bei denen u. a. Methan (Sumpfgas oder Grubengas CH_4) und Schwefelwasserstoff (H_2S) entsteht.

Aus der nachstehenden Zusammensetzung der Kohlenarten verschiedenen Alters ist klar zu ersehen, daß mit zunehmendem Alter der Kohlenstoffgehalt zunimmt, während der Wasserstoffgehalt etwas, der Sauerstoffgehalt erheblich abnimmt.

Zusammensetzung der Kohlensubstanz. Tabelle L.

Typ	C	H	O	N	Bezeichnung
Trockenes Holz	50%	6%	44%	0,1—0,5%	
Torf	55—65%	5,5—7%	30—40%	1—2%	
Braunkohle	65—75%	5—6%	20—30%	1—2%	
Steinkohle	75—90%	4,5—5,5%	5—18%	0,8—15%	Trocken-Kohle, Flammkohle, Fette Kohle, {Gas-, Schmiede-, Koks-} Kohle
Anthrazit	94%	2—3%	2—3%	0,1—0,5%	Magerkohle.

Unsortierte Kohle wird „Förderkohle“ genannt, sortierte „Nußkohle“ und je nach der Stückengröße bezeichnet, ganz feine Kohle Grus.

Die nicht zur Kohle gehörigen erdigen Beimengungen verschiedener Art (schwefelsaure, kieselsaure oder Schwefel-Eisenverbindungen, die bei der Verbrennung als Asche oder Schlacke zurückbleiben, sind hierbei nicht berücksichtigt. Sie betragen etwa im Durchschnitt 5—7 % der Kohle.

Die Kohlen werden je nach der größeren oder geringeren Gasentwicklung bei Erhitzen in langflammige und kurzflammige unterschieden, je nach der Beschaffenheit des Rückstandes der Verkokung in Back-, Sinter- und Sand-Kohle. Bei der Verarbeitung der Kohle in Gasanstalten entsteht z. B. Gas (ein Gemisch verschiedener Gasarten), flüssige Bestandteile, wie Ammoniak, Teer usw., und als Rest Koks, ein ziemlich reiner Kohlenstoff.

Die Kohlen sind kein einheitlicher Stoff, sondern ein unter den Entstehungsverhältnissen und dem gewaltigen Erddruck in den Lagern aufs innigste geeintes Gemenge verschiedener Kohlenstoffverbindungen, deren Mannigfaltigkeit wir im Eingange dieses II. Teils kennengelernt hatten (vgl. Klasse III, Kohlenwasserstoffe).

Beim Seetransport von Kohlen in geschlossenen Laderäumen kann 1. die **Explosionsgefahr,** 2. die **Selbsterhitzungs- und -entzündungsgefahr** vorliegen.

Die Explosionsgefahr hat ihre Hauptursachen a) in der Absonderung des brennbaren Grubengases aus der Kohle, b) in der Anwesenheit oder im Zutritt von Luftsauerstoff zu dem Gase, c) in einer Zündung des Gemisches zu a) und b) auf irgendeinem Wege.

Fördernde Ursachen der Gasentwicklung sind: a) frisch gebrochene oder Zerkleinerung der Kohle, b) Wärmezufuhr, c) starke Luftdruckabnahme, d) starker Druck auf die Kohlen.

Im Anfang des Verkohlungsvorganges treten Wasser und Kohlensäure als Verbindungen auf, später das Methan und Äthan in geringer Menge. Der Umsetzungsprozeß spielt sich dauernd selbst in den ältesten Kohlen (Anthrazit) noch ab. Bei geförderten Kohlen allerdings unter andern äußeren Verhältnissen (Druck, Temperatur, Feuchtigkeit) als unter der Erde. Es ist daher verständlich, daß sich sowohl in den Gruben wie auch bei Transport und bei Lagerung aus den Kohlen dauernd Gase entwickeln können. Da bei jeder Kohlensorte die Entstehungsverhältnisse etwas verschieden sein können, kann auch die Neigung, Methan (Grubengas) zu entwickeln, sehr verschieden sein. Kohlen aus Gruben, in denen sich öfter schlagende Wetter, d. h. explosive Mischungen des Methan (CH_4) mit Luft ($O_2 + N_2$) zeigen, werden daher auch beim Transport und bei Lagerung in abgeschlossenen Räumen (Schiff) Anlaß zur Grubengasentwicklung geben, sei es, daß das in Spalten oder Ritzen der Kohlen eingepreßte Gas durch die Zertrümmerung von Kohlen beim Umschütten oder beim Arbeiten des Schiffes (Zerreibung), bei Temperaturerhöhung (Ausdehnung) oder bei rascher Abnahme des Luftdrucks oder bei hohem Druck auf die unteren Kohlenschichten frei wird, sei es, daß sich neues Gas aus Umsetzungen infolge von Erwärmung bildet oder abscheidet. So entwickelt z. B. Steinkohle bei Erwärmung auf 50—60° etwa 4mal mehr Gas als bei normaler Temperatur. Kohlen aus derselben Grube können ebenfalls verschiedene Eigenschaften haben.

Das Methan bildet nicht die Ursache von Erhitzung und Selbstentzündung von Kohle. Es sammelt sich, da es leichter als Luft ist und mit dieser ein leichteres Gemisch bildet, über der Kohle an, mischt sich dort weiter mit der Luft und explodiert, wenn es das richtige Mischungsverhältnis erreicht hat und mit offener Flamme in Berührung kommt (vgl. Tabelle bei Klasse I d). Daher dürfen beim Betreten von Kohlenräumen nur geprüfte, einwandfrei arbeitende und laufend kontrollierte Gruben- und Sicherheitslampen verwendet werden. Schadhafte oder fehlerhaft arbeitende Lampen können zu schweren Unfällen Anlaß geben. Die Feststellung, ob Grubengas in der Luft ist, ist an der Flamme im Innern des Drahtnetzes der Sicherheitslampe zu erkennen. (S. Denkschrift Steinkohlenladungen auf Kauffahrteischiffen. Entzündung von Schlagwettern s. unter Kapitel Explosion, 10 Sekunden lang Erwärmung auf 650° C.)

Befindet sich Kohlenstaub in der Luft fein verteilt, womit beim Einschütten trockener Kohle stets zu rechnen ist, so explodiert dieser mit, indem er in der günstigen Kohlen- und Luftsauerstoffmischung ebenfalls sehr schnell verbrennt und als Explosivstoff wirkt. Eine Grubengas- oder Kohlenstaubexplosion kann die andere nach sich ziehen oder unterstützen. Frisch geförderte und bald darauf in das Schiff gelangte Kohle neigt mehr zur Gasentwicklung als gut abgelagerte. Daher treten Schlagwetter meist bald nach der Verladung auf.

Da die explosive Gasmischung aus Ventilatoren austritt, ist größte Vorsicht mit Rauchen oder Streichhölzern auf Kohlenschiffen geboten. Unfälle haben erwiesen, daß ein in der Nähe eines Ventilators rauchender Mann Explosionen im ganzen Laderaum hervorgerufen hat.

Zum Verständnis der explosiven Gas-Luftmischungen sei hier unter Berücksichtigung des im Anfang des Teil II dieses Buches Gesagten kurz ausgeführt.

1 Mol. $CH_4 = 16$ g Gas ($C = 12$, $4\,H = 4$) nimmt bei 0^0 C und 760 mm Druck den Raum von 22,4 l ein und braucht zur völligen Verbrennung ($CO_2 + 2\,H_2O$) 4 Atome $O = 2$ Moleküle $O_2 = 2 \times 32$ g $= 2$ Mol., von denen jedes ebenfalls unter gleichen Verhältnissen 22,4 l, zusammen also 44,8 l Raum einnehmen. In der Luft macht der Sauerstoff rund den fünften Teil aus; einer Sauerstoffmenge von 44,8 l entspricht daher eine Menge von rund 224 l Luft, mithin ist überschläglich gerechnet 10 mal so viel Luft zur völligen Verbrennung des Methans nötig, als dieses Gas Raum bei 0^0 C und 760 mm Druck einnimmt.

Die Grenzen der Explosionsfähigkeit einer Methanmischung mit Luft sind bei der Klasse Id zu 5,5 bis 14 vom Hundert angegeben. Wenn danach in 100 Teilen des Gemisches 5,5 Teile Methan, 75 Teile Stickstoff und 20 Teile Sauerstoff vorhanden sind, so explodiert das Gemisch bei Zündung. Ist weniger Methan vorhanden, so genügt dieses nicht mehr, um durch seine Entzündung eine Explosionswirkung hervorzurufen, es wird lebhaft abbrennen und bei weiterer Herabsetzung der Konzentration überhaupt nicht mehr brennen. Das günstigste Verbrennungsverhältnis tritt bei 10 vom Hundert Methananteil an der Mischung ein (10 Teile Methan, 71 Teile Stickstoff, 19 Teile Sauerstoff). Hierbei ist ziemlich genau der Sauerstoff vorhanden, der zur völligen Verbrennung des Methans führt. Sind 14 Teile Methan in der Mischung, so sind noch rund 67,5 Teile Stickstoff und 18,5 Teile Sauerstoff vorhanden. Dieser Sauerstoffgehalt reicht noch eben zur Verbrennung aus, darunter schon nicht mehr. Bei nur 18 v. H. Sauerstoffanteil und darunter wird eine Verbrennung nur noch schlecht unterhalten. Eventl. tritt schon keine Zündung mehr ein. Daher mindert ausgiebige Oberflächenlüftung über Kohlenladungen die Explosionsgefahr aus Grubengasentwicklung, entfernt gleichzeitig feinste Kohlenstäubchen und kühlt die Oberfläche des Kohlenlagers bis zu gewisser Tiefe ab. Die Ansichten der Sachverständigen über die Zweckmäßigkeit der Oberflächenlüftung sind jedoch geteilt. Man hält sogar diese für gefahrbringend, da immer frische Luft zu den Kohlen zutritt und daher die Hauptquelle der Gefahr, den Sauerstoff, stets neu heranschafft. Das umgekehrte Verfahren, die Gase nur, soweit Überdruck entsteht abziehen zu lassen und im übrigen jede Luftzufuhr abzuschneiden, erscheint viel sicherer, da der Luftsauerstoff in und über der Kohle bald verbraucht ist und dann überhaupt kein Explosionsgemisch oder keine Selbsterhitzung eintreten kann.

Auf einem ganz andern Gebiete liegt die Selbsterhitzung und die Selbstentzündung der Kohlen.

Hier bestehen als Grundursachen

1. die Fähigkeit der Kohle, an frischen Bruchflächen Sauerstoff (aus der Luft) aufzunehmen, zu verdichten und sich dabei zu erwärmen,
2. Anwesenheit oder Zutritt der Luft,
3. das schlechte Wärmeableitungsvermögen der Kohlen in hohen Lagern
4. die Oxydationsfähigkeit der Kohle bei gesteigerter Temperatur

Als Nebenursachen, die die Selbsterwärmung fördern, sind zu erwähnen

1. äußere Wärmequellen,
2. feuchte Kohle, die trocken geworden ist,
3. Bildung frischer Bruchflächen durch Zertrümmerung und Zerreibung (Einstürzen, Schlingern, Stampfen),
4. kleines Korn mit großer Oberfläche (Grus),
5. hohe Lagerhöhe (Erwärmung durch Druck),
6. sehr starke und schnelle Luftdrucksteigerung, wodurch frische Luft zwischen die Kohlen gelangen kann,
7. mechanische Beimengungen, die die Kohle spalten (Schwefelkies, Gesteinsteile usw.).

Dem Schwefelkies wurde früher eine wichtige Rolle bei der Entzündung der Kohle zugesprochen. Dies trifft nicht zu. Bei gewöhnlicher Temperatur oxydiert er nicht. Er brennt allerdings, wenn die Kohle brennt, mit und bildet ätzende Stoffe, aber er ist nicht die Ursache der Entzündung. Schwefelkiesladungen entzünden sich nur, weil Kohlesubstanz dabei ist, nicht umgekehrt. Wird Schwefelkies feucht, so kann er aufquellen und die Kohle spalten. Hierdurch entstehen frische Bruchflächen, die Sauerstoff aufnehmen und sich erwärmen. Kohle und Schwefelkies haften nur durch Druck aneinander. Man würde sogar das Auftreten des Geruchs von verbranntem Schwefel als Anzeichen für unzulässige Erwärmung betrachten können.

Die Ursache der Selbsterhitzung liegt also nur in der Kohle selbst und kann auch nicht zum Brennen führen, wenn kein Sauerstoff vorhanden ist, oder wenn dieser schon aus der Luft entfernt ist, so daß nur noch Stickstoff übrigbleibt, oder wenn ein anderes ungefährliches Gas den Sauerstoffgehalt der Luft zurückgedrängt hat. Im **Fernhalten des Sauerstoffs liegt die Sicherheit von Kohlenladungen** gegen Selbstentzündung sowohl wie auch gegen Gasexplosionen. Ventilierte Kohlenräume werden bei Versagen der Ventilation, d. h. wenn bei Wind oder Kursänderung nicht mit der richtigen Stellung der Ventilatoren gefolgt wird, stets eine Gefahrquelle sein, abgesehen davon, daß durch die leichte Luftzirkulation auch immer wieder neuer Sauerstoff zwischen die Kohlen gesaugt werden kann (Pumpen der Luft bei hohem Seegang infolge schneller Druckänderung und dergleichen, starke Barometer- oder Temperaturänderungen. Abkühlen der Luft zieht sie zusammen und verursacht bei großen Luftmengen schon erhebliches Nachströmen.) Fest verschlossene Kohlenräume werden eine Gefahrquelle für Explosionen nur beim Öffnen der Luken und unvorsichtigem Umgehen mit Licht sein. Da aber Ventilation vorgeschrieben ist, muß sie benutzt werden. Es ist aber ständig für richtige Stellung der Ventilatoren zu sorgen. Tritt Luft zu Kohlen, so wird sich kleine Kohle schneller erwärmen als große, und dies im Schiff um so mehr, als sich Grus meist erst in größeren Mengen beim Einschütten bildet.

Liegt die oxydierende Kohle so, daß keine Wärmeableitung auftreten kann, so steigert sich die Wärme und damit der Oxydationsprozeß. Treten noch äußere Wärmequellen hinzu, so wird sich der Prozeß verhältnismäßig schnell steigern und ein Glimmen der Kohle meist in kleinen Nestern verursachen. Dieser Zustand kann sehr lange anhalten. Es bilden sich die Produkte, die bei der Kokerei entstehen (Gase, Teer, flüssige Produkte, brennbare Flüssigkeiten und Koks). Tritt jetzt aber mehr Luft hinzu, so entzünden sich die brennbaren Gase an der glühenden Kohle, und diese beginnt zu brennen.

Wärme wird durch Druck erzeugt. Ist die Lagerhöhe groß, so steht auf den unteren Schichten ein erheblicher Druck. Dieser kann bei Seegang wechseln. Heben des Schiffes verstärkt ihn, schnelles Senken schwächt ihn ab. So kann auch mechanische Reibung entstehen. Diese Art von Wärmeerzeugung ist nicht sehr groß, aber die Dauer der Wirkung und die Menge des Stoffes tragen immerhin zur Steigerung der Wärme bei.

Feuchtigkeit an sich schadet der Kohle nichts, dagegen ist feucht gewesene und trocken gewordene Kohle sehr empfänglich gegen Sauerstoffaufnahme. Auch kann z. B. Regen, der mit Luft, allerdings nur in einem geringen Prozentsatz, schädlich auf die Kohlenoxydation wirken. Diese Luft enthält nicht 21 % Sauerstoff wie die atmosphärische, sondern 33—34 % Sauerstoff und nur eine geringe Menge Stickstoff. Die höhere Konzentration des Sauerstoffs kann hier namentlich beim Verdunsten der Feuchtigkeit zu stärkerer Wirkung Anlaß geben.

Viel Feuchtigkeit kann nichts schaden, da sie abkühlend wirkt und zum Verdunsten der etwa erwärmten Kohle so viel Wärme entzieht, daß diese sich nicht entzünden kann.

Einzelne frisch geförderte Kohlensorten neigen außer zur Gasentwicklung besonders stark zur Sauerstoffaufnahme und Selbsterhitzung. Die Behandlung für die Reinigung, der Transport und die Lagerung im Freien werden sie wieder abkühlen. 1 g Kohle kann bis zu 32 ccm Sauerstoff und bis 11,75 ccm Stickstoff an der Oberfläche aufnehmen. Fein verteilte oder poröse Kohle nimmt mehr auf als feste größere Stücke. Poröse Kohle kann schon an der Luft durch Sauerstoffaufsaugung und Verdichtung zum Glühen gelangen.

Die Kohlen sollten nach Möglichkeit in großen Stücken verschifft werden und Grus womöglich nicht in unteren Ecken liegen bleiben.

Schlechte Wärmeleiter, wie Holzabschottungen, Bretterwände, sollten vermieden werden. Lagern auf Eisenboden und an Eisenwänden ist stets vorzuziehen. Verunreinigungen mit Holz, Faserstoffen, z. B. öligem Twist, sind streng zu vermeiden. Metalle schaden nichts, sind eher nützlich.

Erhitzung ist vielfach lokalisiert. Alle Kohlensorten ohne Ausnahme können zur Selbsterhitzung und Selbstentzündung neigen. Nachstehender Überschlag läßt erkennen, daß mit zunehmender Zerkleinerung der Stücke die Gefahr einer Oxydation zunimmt. Nehmen wir der Einfachheit halber einen Würfel von a cm Kantenlänge an, so steht die Oberfläche zum Inhalt in folgendem Verhältnis:

Tabelle M.

a =	Oberfläche (O) $6 \times a^3$	Inhalt (I) a^3	O/I	
10 cm	600 qcm	1000 ccm	3/5	Mithin: je mehr die Kohle zerkleinert wird, desto größere Oberfläche im Verhältnis zum Kerninhalt bietet sie der Einwirkung des Sauerstoffs dar, desto günstiger liegen die Verhältnisse für Oxydation, desto leichter kann das Körnchen erwärmt werden. Frisch zerkl·inerte Kohle absorbiert an der frischen Bruchfläche Sauerstoff, verdichtet diesen und erwärmt sich hierbei.
5 cm	150 qcm	125 ccm	6/5	
2 cm	24 qcm	8 ccm	3/1	
1 cm	6 qcm	1 ccm	6/1	
0,1 cm	0,06 qcm	0,001 ccm	60/1	
usw.	usw.			

Gerät eine Kohlenladung durch Sauerstoffzufuhr auf irgendeinem bekannten oder unbekannten Wege ins Glühen, so tritt zunächst bei tieferer Temperatur Oxydation des Kohlenstoffs (unvollkommene Verbrennung) zu einem Gase ein. Es entsteht Kohlenoxyd (CO), das sich, weil leichter als Luft, über der Kohle ansammelt und sich hier mit der Luft mischen kann. In genügender Menge und bei richtiger Mischung mit Sauerstoff, ähnlich wie bei Methan, entsteht ein explosives Gemisch, das sich besonders an Bord, wo stets Feuchtigkeit vorhanden ist, entzünden und explodieren kann ($CO + O = CO_2$). Es verbrennt, wenn nicht in explosiver Mischung vorhanden, mit blauer Flamme. Hieran kann man auch das Vorhandensein dieses giftigen Gases in Heizöfen feststellen. Absolut trockenes CO explodiert nicht, doch ist dieser Zustand an Bord ausgeschlossen.

Das Methan ist durch Geruch, Geschmack oder Färbung nicht zu erkennen. Im Vergleich zu Luft = 1 gesetzt, wiegt ein gleicher Raumteil nur 0,55, ist also leichter als Luft (Volumengewicht = 0,97).

Aus dem Vorgesagten geht nun hervor, daß bei glimmenden Kohlen das brennbare Gas Kohlenoxyd vorhanden ist oder sich bildet, und daß dieses sich bei Zutritt von Luft, z. B. bei Öffnen von Luken oder wenn, wie bei Stürmen oder beim Überstaggehen von Segelschiffen, eine erhöhte Luftzufuhr in die Laderäume eintreten kann, entzünden kann und mit heller Flamme aufflammt, wobei selbstverständlich auch Gas- oder Kohlenstaubexplosionen stattfinden können.

Über Löschen von Kohlenbränden an Bord soll bei der reichlichen Literatur darüber hier nicht näher gesprochen werden. Es sei in dieser Hinsicht auf die Drucksache: Bekämpfung von Schiffsbränden, von Branddirektor v. Moltke, Kiel 1914, und auf die Arbeit der Feuerschadenzentrale, Hamburg früher Zippelhaus 18, deren erster Aufsatz sich besonders mit Grubengas und Kohlenbränden an Bord beschäftigt, s. auch Zeitschrift „Hansa" 1913, Nr. 42/43, hingewiesen. Im Zusammenhang hiermit soll nur erwähnt werden, daß jeder Schiffsführer sich nach Maßgabe der ihm verfügbaren Löscheinrichtungen über das zweckmäßigste Vorgehen bei Ausbruch eines Feuers an Bord seines Schiffes jederzeit klar sein muß. Gute praktische Erfahrungen werden am sichersten zur Bewältigung eines Feuers dienen. Bedenklich ist unter Umständen wegen der Giftigkeit die Verwendung von schwefl·ger Säure (SO_2) als sauerstoffv·erdrängendes Löschmittel, da, wo Menschenleben in Gefahr kommen können. Ferner ist bei stark glühender oder brennender Kohle das Löschen mit Dampf oder geringer Wasserzufuhr gefährlich, insofern, als durch die Berührung mit glühenden Kohlenmassen Wassergas, wie es absichtlich in Fabriken zu Brennzwecken hergestellt wird, entsteht, und dies seinerseits wie Kohlenoxyd und Wasserstoff mit Luft gemischt explodieren kann. Der Kohlenstoff C + Wasser H_2O setzen sich in der Glühhitze zu CO (Kohlenoxyd) + H_2 (Wasserstoff) um. Beide sind, wie bereits besprochen, brennbar und explosiv.

Vorsicht ist ebenfalls geboten beim Einleiten von Kohlensäure (CO_2) in glühende Kohlenmassen. Hier kann das Kohlenoxydgas auf folgende Weise entstehen. Die Temperatur in den glühenden oder brennenden Kohlenmassen ist sehr hoch. Sobald der freie Sauerstoff über den Kohlen verzehrt ist und die Kohlensäure damit in Berührung kommt, wird sie vom glühenden Kohlenstoff (C) bei einer Temperatur von 1000° C und darüber zu Kohlenoxyd (CO) reduziert (s. Abschnitt „Oxydation") $CO_2 + C = 2CO$. Letzteres Gas wirkt bei Zutritt feuchter Luft explosiv. Man kann sich daher nicht wundern, wenn dicht gemachte Luken in brennenden Räumen, in die CO_2 geleitet wird, herausfliegen. Es kann auch Dampfbildung hierbei mitwirken. Durch Abschließen der Luft nach einem ausgebrochenen Kohlenbrand kann Ablöschen nicht erzielt werden, da Glühen auch ohne Sauerstoffzufuhr in Wärme isolierenden Klassen stattfindet.

Zusammengefaßt:

Glühende Kohlen + Dampf oder wenig Wasser ergeben Wassergas = H_2 + CO, beide mit Luft explosiv,
" " + CO_2 kann ergeben Kohlenoxyd = 2CO, mit Luft explosiv,
" " + Luft ($O_2 + N_2$) in mangelhafter Zufuhr kann ergeben Luftgas, auch Generatorgas genannt, = 25 % CO + 69 % N, ersteres mit Luft explosiv, letzteres unverbrennlich.

Gewärmte Kohlenmengen können durch die Kältewirkung von sich ausdehnender flüssiger CO_2 abgekühlt werden (s. Klasse I a, verflüssigte Gase).

Zur Verringerung der Gefahren der Kohlentransporte auf See wird es neben dem Vorhandensein ausreichender Feuerlöschvorrichtungen immer zweckmäßig sein, auch einer Selbsterwärmung der Kohlen durch Beobachtung aller Vorsichtsmaßregeln vorzubeugen. Auf die Vorbeugung werde ich an anderer Stelle später noch zurückkommen. Hier soll nur die Maßnahme erwähnt werden, daß man vor der Verladung die Räume sehr sorgfältig daraufhin prüft, ob nicht auf irgendeinem unbekannten Wege Luft unter oder von den Seiten zwischen die zu ladenden Kohlen gelangen kann (von oben sollen sie gelüftet werden) und solche Stellen wirksam dicht macht. So haben z. B. die Temperaturmeßrohre nach Vorschrift unten Löcher. Durch diese kann Luft von unten in die Kohlenladung gelangen, die Erhitzung der Kohlen an diesen Stellen wird sich wegen der niederen Temperatur zuströmender Luft nicht direkt am Peilrohr, sondern erst in einiger Entfernung davon bemerkbar machen, da man mit einem langsam aufsteigenden Luftstrom innerhalb der Kohlen, der Luft auf jedem möglichen Wege nachsaugt, rechnen muß. Stark Gas abgebende oder sich selbst erhitzende und dabei Sauerstoff verbrauchende Kohle wird ebenfalls Luft nach dem Innern des Kohlenhaufens nachsaugen. Beim Messen der Temperatur kommt frische Luft nachgeströmt. Die Praxis hat auch erwiesen, daß Erhitzungsherde sich meist im Innern der Ladung finden. Durch Schließen dieser Peilrohre am unteren Ende würden voraussichtlich die Temperaturmessungen nicht beeinträchtigt werden und größere Sicherheit gegen Luftzutritt in die Ladung geschaffen werden als durch Verschließen der Rohre am oberen Ende.

Da, wo es ohne Gefahr für ladende oder löschende Personen geschehen kann und wo Einrichtungen für Einlassen von CO_2 vorhanden sind, könnte vielleicht der Laderaum vor dem Laden von unten her mit der schweren CO_2 gesättigt und die Kohlen in die CO_2-Atmosphäre geschüttet werden, so daß sie dauernd darin liegen und von vornherein keine Luft zwischen die Kohle gelangen kann. Wenn auch beim Einschütten viel Kohlensäure verbraucht wird und zunächst ersetzt werden muß, so wird doch zum mindestens hierdurch der Prozent gehalt an Sauerstoff zwischen den Kohlen stark herabgemindert und damit die Ursache der Selbstoxydation zum Teil fortgenommen. Allerdings ist eine erhebliche Menge von CO_2 für dies Verfahren erforderlich und außerdem die Gefahr vorhanden, daß die Kohlensäure durch undichte Schotten in Nachbarräume gelangt. Es ist ferner zu beachten, daß solche Räume nicht betretbar sind, also daß hier ein Trimmen nicht stattfinden kann. Die Zweckmäßigkeit und Rentabilität solcher Maßnahmen muß in jedem Falle genau abgewogen werden.

Braunkohlen sind für den Seetransport gefährlicher als Briketts und diese wieder gefährlicher als Steinkohle (vgl. Beispiele hierunter).

Als einziges wirksames Mittel zur Verhütung der Schäden aus Selbsterhitzung und Selbstentzündung von Kohlenladungen erscheint das, den Zutritt von Sauerstoff in irgendwelcher Form oder Mischung zur Ladung zu unterbinden oder unwirksam zu machen.

Zusammenfassung.

I. Übersicht über die Möglichkeit der Gefahren aus Steinkohlen: Verschiedene Kohlensorten verhalten sich verschieden.

Tabelle N.

	Ursache	Wirkung
1.	Brechen der Kohle in der Grube.	Frische Bruchflächen. Sauerstoffaufnahme aus der Luft. Verdichtung an der Oberfläche und Erwärmung. Gasabgabe (Grubengas). *Schlagwettergefahr.*
	Förderung der Kohle. Sortieren, Verlesen, Waschen.	Abkühlen der Kohle. Trennen der großen Stücke vom Grus, Entgasung in frischer Luft.
	Transport auf Lagerplatz. Umtransport. Unreine Kohle wird weiter zertrümmert.	Zerkleinerung, frische Bruchflächen, Sauerstoffaufnahme. Erwärmung und gleichzeitig Wiederabkühlung der Kohle.
2.	Lagern im Freien.	Sauerstoffaufnahme bis zur Sättigung, Erwärmung und Abkühlung, Durchnässung mit Regen, der mit Luft gesättigt ist. Weiteres Zersprengen der Kohle, Verwittern (langsame Oxydation). Weitere Entgasung.
3.	**Direkter Transport** aus der Grube in das Schiff.	Sauerstoffaufnahme, Erwärmung, *keine Wärmeableitung*, **Erhitzung.** Bei Einschütten, Zertrümmerung, Sauerstoffaufnahme, Entgasung in das Schiff, **Schlagwettergefahr.** Bei Erwärmung Steigerung der Entgasung.
	Längere Lagerung im Schiff.	In hoher Lagerhöhe (über 3 m) Erhöhung des Drucks auf untere Schichten. Erwärmung an sich ungefährlich wegen geringen Betrages, steigert aber im Verein mit anderen Faktoren die unzulässige Erwärmung (Erhitzung).
	Schiffsbewegung in See.	Schlingern und Stampfen zerreibt die Kohle, frische Bruchflächen, Entstehung von Grus (kleiner Inhalt und große Oberfläche). Erwärmung.

	Ursache	Wirkung
	Nähe von Wärmequellen, heiße Gegenden.	Steigerung der Wärme von außen. Erhöhte Entgasung. Nachsaugen von Luft *zwischen* Kohle, erhöhte Oxydation, Erwärmung.
	Luftzufuhr.	Ventilation *auf Oberfläche* kühlt Kohle ab, nimmt Gase (Explosionsgefahr) fort. **Luftzutritt zwischen Kohle begünstigt Erwärmung sehr stark und ruft Glühen und Selbstentzündung hervor.**
	Wassergehalt der Kohle.	Anfeuchten mit Wasser, das wenig Sauerstoff enthält oder aufnehmen kann, z. B. kohlensäure, ammoniakhaltiges Wasser verhindert Sauerstoffzufuhr, dagegen mit Sauerstoff gesättigtes Wasser (Regen) begünstigt dies in hohem Maße. Sehr starke Feuchtigkeit verbraucht bei Selbsterwärmung der Kohle mehr Wärme, als die Kohle zuführen kann, daher nicht schädlich, solange Kohlen kühl sind.
	Trockene Kohle.	Neigt nicht so zur Selbsterwärmung wie feuchte, entzündet sich aber einmal erwärmt leichter. Erzeugt Kohlenstaub, der mit Luft explosiv sein kann.
	Beimengungen.	Schwefelkies schadet bei gewöhnlicher Temperatur nichts. Zersprengt aber bei Anwesenheit von Feuchtigkeit die Kohlen, danach frische Sauerstoffaufnahme. Andere Verunreinigungen (Steine usw.) spalten Kohlen leicht, frische Bruchflächen. Holz zerreibt und leitet Wärme schlecht. Faserstoffe verursachen eventuell Entzündung.
	Luftdruck.	Stark fallender Barometer begünstigt Entgasung und Explosionsgefahr. Steigender Barometer bringt Luftzutritt in Kohle und damit Sauerstoffzufuhr.
	Ungesättigte Kohlenwasserstoffverbindungen. Bitumengehalt. Humussäuren.	Haben zunächst auf Erwärmung keinen Einfluß. In erwärmten Kohlen zerfallen sie und wirken dadurch schädlich (Unterstützung des Brennens und der Zersetzung).
4.	Transport vom Lagerplatz mit der Bahn.	Abkühlung. Entgasung.
5.	Einladen von **abgelagerter** Kohle in das Schiff.	Die Verhältnisse liegen vor wie unter 3, nur ist die Gefahr der Entwicklung von gefährlichen Gasen in kurzer Zeit gering. Die Erhitzungsgefahr bei sorgfältiger Behandlung der Kohle (kein Zertrümmern) auch herabgesetzt. Längere Lagerung in hohen Schichten steigert letztere Gefahr.

II. Verminderung der Gefahren. Vorbeugen: Über Kohlen entlüften ist Vorschrift. Ventilatoren stets richtig stellen.

Kohlen langsam aus nicht zu großer Höhe in den Laderaum bringen, Wärmezufuhren von außen vermeiden.

Kohlen auf Metall (Eisendecks, Eisenwände) lagern (Wärmeableitung), nicht hinter durchlässigen Holzverschlägen. Luftzufuhr zwischen oder unter die Kohlen verhindern.

Nie ohne geprüfte und gut arbeitende Sicherheitslampe in den Laderaum leuchten. Jede offene Flamme streng vermeiden, auch Rauchen.

Dauernd Temperaturen nach Vorschrift kontrollieren, ohne Luft zu den Kohlen treten zu lassen. Bei starker fälliger Temperatursteigerung Grund festtellen und Ursache abstellen.

III. Löschen von Bränden: **Mit viel Wasser Brand ersäufen.** Am besten, wo möglich, Laderaum von unten her fluten, Ladung unter Wasser setzen (Wasser schadet Kohlen nichts). Die Stabilität des Schiffes kann dieser Maßnahme entgegenstehen. Dampf als Löschmittel bei Kohlen vermeiden.

Kohlensäure kann bei glühenden oder brennenden Kohlen eventuell gefährlich sein. Glühende Nester ausgraben und ablöschen.

B. Eine große Gefahrquelle für Selbstentzündung auf dem Seetransport bieten ferner die **Stoffe pflanzlichen Ursprungs (organische Stoffe)**, unter die alle unter den Ziffern 3—7 aufgeführten fallen.

Sie sind einmal durch ihre Selbsterhitzung, besonders in hohen, dicht gepackten Lagen, und sodann durch Entwicklung von gefährlichem Gas. Kohlensäure (CO_2), die man nicht ohne weiteres bemerkt, gefährlich. Beide Wirkungen haben ihren Ursprung in der Selbstoxydation und hängen somit eng zusammen. Sind die Stoffe noch fetthaltig, so wird die Gefahr erheblich erhöht, wie wir bereits bei der Klasse II gesehen hatten.

Im folgenden seien die Erscheinungen an Ladungen wie Mais- oder Reiskleie erläutert. Sie können ohne weiteres auf die andern Stoffe übertragen werden.

Als Ursachen für die Selbsterhitzung kommen, soweit bis jetzt bekannt, in Frage:

1. der Aufbau der Stoffe aus Zellulose, Stärke sowie ein Gehalt von etwa 25 % Fetten und Eiweiß in den Getreidekeimen,
2. der Zutritt des Sauerstoffs der Luft,
3. die leichte Angreifbarkeit der zermahlenen oder zerquetschten Pflanzenstoffe nach Entfernung der äußeren schützenden Hülle,
4. die Spaltung der Stoffe durch Fermente, die in ihnen selbst enthalten sind,
5. der Zutritt äußerer Feuchtigkeit,
6. der Zutritt von Bakterien, Sporen oder Keimen kleinster Organismen,
7. die schlechte Leitfähigkeit der Stoffe für Wärme,
8. das Zurückbleiben feinst verteilten porösen Kohlenstoffs in Gestalt von Kohle, die pyrophorisch wirkt (vgl. Klasse II), bei der Erhitzung und Zersetzung

Zu 1. Zellulose und Stärke besteht aus $(C_6H_{10}O_5)_x$, deren Eigenschaften wir schon kennengelernt haben. Die Eiweißstoffe, deren es viele gibt, sind im Durchschnitt aus 52 Teilen C, 7 Teilen H, 16 Teilen N, 23 Teilen O und 2 Teilen S vom Hundert zusammengesetzt. Ein Molekül ist sehr groß, so kommt z. B. die Formel für das Eiereiweiß (Albumin) folgender Zusammensetzung nahe: $C_{72}H_{112}N_{18}O_{22}S$.

Die Fette und Öle sind, wie wir schon bei Klasse III gesehen hatten, ebenfalls C + H + O-Verbindungen, Ester der Fettsäuren und Ölsäuren mit dem Alkohol: Glyzerin. So ist z. B. die Zusammensetzung eines Moleküls des Leinöls wie folgt: $C_3H_5(C_{18}H_{32}O_2)_3$ = Glyzerinrest + 3mal Leinölsäurerest, zusammen also $C_{57}H_{101}O_6$.

Es stehen mithin durchweg große Mengen leicht oxydierbarer Stoffe in leicht angreifbarer Form zur Verfügung. Aus ihnen entstehen, wie bereits vorn gesagt war, $CO_2 + H_2O$ durch Sauerstoffaufnahme, die selbsttätig erfolgt. Wie bei den Kohlen auseinandergesetzt ist, wächst mit der Abnahme der Masse eines Körnchens die dem Angriff des Sauerstoffs ausgesetzte Oberfläche. Hierdurch entsteht Wärme, die in hohen Schichten nicht abgeleitet wird.

Zu 4. In allen Pflanzenstoffen sind zugleich Fermente enthalten, das sind stickstoffhaltige, den Eiweißen nahestehende Stoffe, die die Wirkung haben, Zellulose und Eiweiß in kleinere Stücke zu spalten und andere Stoffe daraus zu bilden. Sie leiten den Umsetzungsvorgang ein und beschleunigen ihn, ohne sich selbst dabei direkt umzusetzen (Katalysatoren). Hierbei entsteht Wärme. Ihre günstigste Wirkung liegt bei etwa 35—40° C, eine Temperatur, die in Ladungen sehr leicht erreicht wird. Es gibt aber auch Fermente, die bei anderer Temperatur sehr wirksam sind.

Zu 5. Feuchtigkeit unterstützt ihre Wirkung erheblich. Feuchtigkeit kann einmal durch den Stoff selbst (Ausdünstung) frei werden oder sie kann von außen her an die Ladung gelangen.

Zu 6. Die gleiche Wirkung wie die in den Stoffen vorhandenen Fermente besitzen die Bakterien oder Sporen, die stets in der Luft sind und von außen an die Ladung gelangen. Sie erzeugen Gärung, Schimmelbildung, Sauerwerden, Verderben, Verfaulen. Alle diese Umbildungen werden durch die Wärmezufuhr noch unterstützt. Unter diesen Kleinlebewesen sind auch solche, die ohne Sauerstoff leben können, bei denen also Luftabschuß nichts nützt. Die Zersetzung der Stoffe geht auch z. T. unter Abspaltung von Sauerstoff, der sich sodann mit C oder H verbindet und wieder Wärme erzeugt, vor sich.

Zu 7. Die schlechte Leitfähigkeit der Stoffe verhindert die Ableitung der Wärme. Lüftung in ausgiebigem Maße ist in der hochgepackten Ladung nicht möglich. Es muß daher, wenn diese Vorbedingungen gegeben sind, Selbsterwärmung eintreten, besonders im Innern der Ladung. Diese kann zugleich an verschiedenen Stellen auftreten und sich so steigern, daß ein leichtes Glimmen eintritt, wobei eine Verkohlung, d. h. Abgang des Wasserstoffs, Zurückbleiben des Kohlenstoffs auftritt. Ist dies der Fall, so ist eine Ursache für weitere Erwärmung und Entzündung der Ladung gegeben.

Zu 8. Die entstandene feinporöse Kohle hat die Eigenschaft, Gase in sich einzusaugen, zu verdichten und zum Glühen zu bringen. Tritt Luftzufuhr ein, so brennt sie mit heller Flamme auf.

Solche pyrophorische Kohle entsteht besonders in Gräsern, Tabak und Mischungen von Melasse mit vegetabilischen Stoffen, auch bei Erwärmung von Erdnußkuchen, Futterkuchen, Kopra und dergleichen.

Für die Selbsterhitzung genügt schon ein kleiner Feuchtigkeitsherd. In wenig Stunden kann an feuchten Stellen schon Erhitzung eintreten, zu der an trocknen eine Zeit von Wochen und Monaten gebraucht wird.

Bei der langsamen Zersetzung kann so viel Kohlensäure entstehen und sich über der Ladung ansammeln (besonders bei Schlempe, Kleie und dergleichen Transporten), daß Verluste an Menschenleben eintreten können. Die an Kohlensäure angereicherte Luftschicht braucht nur eine geringe Höhe über der Ladung zu haben. Dies bewirkt, daß Leute, die aufrecht stehen, nicht davon berührt werden, während Leute, die sich bei der Arbeit bücken müssen, beim Atemholen bewußtlos werden.

Größte Vorsicht bei derartigen Transporten, Temperaturkontrolle, Oberflächenlüftung der Ladung vor Vornahme von Arbeiten im Raum, Kontrolle mit der Sicherheitslampe auf Vorhandensein nicht brennbarer Gase und dergleichen ist geboten.

3. Der Schwefelkies (Ziffer 8) ist hinsichtlich seiner Gefährlichkeit bereits unter VIb A. bei den Kohlen erwähnt. Auch für sich allein kann er bei unzweckmäßiger Behandlung bei Anwesenheit von Kohlensubstanz zu Bränden Anlaß geben (vgl. Seeamtsspruch „Soneck" hier hinter). Feuchtigkeit ist nach Möglichkeit fernzuhalten.

4. Ungelöschter Kalk (Ziffer 9) vgl. I e Ätzkalk. Er entwickelt mit Wasser durch Übergang in den gelöschten Kalk erhebliche Wärme und muß daher vor Feuchtigkeit bewahrt werden. Jedenfalls dürfen Stoffe, die sich leicht erhitzen oder entzünden, nicht in seiner Nähe verstaut werden, also auch nicht Stoffe der Klasse VI b.

Beispiele aus Seeamtssprüchen:

1. Schoner Glückauf von Stralsund (Seeamt Stettin, 21. 9. 12).

Am 12. 7. 12 entstand ein Brand in der Braunkohlenbrikettladung des Seglers, der auf Selbstentzündung zurückgeführt wird.

Die Untersuchung hat ergeben:

Die Briketts waren Marke „Ilse", Bergbau-Akt.-Ges., direkt mit der Bahn von der Grube zum Verschiffen gesandt. Die Ladung erfolgte sofort nach Ankunft am 9. 7. 12. Am 2. Tage wurde bereits Erhitzung bemerkt. Am 12. 7. 12 wurde Feuer in der Brikettladung festgestellt und nach Freilegung der Brandstelle gelöscht. Die Selbstentzündung wiederholte sich noch mehrere Male, so daß die Ladung entlöscht werden mußte.

Die chemische Untersuchung ergab, daß die Briketts 12,6 % Wasser und die getrocknete Substanz enthielt: Kohlenstoff (C) 61,21%, Wasserstoff (H) 5,67 %, Schwefel (Pyrit) 0,36 %, Sauerstoff (O) und Stickstoff (N) 32,76 %, auf mineralstoffreie Substanz berechnet. In 100 g der Asche (Mineralstoffe) waren enthalten: Schwefel (S) 7,53 g, Eisenoxyd 25,70 g.

Das Gutachten nimmt an, daß wegen des hohen Sauerstoff- und Wassergehalts mit Wahrscheinlichkeit Selbstentzündung der Briketts vorlag, wenn auch der Gehalt an Pyrit (flüchtigem Schwefel), dessen Vorhandensein sonst die Selbstentzündung wesentlich begünstigt, nur gering war.

Das Seeamt hat sich dem Gutachten angeschlossen und hat vor der Verladung von Briketts mit hohem Sauerstoff-, Wasser- oder Pyritgehalt gewarnt. Beim Auskommen des Brandes auf See hätte leicht der Untergang des Schiffes herbeigeführt werden können.

2. Ever Hertha, von Hamburg (Seeamt Hamburg, 1. 8. 17).

Am 27. 10. 16 sind im Hafen von Lohals der Kapitän und ein Matrose auf dem Ever durch Kohlenoxydgas erstickt, das sich in der Braunkohlenladung entwickelt hatte und in die Wohnräume gedrungen war.

Am folgenden Tage ist die Ladung und das Schiff durch Selbstentzündung in Brand geraten. Das Schiff wurde zum Löschen des Feuers unter Wasser gesetzt. Die Erfahrungen, die bei dem Ever Hertha und andern Seglern, die aus demselben Elbkahn Braunkohle geladen hatten, ergeben, daß die Vorschriften der S. B. G., die das Verladen von Preßkohlen aus Braunkohlen im heißen Zustande verbieten, auf Braunkohlen schlechthin ausgedehnt werden sollten. Vor allen Dingen sollte auch vermieden werden, Braunkohlen im feuchten Zustande zu verladen, auch sollten Holzschiffe nur dann für solche Ladungen benutzt werden dürfen, wenn sich ihre Logierräume nicht unter Deck befinden.

Die Untersuchung hat ergeben:

Der Ever hatte Ende September in Harburg eine Ladung von 60 t Braunkohle aus einem Elbkahn für Malmö übernommen. Die Braunkohle war österreichischen Ursprungs. Mit derselben Kohle waren noch 5 Segler beladen. Witterungsverhältnisse zwangen die Hertha, etwa 8 Tage auf der Reede von Lohals zu liegen. Dort lag sie neben einem andern deutschen Segler, dessen Kapitän weder vom verunglückten Kapitän der Hertha etwas über Vorhandensein von Kohlenoxydgas gehört noch selbst davon bei seiner Anwesenheit an Bord bemerkt hatte. Am 26. 10. wurde ein Matrose besinnungslos im Logis gefunden. Der Kranke wurde sofort an Land in das Krankenhaus geschafft und verstarb dort am nächsten Tage, ohne die Besinnung wiedererlangt zu haben. Als Todesursache wurde Vergiftung durch Ausdünstung von Gasen aus der Kohlenladung angenommen. Der Kapitän verbrachte trotz der Erkrankung des Matrosen die nächste Nacht wieder an Bord und brachte am 27. 10. sein Schiff in den Hafen. Wie er erzählte, hat er sich wegen der Gase fast während der ganzen Nacht an Deck aufgehalten. Der verstorbene Kapitän hat dann am Vormittag noch die Absicht geäußert, die Ladung umzuladen oder zu verkaufen. Er soll sehr aufgeregt und schwach gewesen sein. Gegen Mittag hat der vorerwähnte bekannte Kapitän den Schiffer der Hertha in der Kajüte zusammengesunken vorgefunden. Der Arzt konnte nur den Tod feststellen. In der Kajüte hat zu der Zeit ein starker Gasgeruch geherrscht. Am folgenden Morgen geriet die Ladung und das Schiff in Brand. Das Schiff wurde auf der Reede durch Anbohren unter Wasser gesetzt und gelöscht. Es ist später als Wrack verkauft.

Die Kapitäne der übrigen Schiffe, die Kohlen aus dem Elbkahn hatten, haben die gleiche Erfahrung der starken Gasentwicklung auf ihren Reisen gemacht. Auch dort sind Erkrankungen vorgekommen, durch die sie sich aber rechtzeitig haben warnen lassen und durch ausgiebige Lüftung der Wohnräume Schlimmerem vorgebeugt haben. Die Gasentwicklung sei sehr stark gewesen. Die Kohlen seien schon warm, teilweise feucht und heiß aus dem Elbkahn gekommen und hätten sich stellenweise so erhitzt, daß das Pech in den Decksnähten flüssig wurde. Auf zwei eisernen Schiffen mit wasserdichten Schotten ist in dem Wohnraum nichts von Gasen bemerkt. Die Ladung ist auch auf den andern Kähnen zum Teil dicht vor der Selbstentzündung gewesen, und ein Feuerausbruch ist nur durch Dichthalten der Luken verhindert.

Das chemische Staatslaboratorium in Hamburg hat sich gutachtlich dahin geäußert, daß über eine besondere Gefährlichkeit von Braunkohlen der hier fraglichen Herkunft (Kaisergrube der Gewerkschaft Brucher Kohlenwerke) gegenüber andern Braunkohlen dort nichts bekannt sei; Braunkohle sei aber stets leichter selbstentzündlich als Steinkohle. Auch die Gefahr der Bildung giftiger Gase bei der langsamen Oxydation sei daher wesentlich größer. Für die Verschiffung von Braunkohle sei deshalb unbedingt nötig, daß sie trocken und auf keinen Fall warm verladen werden.

Von einem andern Sachverständigen wurden die Ursachen des vorliegenden Unfalls in der großen Oxydationsfähigkeit der Braunkohle, die durch viele Bewegung der Kohle gefördert werde, erblickt, wenn dies auch wissenschaftlich noch nicht genügend erklärt sei. Die Kohle oxydiere schnell so weit, daß Entzündung eintrete. Die Kohlen hätten hier, solange es an genügendem Sauerstoff im Raum fehlte, nur geschwelt. Bei Seetransport müsse man die Kohlen vorsichtiger behandeln als beim Flußtransport, der eine bessere Oberflächenventilation gestatte. Verladung nur in eisernen Schiffen sei vorzuziehen.

Nach ärztlichem Sachverständigenurteil lag Kohlenoxydgasvergiftnug vor.

Die Gefahren des Seetransports sind darum besonders groß, weil die Seeschiffer auf kleinen Fahrzeugen kein gefahrloses Mittel haben, der Gasentwicklung abzuhelfen. Die Lukenöffnung, die an sich das beste Mittel zur Lüftung wäre, wird die Entzündung der Ladung begünstigen, da der Sauerstoff der Luft damit Zutritt zu den schwelenden Kohlen findet. Der Schiffer, der seine Luken dicht gehalten hat, hat danach recht gehandelt mit Rücksicht auf die Feuersgefahr.

3. Schoner Käthe, von Hamburg (Seeamt Stettin, 2. 11 17) Dampfer Sparta, von Stettin (Seeamt Stettin, 2. 11. 17); Dampfer Albertus, von Stettin (Seeamt Stettin, 2. 11. 17).

Auf den Schiffen sind am 8. Juli 1917, zwischen 6. und 9. Juli 1917 und zwischen 15. und 17. September 1917 verschiedene Brände in der Braunkohlenbrikettladung ausgebrochen. Diese sind wahrscheinlich durch Selbstentzündung der Briketts (Marke „Kaiser“ und „Anker“ der Gruben Neu-Wolzow und Marianne) entstanden.

Die Untersuchung hat ergeben in der Brikettladung des

	Schoner Käthe	D. Sparta	D. Albertus	
Kohlenstoff	52,00%	54,54%	60,70%	Das Seeamt hat in allen drei Fällen auf Grund des hohen Prozentsatzes von flüchtigem Schwefel (Pyrit) bei mangelhafter Ventilation, hohen Außentemperatur und Zutritt von Sauerstoff der Luft Oxydation des Schwefels und Selbstentzündung angenommen.
Wasserstoff	5,00%	4,60%	6,80%	
Schwefel, flüchtiger	0,61%	1,19%	0,41%	
Sauerstoff u. Stickstoff	34,79%	32,57%	25,07%	
Mineralstoffe	7,60%	7,10%	7,02%	
und in 100 g Mineralstoffen (Asche):				
Schwefel	7,1 g	6,06 g	11,68 g	
Eisenoxyd	24,89 g	30,1 g	34,6 g	

4. Dampfer Michael Jebsen, von Apenrade (Seeamt Flensburg, 1. 9. 10).

Am 24. 12. 03 brach auf dem Dampfer auf der Reise von Tschifu nach Amoy Feuer aus. Als Ursache wird vermutet, daß sich die in der Nähe des Schornsteins lagernde, in Strohmatten verpackte Ladung entzündet hat.

Die Ladung entstand aus Bohnen und Bohnenkuchen. Der Schornstein wurde auf der Reise infolge der schlechten Kohle (Fusan) glühend, große Feuergarben schlugen aus dem Schornstein. Die Ladung lag im Spardeck. Zwischen Schornstein und Ladung waren mindestens 3 Fuß Abstand. Das Seeamt hat angenommen, daß durch die schlechten Kohlen der Schornstein zu stark erhitzt wurde und daß dadurch die an sich nicht gefährliche Ladung sich entzündet hat.

5. Dampfer Deike Rickmers, von Hamburg (Seeamt Hamburg 4. 6. 14).

Am 16. 9. 14 entstand auf dem Dampfer eine Explosion im Heizraum, dadurch hervorgerufen, daß ein Trimmer in seinem Diensteifer, um vorzuarbeiten, entgegen dem Verbot die vom Heizraum nach dem B. B.-Zwischendecksbunker führende Luke geöffnet und durch eine brennende Lampe den entweichenden gashaltigen Kohlenstaub zur Entzündung gebracht hat. 2 Mann haben dabei den Tod gefunden.

Schiff- oder Maschinenleitung sind frei von Schuld gesprochen, Einrichtungen nicht beanstandet.

Die Untersuchung hat festgestellt, daß die Bunkerkohlen in Swansea eingenommen waren. Ein Trimmen war noch nicht erforderlich, da die Kohlen noch von selbst vor die Feuer liefen. Die Ventilation der Bunker wurde durch Schächte bewirkt. Die Schachtluken waren mit Rücksicht auf die Gashaltigkeit der Wales-Kohle offen gehalten.

Es war verboten, die Luken aus dem Zwischendecksbunker nach dem Heizraum zu öffnen, da die herabfallenden Kohlen die Leute gefährden konnten. Der verunglückte Heizer hat offenbar, um vorzuarbeiten und Kohlen vor die Feuer zu trimmen, dies Verbot übertreten. Er hat die Luke geöffnet, während er eine brennende Lampe in der Hand hielt. Hieran haben sich die aus dem Bunker strömenden Gase, die mit Kohlenstaub gemischt waren, und die mit Luft ein explosives Gemisch abgeben, entzündet, wodurch eine heftige Explosion hervorgerufen wurde. Es scheint eine sehr gas- und grusreiche Kohle vorgelegen zu haben, da sie erst 2 Tage im Bunker war.

Es hatte sich hier das Grubengas (Methan, CH_4) angesammelt, das in Mischung mit Luft (aus den Ventilationsschächten im Bunker und Heizraum) hier das leicht entzündliche explosible Gasgemisch gebildet hatte und das in seiner Wirkung durch den Kohlenstaub noch verstärkt war.

6. Dampfer Elbing I, von Elbing (Seeamt Danzig, 1. 4. 12).

Am 11. 6. 11 fand an Bord des Dampfers eine Explosion von Kohlenoxydgas (CO) statt, das sich bei der damaligen Windstille in der hinteren Rauchkammer des Kessels angesammelt hatte. Ein Heizer fand den Tod dabei. Der Besatzung ist kein Vorwurf zu machen.

Die Untersuchung hat folgendes ergeben:

Der Dampfer war bei gutem Wetter auf der Reise von Königsberg nach Ruhrort etwa bei Gjedser und dampfte den leichten östlichen Wind aus, so daß drückende Schwüle an Bord herrschte. Im Heizraum waren ca. 50° C. Ohne äußerlich erkennbare Ursache ist plötzlich unter heftigem Knall eine Explosion unter dem Kessel erfolgt, wobei Feuer und Flugasche den vor dem Kessel gebückt von unten am Rost schürenden Heizer umgab. Der Feuerstrahl kam aus dem Aschfall, die Feuertür war geschlossen.

Kessel und Maschinenanlage arbeiteten nach der Explosion weiter, der Kessel war vor Antritt der Reise untersucht und in Ordnung befunden; die Kohlen waren gut.

Der Heizer war erst vor kurzem angemustert und in diesem Dienst noch wenig erfahren.

Nach dem Gutachten des Wasserbauamts Elbing handelte es sich hier um die an sich seltene Erscheinung eines rückläufigen Zuges im Feuerraum des Kessels, wodurch heiße Asche in den Aschfall und Heizraum geblasen wurde. Als Ursache konnte in Betracht kommen, Explosivstoff unter den Kohlen, Eintritt von Wasser in den Feuerraum oder durch mangelnden Zug hervorgerufene Bildung von Kohlenoxydgas im Feuerraum, das sich bei plötzlichem Zutritt von Luft explosiv mit dem Sauerstoff der Luft zu Kohlensäure verbindet.

Das Seeamt hat sich der letzten Erklärung angeschlossen. Bei der Windstille hatte das Feuer, das offenbar nicht gut in Ordnung war, wenig oder gar keinen Zug. Hierdurch wurde nur mangelhafte Verbrennung erzeugt, so daß sich Kohlenoxydgas in großer Menge ansammelte. Durch das Schüren des Feuers von unten und das Drehen der Ventilatoren kam Luftzug durch das Feuer. Der Sauerstoff der Luft vermischte sich mit dem CO zu einem explosiven Gasgemisch, das sich entzündete und zurückschlug.

7. Bark Westfalen, von Emden (Seeamt Emden, 26. 9. 12).

Auf der Reise von Emden nach Montevideo ist die Kohlenladung (Kohlen, Koks, Briketts) in Brand geraten.

Die Untersuchung hat ergeben:

Die Kohlen stammten aus Gruben, die nicht schwefelkieshaltige Kohlen fördern. Die Ladung ist in Emden im September trocken eingenommen. Dabei sind die Vorschriften der Seeberufsgenossenschaft befolgt. Auch sind die Kohlen vorsichtig, nicht gestürzt, geladen. Sie sind ferner für die darauf gestaute Koksladung gut, mit genügend Gasabzugsraum abgedeckt. Die Temperatur in den Kohlen ist vorschriftsmäßig gemessen. Am 30. 10. 11 wurde Rauch aus der Vorluke bemerkt. Die Temperaturen waren bei den Peilrohren in der Vorluke vorn: + 20° C, hinten: 28° C, in der Großluke: 21,5° C bzw. 27,5° C, in der Achterluke: 27,5° C. Bei den letzten beiden Luken wurde kein Rauch bemerkt.

Der Feuerherd zwischen Groß- und Fockmast konnte nicht erreicht werden, da die Leute ohnmächtig wurden. Die Vorluke wurde luftdicht verschlossen.

Am 1. 12. 11 ergaben Temperaturmessungen im Großluk: über 70° C, im Vorluk: 32,5° C. Aus der Großluk drang Qualm. Am 2. 12. 11 trat leichter Rauch aus dem Fockmast; Groß- und Fockmast wurden abgedichtet. Die Kammern füllten sich mit Rauch. Das Schiff erreichte die Reede von Montevideo. Hier wurde mit Hilfe mehrerer Dampfer das Feuer gelöscht.

Das Seeamt hat Verstöße gegen Vorschriften oder gegen die Denkschrift über Steinkohlenladungen in Kauffahrteischiffen vom R. A. D. I. nicht festgestellt und auch das Verhalten auf der Reise für richtig befunden.

Der Brand ist durch Selbstentzündung eingetreten.

8. Dampfer Schleswig, von Bremen (Seeamt Bremerhaven, 9. 6. 14).

Im Hafen von Malaga sind an Bord am 19. 5. 14 4 Mann der Besatzung nacheinander im Laderaum durch Gase erstickt. Im Raum IV war in Genua am 12. 6. 14 eine Ladung Reismehl in Säcken verstaut, darüber lagen Kartoffeln in Fässern. Es sollten Kartoffeln herausgeholt werden, und zu diesem Zwecke wurde die bis dahin fest geschlossene Luke abgedeckt. Zum Anschlagen der Kartoffelfässer begab sich ein Mann in den Raum und fiel, als er sich zur Arbeit bückte, lautlos um. Ein Matrose (Str.) wurde sofort hinuntergeschickt, um dem Verunglückten zu Hilfe zu kommen. Als er sich bückte, um den Verunglückten anzuseilen, wurde er ebenfalls schwindlig und konnte nur noch „Hiev op“ rufen. Er griff krampfhaft um sich und kam dabei mit dem Arm in die Schlinge des aufgeholten Endes. Er war ebenfalls besinnungslos. Der I. Offizier, der diesen Vorfall beobachtet hatte, bemerkte, daß hier etwas in Unordnung sei, und holte Leute zur Hilfe herbei, währenddessen waren noch mehrere Leute in den Raum gestiegen und umgefallen, bevor noch der Rauchhelm durch den damit beauftragten Offizier zur Stelle war. Einzelne konnten sich noch wieder an die frische Luft retten, während 4 Leute im Raum erstickt waren. Der Matrose Str. ging danach trotz seines Unfalls nochmals mit dem Rauchhelm nach unten und beförderte die Verunglückten an Deck, wo von dem inzwischen eingetroffenen Arzt Wiederbelebungsversuche gemacht wurden. Der Raum wurde danach durch Windsäcke bis auf die Ladung gut ventiliert, so daß ihm eine Luftprobe nicht mehr entnommen werden konnte. Die Ladung Reismehl wurde danach entlöscht.

Chemische Sachverständige haben eine Luftprobe aus einem Raume mit gleicher Ladung geprüft und 70 % Kohlensäure (CO_2) im Raum festgestellt.

Das Gutachten hat festgestellt, daß das lagernde Reismehl in dem nicht ventilierten Raum eine langsame Erhitzung und darauf folgende Erzeugung von Kohlensäure in großer Menge bewirkt hat, die wegen ihrer größeren Dichte als die der Luft und wegen des vollständigen Fehlens von Ventilation in dem Raum aufgespeichert blieb. Beim Löschen der Ladung hatte die Mehrzahl der Säcke + 42° C Temperatur. Die Ladung soll beim Laden im Januar trotz Regenwetters nicht naß geworden sein. Ein besonderer auffälliger Geruch ist über der Ladung nicht bemerkt worden.

Über die Gefährlichkeit von Reismehlladungen liegen schon mehrfach Erfahrungen vor (vgl. O. S. A. XVI. S. 435, XVIII, S. 718, XIX S. 49).

Auf dem Hamburger Dampfer Marsala waren Säcke mit Reismehl Ende 1913 bis auf + 80° C erhitzt. Die Entwicklung einer so starken Menge Kohlensäure wurde besonders als auffällig und neu festgestellt.

Es empfiehlt sich in derartig gefährlichen Ladungen eine besonders starke, bis auf die Ladung reichende Oberflächenventilation (O. S. A. XIX, S. 59).

9. Dampfer Portici, von Hamburg (Seeamt Hamburg, 26. 10. 13).

Am 20. 7. 13 ist auf dem Dampfer im Hafen von Bona Feuer ausgebrochen. Die Ursache ist Selbstentzündung der im Raum 4 verladenen ölhaltigen Maisrückstände. Schiff und Ladung sind erheblich beschädigt.

Die Untersuchung hat ergeben:

Am 20. 7. 13 gegen 2 h morgens bemerkte die Wache, daß aus Luke 4 Feuer herausschlug. Die Löscharbeiten wurden zuerst von der Besatzung, dann mit Hilfe von Landfeuerwehr sofort eingeleitet. Da kein nennenswerter Erfolg zu bemerken war, wurden die Achterräume unter Wasser gesetzt.

Gegen Nachmittag gelang es, aus den Kohlenräumen an den Unterraum 4 zu gelangen und das Feuer zu löschen. Unter einer durchgebrannten Zwischendecksluke wurde der Herd des Feuers in den Maisrückständen gefunden. Dies wurde zweifellos festgestellt.

Die Maisrückstände waren in Barcelona genommen. Der Sachverständige hält es für wahrscheinlich, daß zuerst ein Schwelen stattgefunden habe, und daß das Feuer erst nach Zutritt von Sauerstoff zum Ausbruch gekommen sei.

Im vorliegenden Falle könne eine Selbstentzündung stattgefunden haben, die wahrscheinlich durch die Oxydation des Fettgehaltes der Säcke oder der Maisrückstände hervorgerufen sei. Diese Möglichkeit sei vorhanden, sobald die Maisrückstände nicht entölt seien. Die vorliegende Ladung war daher als zur Selbstentzündung neigend anzusehen.

Das Seeamt hat sich dem angeschlossen.

10. Dampfer Wittekind, von Bremen (Seeamt Bremerhaven, 5. 1. 14).

Am 23. 12. 13 ist auf dem Dampfer auf der Reise von Baltimore nach Bremerhaven Feuer ausgebrochen. Es ist durch Selbstentzündung der Treberladung entstanden.

Die Untersuchung hat ergeben:

Am 23. 12. 13 abends wurde von der Wache im St. B.-Kajütengang Rauch bemerkt. Dies wurde gemeldet und darauf, um Zug zu vermeiden, gestoppt. Bei Nachforschungen wurde Rauchentwicklung aus Lukenschacht V gefunden. Die Luftzufuhr zu diesem Raum wurde abgeschlossen und die Dampffeuerlöschleitung angestellt. Die Reise wurde fortgesetzt. Am 24. 12. 13 war der Laderaum V völlig mit Dampf gefüllt, und die Dampffeuerlöschleitung wurde abgestellt, da kein Brandgeruch mehr bemerkbar war. Vormittags wurde solcher erneut bemerkt. Darauf wurde Raum V geöffnet und Ladung an Deck genommen. Der Brandherd wurde St. B. vorn im Hauptdeck V festgestellt, wo Säcke mit Trebern und Schlempe lagerten. Es wurden 8—9 Brandherde aufgefunden und direkt mit Wasser gelöscht.

Brennende Ladung wurde über Bord geworfen. Sämtliche herausgenommenen Säcke waren heiß. Die Reise wurde fortgesetzt unter Beobachtung der erforderlichen Sicherheitsmaßregeln.

Die Treberladung, in der der Brand zweifellos ausgebrochen ist, soll den gewöhnlichen Brauereigeruch gehabt haben und keinen feuchten oder verdorbenen Eindruck gemacht haben. Es ist möglich, daß die Stücke durch den unten im Laderaum liegenden Weizen, der bekanntlich schwitzt, später etwas feucht geworden sind.

Da andere Ursachen nach der Untersuchung nicht vorlagen, ist vom Seeamt Selbstentzündung der Treber angenommen worden. Es ist festgestellt, daß Treber unter bestimmten Umständen (Feuchtigkeit, lange Lagerzeit, Verdorbenheit, ölige Beimischungen) zur Selbsterhitzung und Selbstentzündung neigen (vgl. v. Schwartz, Handbuch der Feuer- und Explosionsgefahr, 1907, S. 298—300).

Diese Umstände können hier vorgelegen haben und die Entstehung des Brandes erklären. Auch kann die Gefahr durch Ölhaltigkeit der Jutesäcke hervorgerufen oder vergrößert sein. Jedenfalls empfiehlt sich hiernach Vorsicht und genaue Kontrolle derartiger Treberladungen.

11. Dampfer Soneck, von Bremen (Seeamt Hamburg, 19. 1. 07).

Auf dem Dampfer hat sich auf der Reise von Pomaron nach Hamburg die im Unterraum II und III lagernde Schwefelkiesladung erhitzt, und es entstand hieraus ein Feuer, durch das das Schott zwischen Raum I und II und einige Planken der Garnierung beschädigt wurden. Die Ursache des Unfalls liegt in der Beschaffenheit der Ware, die zur Selbstentzündung unter gewissen Umständen neigt, und hier scheint die Selbstentzündung durch besonders frische Förderung begünstigt zu sein. Bei der Seltenheit der bisher beobachteten Fälle müssen weitere Erfahrungen gesammelt werden, bevor bestimmte Maßregeln zur Verhütung dieser Gefahren empfohlen werden können. Es ist aber die Aufmerksamkeit der beteiligten Kreise auf diese Eigenschaften der Schwefelkiesladung zu lenken.

Die Schiffsleitung trifft keine Verantwortung.

Die Untersuchung hat ergeben:

1000 Tonnen Schwefelkies einer mit Nr. 12 bezeichneten Sorte war in Pomaron lose geschüttet eingenommen, und daneben war später noch andere Ladung gelagert. Die Ventilation war genügend. Am 15. August 1906, nach dem Verlassen von Lissabon, wurde die Erhitzung der Ladung und starker Schwefelgeruch festgestellt. Im Hafen von Harburg nach Entlöschen der Stückgüterladung in Hamburg, machte die Erhitzung schnell Fortschritte, so daß sich das Holzwerk in dem Laderaum entzündete. Durch Vollpumpen des Raumes, bis das Erz völlig bedeckt war, wurde das Feuer gelöscht.

Der Sachverständige hat ausgeführt, daß bislang wenig Fälle der Erhitzung von Schwefelkiesladung bekannt geworden seien, daß dieser Fall und ein anderer auf dem Dampfer Stahleck sich gerade in letzter Zeit ereignet hätten, und daß stärkere Erhitzung dort eingetreten sei. Das Erz sei vorschriftsmäßig gestaut und genügend ventiliert. Die Erze würden in 12 Sorten nach der Stückengröße eingeteilt. Gerade eine grobe Sorte Nr. 12 habe sich immer erhitzt. Das Erz sei zeitweilig aus 20 Fuß Höhe eingestürzt. Dies trage zweifellos zur Erhitzung bei. Die letzten Ladungen seien aus den Minen direkt in das Schiff gelangt und hätten nicht abgelagert.

Die frische Verladung müsse als weitere Erhitzungsursache angesehen werden.

Aus dem Gutachten des chemischen Staatslaboratoriums sei folgendes angeführt:

Selbstentzündungen verlaufen stets so, daß eine langsame Oxydation des Stoffes eintritt, die sich unter geeigneten Umständen derart beschleunigt, daß eine eigentliche Entzündung erfolgt. Maßgebend für die Beurteilung, ob ein Körper selbstentzündlich ist, ist daher die Feststellung, ob und in welchem Grade er der langsamen Oxydation fähig ist. In allen Proben des eingesandten Pyrits wurde Schwefelsäure und schweflige Säure gefunden, das sind Oxydationsprodukte des Pyrits. Ein Beweis, daß die untersuchten Proben zur Selbstentzündung neigen. Auffallend ist der Gehalt sämtlicher Proben an Kohlenstoff, besonders im Hinblick darauf, daß auch die Selbstentzündung von Steinkohlen mit ihrem Gehalt an Pyrit in Zusammenhang zu stehen scheint. Es ist sicher, daß bei diesen Selbstentzündungen auch der Feuchtigkeitsgehalt der Pyrite eine Rolle spielt. Man kann vermuten, daß die Entzündung des Pyrits durch seinen Gehalt an Kohlenstoff und seine Feuchtigkeit, wenn nicht hervorgerufen, so doch gefördert ist. Man kann daher empfehlen, den Pyrit möglichst nicht im feuchten Zustand zu verladen und dafür Sorge zu tragen, daß er im Schiff nicht mit Wasser in Berührung kommt.

Das Seeamt hat danach wie oben seinen Spruch abgegeben und angeregt, die beteiligten Kreise zur Vorsicht beim Verladen derartiger Waren zu veranlassen.

12. Ever Metta, von Boldixum (Seeamt Tönning, 5. 10. 21).

Am 27. 8. 21 mußte der Ever im Hafen von Wyk auf Föhr unter Wasser gesetzt werden, weil die Ladung ungelöschter Düngekalk und Briketts in Brand geraten war. Das Schiff ist schwer beschädigt.

Das Seeamt hat die Ursache des Feuers darauf zurückgeführt, daß der ungelöschte, lose verladene Düngekalk naß geworden und in Brand geraten ist. Es hat dringend empfohlen, daß ungelöschter Kalk in hölzernen Schiffen nur in eisernen Behältern verladen wird.

Die Untersuchung hat ergeben:

Der Ever Metta verließ am 25. 8. 21 Husum, um eine Ladung von 16 t ungelöschten Düngekalk, der lose verstaut wurde, 32,5 t Briketts, Marke Hermann, und 3,5 t Kartoffeln nach Wyk a. F. zu bringen. Der Düngekalk war vorn im Schiff, die Briketts in der Mitte durch eine Persenning voneinander getrennt verstaut. Die Fahrt war stürmisch, das Schiff mußte zeitweise vor Anker gehen. Bei Hallig Hooge verlor es Anker und Kette und vertrieb danach, wobei viel Wasser überkam. Am 28. 8. 21 erreichte es Wyk a. F. Als dort die Luken geöffnet wurden, schlugen die Flammen da, wo die Briketts neben dem Kalk lagen, heraus. Zur Rettung wurde das Schiff auf flachem Wasser versenkt. Das Seeamt hat, wie oben angeführt, seinen Spruch abgegeben.

(Anmerkung des Verfassers: Die Verladungsbestimmungen für Klasse VI der Seefrachtordnung lassen das Zusammenladen von ungelöschtem Kalk und Kohlen unzweckmäßig erscheinen.

Da der Laderaum des Schiffes anscheinend auf der Fahrt nicht dicht war, war die Verpackung des Kalks in dichte Behälter ohne weiteres vorgeschrieben.)

Ergänzung I zu: „Gefährliche Güter als Seefracht“,
infolge Änderung der gesetzlichen Vorschriften bis 1. Januar 1923.

1. Inhaltsverzeichnis hinter Seite IV: Die Klasse VI a erhält die Bezeichnung: „Feste, nicht selbstentzündliche, bei Temperaturen über 200° C durch Sauerstoffabgabe die Verbrennung unterstützende Stoffe.“
2. Die gleiche Bezeichnung ist einzusetzen auf Seite 3, Zeile 13, Seite 10 vorletzte Zeile des Textes, Seite 37 bei Klasse VI a, zwischen Seiten 50 und 51, Tabelle II. 3 bei Klasse VI a und auf Seite 128 in der Überschrift.
3. Seite 3, Zeile 13 von unten streiche „a“ und Zeile 12—7 von unten streiche die Worte von: „oder b) wenn“ usw. bis „übereinstimmen“.
4. Seite 4, Zeile 2—6 von oben streiche die beiden Sätze von „Waren“ usw. bis „unwahrscheinlich“.
5. Seite 12. Unter Klasse I a, A, Ic, dritte Vertikalspalte: „Verpackungsart außen“ ist vor den Worten: „Wasser- und Alkohol-dicht“ einzufügen: „Luft-,“.
6. Seite 17. Klasse I b 4. Die letzte Vertikalspalte erhält die Fassung: „Für das Zusammenladen dieser Stoffe mit Sprengstoffen (I a) oder mit Munitionsgegenständen der Klasse I b, Ziffer 5, 7 und 8 auf Segelschiffen ohne feste abschließbare Schottenabteilungen und auf kleineren Dampfern und Motorschiffen siehe Tabelle II Nr. 10“.
7. Seite 20. Bei Klasse I c, 1 erhält die Spalte: „Verpackungsart außen“ die Fassung: „Starke, dichte, sicher verschlossene Holzkisten, auch mit Blecheinsätzen. Fehlen die Blecheinsätze, so müssen die Bretter der Kisten gefedert und genutet sein, ausgenommen für den Verkehr mit nordeuropäischen Häfen. Auch haltbare, gutverlötete Blechbehälter ohne Überkisten sind zulässig.“
8. Seite 26. Unter der Klasse I e, 3 ist in der dritten Vertikalspalte „Verpackungsart außen“ hinter einem Komma am Schluß anzufügen: „oder eiserne Fässer mit gutgesichertem Holzbelag“.
9. Seite 27. In der letzten Vertikalspalte streiche in den Angaben zu II 1 und 2 in den Zeilen 14—21 des Textes die folgenden Worte: „Bariumsuperoxyd, bromsaures —, überchlorsaures—, übermangansaures—, Bromsalz“ und setze statt (VI a 1—9) die Ziffern (VI a 1).
10. Seite 27. In der letzten Vertikalspalte unter II, 5 und II, 6 ist aufzunehmen: „vgl. Tabelle I r, a.“
11. Seite 27. In der letzten Vertikalspalte unter II, 7 ist aufzunehmen: „vgl. Tabelle I r, b.“
12. Seite 28. Unter Klasse II, 8, zweite Vertikalspalte füge ein zwischen: „Baumwolle“ und „Seide“ das Wort: „Kunstbaumwolle“.
13. Seite 28. In der letzten Vertikalspalte unter II, 8 ist aufzunehmen: „vgl. Tabelle I r, c.“
14. Seite 28 und 29. In der letzten Vertikalspalte unter II, 8 a, 8 b und 10 ist je einmal aufzunehmen: „vgl. Tabelle I r, d.“
15. Seite 28. In letzten Vertikalspalte unter II 9 ist aufzunehmen: „Eisen- und Stahlspäne vgl. Tabelle I r, e.“
16. Seite 29. Der Text unter II, 12 ist durch alle Spalten zu streichen. Die Ziffer II, 13 wird II, 12.
17. Seite 32. Unter Klasse III 9, zweite Vertikalspalte ist am Schluß hinter der Klammer ein Komma zu setzen und dahinter anzufügen: „Zelluloidpaste (dickflüssige Aufquellung von Zelluloid in Lösungsmitteln für Nitrozellulose wie Azeton).“
18. Seite 36. Unter Klasse V, Ziffer 5 ist zwischen den Worten: „Antimonpentachlorid“ und „Thionylchlorid“ einzuschalten: „Azetylchlorid, Chromylchlorid, Phosphoroxychlorid (Phosphorsuperchlorid), Phosphortrichlorid, Sulfurylchlorid.“

19. Seite 37. Die Spalte: „Verpackung" unter VI, a, 1 erhält in den beiden ersten Sätzen die Fassung: „Starke, dichte, sicher verschlossene Behälter aus Hartholz oder Wellblech. Holzbehälter, innen mit Wasserglas ausgestrichen, der Inhalt muß gegen Ausstreuen durch Auslegen mit zähem Pergamentpapier, das innen am Holzbehälter nicht angeklebt sein darf und durch eine mehldichte Sackeinlage gesichert sein. Die Bretter der Kisten müssen geleimt sein."
20. Seite 37. Unter VIa, 1, „Chlorsaure Salze", erhält die Angabe in der letzten Vertikalspalte die Fassung: „Dürfen nicht in einem Versandstück zusammengepackt befördert werden mit Säuren (V 1), Phosphor und Schwefel (vgl. Anlage 2 Nr. 9)."
21. Seite 37. In der letzten Vertikalspalte setze bei den Angaben unter VI, a, 2, 3, 4, 5 hinter den Worten: „wie Ziffer 1" je einmal die Worte: „ausgenommen Phosphor."
22. Seite 37. Die Spalte: Verpackung unter VI, a, 4 erhält die Fassung: „Starke, dichte, sicher und dicht verschlossene Wellblechbehälter."
23. Seite 39. In der Überschrift, dritte Zeile von oben hinter dem Worte: „Gegenständen" ist einzufügen: „In einem Versandstück."
24. Seite 39. Am Schluß des Textes ist als besonderer Absatz einzufügen: „Sammelpackungen von chemischen Präparaten, deren einzelne Behältnisse nicht mehr als 1 kg Inhalt haben, sind von den einschränkenden Bestimmungen der Anlage 2 über Zusammenpacken befreit."
25. Seite 44. Hinter dem Wort: „Kumol" ist in der ersten Vertikalspalte einzufügen: „Kunstbaumwolle", dahinter in der zweiten Vertikalspalte: „II, 8", in der dritten: „d. h. r. 12".
26. Seit 46. Streiche „Schwefelkalium" und „Schwefelnatrium" mit den Angaben durch alle Spalten.
27. Seite 47. Unter „Z" ist hinter „Zaponlack" einzufügen: „Zelluloidpaste" und dahinter in der mittleren Vertikalspalte: „III, 9, in der hinteren Vertikalspalte: „e. i. 17, 22. 24" aufzunehmen.
28. Seite 48. In der Tabelle I streiche unter Vertikalspalte I a und I b in der Horizontalreihe bei Ziffer 5 je einmal den Buchstaben „n".
29. Seite 49. Unter Buchstabe „h", statt „12 und 13" setze: „und 12".
30. Seite 49. Unter Buchstabe „n" streiche den ganzen Text.
31. Seite 49. Unter Buchstabe „o" streiche den Klammerinhalt: „(Ausnahme s. unter n)".
32. Seite 50. Unter Buchstabe „r", Unterabsatz c), am Schluß ist anzufügen: „oder, daß geölte oder gefettete Stoffe frei von Feuchtigkeit sind, oder, daß gefirnißte Stoffe trocken und abgelagert sind."
33. Seite 50. Unter Buchstabe „r" Unterabsatz e) setze statt des Wortes: „gefettet" die Worte: „ölig oder fettig".
34. Zwischen Seite 50 und 51, Tabelle II, 1. Unter Nr. 10 Verladungs- p. p. Bedingungen ist hinter dem Worte: „Schottenabteilungen" einzufügen: „kleineren Dampfern und Motorschiffen".
35. Ebenda in der zweiten Zeile setze statt: „seitlich" das Wort: „horizontal".
36. Ebenda. Der letzte Satz des Abschnitts von: „Falls" bis „bescheinigen hat" ist zu streichen.
37. Tabelle II, 2. Streiche die Angaben über Schwefelkalium und Schwefelnatrium", Klasse II, 12 durch die ganze Horizontalreihe.
38. Tabelle II, 2. In der Horizontalreihe: „Selbstentzündliche Stoffe, II, [Allgemein]" streiche das Zeichen „○" unter der Vertikalspalte VIa.
39. Tabelle II, 2. Verladungs- p. p. Bedingungen, unter Nr. 21, streiche in der ersten Zeile die Worte: „über dem Schottendeck" und setze dafür: „in oder über dem Zwischendeck, und zwar unmittelbar zugänglich".
40. Tabelle II, 3. In der Horizontalreihe: „Feste, nicht selbstentzündliche pp. Stoffe, VIa [Allgemein]" streiche in der Vertikalspalte unter II das Zeichen: „⊙" sowie die Ziffer: „(II, 2 11)".
41. Tabelle II, 3 ebenda in der Horizontalreihe der Klasse VIa setze in der Vertikalreihe unter „Klasse Id, Ausnahme" die Worte mit Zeichen: „Kohlensäure, Stickstoff †".
42. Tabelle II, 3. Verladungs- pp. Bedingungen. Die Nr. 34 erhält die Fassung: „Stoffe der Ziffer VIa 1—5 sind von Säuren (V 1) und Schwefel so wirksam getrennt zu verstauen, daß" usw. wie bisher.

Ergänzung II zu: „Gefährliche Güter als Seefracht", infolge Änderung der gesetzlichen Vorschriften bis 1. Januar 1924.

(V-spalte bedeutet Vertikalspalte, H-spalte Horizontalspalte.)

---

43. Inhaltsverzeichnis hinter Seite IV. Die Klasse VI a erhält die Bezeichnung: „Feste, nicht selbstentzündliche, bei Temperaturen über 200° C durch Abgabe von Sauerstoff oder anderen ähnlich wirkenden Gasen die Verbrennung unterstützende Stoffe".

44. Die gleiche Bezeichnung ist einzusetzen auf Seite 3, Zeile 13, Seite 10, vorletzte Zeile des Textes, Seite 37 bei Klasse VI a zwischen den Seiten 50 und 51 in der Tabelle II, 3 bei Klasse VI a und auf Seite 128 in der Überschrift.

45. Seite 11, Klasse I a A. 1 b β, zweite V-spalte. Hinter „Pikrinsäure" streiche die Worte: „auch mit Wasser" bis: „bis 5 %".

46. Seite 13. Unter der Klasse I a A 2 d füge ein als neuen Unterabsatz:
in der 1. V-spalte: „I a A 2 e".
„ „ 2. „ dahinter: „Pyrolit".
„ „ 3. „ (Verpackungsart): „wie I a A 2 b".
„ „ 5. „ (Höchstgewicht): „25 kg (Inhalt)".
„ „ 6. „ (Aufschrift): „Sprengstoff, Pyrolit, 2 Gruppe, Explosiv".

47. Seite 14, Klasse I a A 3 d, dritte V-spalte (Verpackungsart) füge am Schluß an: „Bei Holzbehältern (Holzfässer bis 20 kg) sind auch verzinkte Drahtstifte mit versenkten Köpfen zulässig".

48. Seite 14, Klasse I a A 3 e sechste V-spalte: Hinter dem Worte „Dynamitpatronen" streiche die Buchstaben: „usw." und setze dafür: „oder Sprengstoffname".

49. Seite 20 Klasse I c 1 a. Der Text in der dritten V-spalte (Verpackungsart, außen) erhält folgende Fassung: Starke, dichte, sicherverschlossene Holzbehälter mit Einsätzen aus Blech oder aus guter, hartgeleimter, wasserdicht imprägnierter, mindestens 1,3 mm starker Pappe oder mit Einlage aus feuer- und wasserdichtem Papier. Nach nordeuropäischen Häfen kann dieser innere Schutz fehlen, außerdem, wenn die Bretter der Kisten gefedert und genutet sind. Haltbare, gut verlötete Blechbehälter bis 27 kg Inhalt und Pappekartons von mindestens 2 mm Dicke bis 19 kg Rohgewicht sind ohne Überkisten zulässig.

50. Seite 20, Klasse I c 1 zweite V-spalte. Unter „e) Zündgarn pp." füge als neuen Unterabsatz ein:
„f) Zündschnuranzünder, Zündfackeln und ähnliche Zündvorrichtungen",
dahinter in der dritten V-spalte (Verpackungsart): „wie I c 1 d",
„ „ „ sechsten V-spalte (Außenaufschrift): „Zündschnuranzünder I c".

51. Seite 22 zweite V-spalte unter Klasse I d 4, ferner auf Seite 43 erste V-spalte, Zeile 16 des Textes, und auf Seite 49 Zeile 7 des Textes unter f, füge hinter dem Worte: „Grubengas" jedesmal ein: „(Methan)".

52. Seite 26, Klasse I e 3. In der dritten V-spalte (Verpackungsart, außen) erhält der Text die Fassung: „Holzkisten mit wasserdichtem Blecheinsatz, oder wasserdichte, mindestens 0,6 mm starke eiserne Fässer mit starkem, gut gesichertem Holzbelag".

53. Seite 32, Klasse III, 5. In der zweiten V-spalte werden die Worte: „Azetaldehyd (auch in alkoholischer Lösung)" ersetzt durch die Worte: „Azetaldehyd und Azetol (beide auch in alkoholischer Lösung)".

54. Seite 35, Klasse V 1. In der dritten V-spalte füge ein auf Zeile 7 des Textes hinter den Zahlen: „99,5 %" die Worte: „und darüber".

55. Seite 35 Klasse V 1. In der zweiten V-spalte Zeile 17 und 22 des Textes setze statt der Zahlen: „3 %" und: „3–4 %" die Zahlen ein: „2 %" und: „2–4 %".

56. Seite 37 Klasse VI a. Als neuen Unterabsatz füge unter VI a 5 ein in der ersten V-spalte: „VI a 6",
in der zweiten V-spalte: „Ammonsalpeter und Ammonsalpeter enthaltende Düngemittel (Ammonsulfatsalpeter, Kaliammonsalpeter, Gemenge von Ammonsalpeter, Thomasmehl, Kalisalze usw).",
in der dritten V-spalte: „Starke, dichte, sicher verschlossene, mit wasserdichtem Papier ausgelegte Holzbehälter".

57. Seite 40, erste V-spalte: Unter „Amorces" füge ein: „Ammonsalpeter enthaltende Düngemittel, Ammonsulfatsalpeter", in der zweiten V-spalte dahinter: „VI a", in der dritten V-spalte dahinter: „e".

58. Seite 40, erste V-spalte. Hinter: „Azetaldehyd" füge nach einem Komma an: „Azetol"

59. Seite 42, erste V-spalte. Unter „D“ füge am Schluß an: „Düngemittel (Ammonsalpeter enthaltende)“,
dahinter in der zweiten V-spalte: „VI a“,
dahinter in der dritten V-spalte: „e“.

60. Seite 43, erste V-spalte: Unter „Kalium“ füge ein: „Kaliammonsalpeter (Düngemittel)“,
dahinter in der zweiten V-spalte: „VI a“,
in der dritten V-spalte: „e“.

61. Seite 45. Unter „P“ am Schlusse füge an in der ersten V-spalte: „Pyrolit“, in der zweiten V-spalte: „I a A 2 e“, in der dritten V-spalte: „d“.

62. Seite 47. Unter „Zündschnüre, Moment“ füge ein in der ersten V-Spalte: „Zündschnuranzünder, Zündfackeln und ähnliche Zündvorrichtungen“,
in der zweiten V-spalte: „I c 1 f“,
in der dritten V-Spalte: „d“.

63. Seite 46. Hinter Sicherheitszündhölzer füge am Schluß der dritten V-spalte an: „p“.

64. Seite 49. Am Schlusse des Abschnittes unter „p“ füge als neuen Satz an: Bei Sendungen von Sicherheitsreib- und -streichzündern der Ziffer 1 a in Pappkästen ohne Überkisten ist zu bescheinigen, daß ein Muster der verwendeten Pappkästen bei der Chemisch-Technischen Reichsanstalt hinterlegt und von dieser ohne Überkiste als zuverlässiges Verpackungsmittel für den Seeversand von Sicherheitsreib- und Streichzündern anerkannt ist.

65. Seite 50. Im Abschnitt „r“ unter c) streiche das Wort: „gefettet“ und setze dafür ein: „fettig oder ölig“.

66. Zwischen den Seiten 50/51 Tabelle II 1. In der H-spalte hinter den Stoffen der Klasse I b 2, 3 und 6 (Zündschnüre pp.) setze am Kreuzungspunkte mit der V-Spalte VI a ein:
○
(Ausnahme VI a 6).

67. Tabelle II 1. Unter der H-spalte „I c Allgemeines“ füge als neue H-spalte ein in der ersten V-spalte: „Sicherheitsreib- und -streichzünder“,
in der zweiten V-spalte: „I c“,
in der dritten V-spalte: „1 a“, und
in der V-spalte: „besondere Verladungsbestimmungen“: die Ziffer: „13 a“.

68. Tabelle II 1. Verladungs- pp. bedingungen. Unter Ziffer 10 füge die Worte: „kleineren Dampfern und Motorfahrzeugen“ nicht hinter dem Wort „Schottenabteilungen“, sondern hinter dem Wort: „Segelschiffen“ ein (vgl. Ergänzung I Ziffer 34).

69. Tabelle II 1. Verladungs- pp. bedingungen. Als neue Ziffer 13 a füge unter Ziffer 13 an: „13 a Pappkästen mit Sicherheitszündern dürfen nicht schwerer belastet werden, als ihr Eigengewicht beträgt“.

70. Tabelle II 3. In H-spalte „Ferrosilicium pp. IV 2“ und letzte V-spalte setze am Kreuzungspunkt ein: „27“.

71. Tabelle II 3. Unter der H-spalte: „VI a Allgemein“ füge als neue H-spalte ein in der ersten V-spalte: „Ammonsalpeter und Ammonsalpeter enthaltende Düngemittel“, dahinter
in der zweiten V-spalte- „VI a“,
in der dritten V-spalte: „6“,
in der vierten V-spalte: unter I a einen „○“,
in der fünften V-spalte unter V b allgemein einen: „○“,
in der sechsten V-spalte unter V b Ausnahme: (I b, 2, 3, 6.)“
+

72. Tabelle II 3. Verladungs- pp. bedingungen. Am Schlusse des Textes der Ziffer 25 füge an: „also auch nicht aufeinandergestaut werden“.

73. Tabelle II, 3. Verladungs- pp. bedingungen unter Ziffer 25 füge als neue Ziffer ein: „25 a“ und als Text dahinter: „Schwefelsäure, Salpetersäure und Salzsäure in Glas- oder Tongefäßen mit offenen Übergefäßen müssen auf Deck verladen werden außer bei Verwendung eiserner Mantelkörbe mit federnden Schließen“.

74. Tabelle II 3. Verladungs- pp. bedingungen. Am Schlusse der Ziffer 27 ist anzufügen: „Auf kleineren Fahrzeugen ist besonders sorgfältig darauf zu halten, daß Schlaf- und Wohnräume oder in See dauernd zu besetzende Stellen wie das Ruder nicht durch giftige Gase gefährdet werden, die durch nicht völlig dichte Abschließungen vom Laderaum oder aus Lüftungslöchern heraustreten können. Verladung auf Segelschiffen bis zu 300 cbm B. R. G. ist verboten.

75. Ebenda Ziffer 29 dritte Zeile. Der Klammerinhalt: „(Sand, Asche“ usw.) erhält die Fassung: (Sand, Kreide, feiner Koksgrus, Kieselgur unter Ausschluß von Asche und Kohle)“.

76. Tabelle II 3. Verladungs- pp. bedingungen. Unter Ziffer 31 erste Zeile füge ein hinter den Worten: „Gewebe daraus“ die Worte: „soweit sie nicht zur Verpackung und Verladung unbedingt erforderlich sind“.

77. Ebenda. Unter Ziffer 31 zweite und dritte Zeile setze ein an Stelle der Worte: „reichlich mit Wasser zu verdünnen und“ die Worte: „wenn möglich mit kalter, feiner Asche festzulegen und hiermit zu entfernen, sonst reichlich mit Wasser zu verdünnen und fortzuspülen. Sie dürfen nicht mit Sägemehl“ usw. wie bisher.

78. Ebenda. Am Schlusse der Ziffer 31 füge an: Gerüche, Gase und Dämpfe von Säuren sind aus Laderäumen pp. schleunigst durch ausgiebige Lüftung zu entfernen“

Ergänzung III zu: „Gefährliche Güter als Seefracht“,
infolge Änderung der gesetzlichen Vorschriften bis 1. Oktober 1925.

(V-spalte bedeutet Vertikalspalte, H-spalte Horizontalspalte.)

79. Seite 11, Klasse I a A 1 a, zweiteV-spalte, Zeile 11 des Textes hinter: „entsprechen“ füge ein: „vom Reichsverkehrsministerium zur Beförderung auf deutschen Eisenbahnen zugelassen sind“ usw.
80. Ebenda. Zeile 15/16 streiche vor: „Westfalit“ die Worte: „Gelatine-Gesteins-Kohlen-“ und füge am Schlusse hinter usw. an: „auch mit den Beiworten: „Wetter oder Gesteins oder Kohlen“.“
81. Ebenda. Zeile 14 vor: „Ammoncahücit“ füge ein: „Ammonit“.
82. S. 11, Klasse I a A 1 a, sechste V-spalte (Aufschrift), setze an Stelle des bisherigen Textes ein: „A. S. (Sprengstoffname), [*Explosiv*]“.
83. S. 11, Klasse I a A 1 b, zweite V-spalte, vierte Zeile von unten, vor den Worten: „Die Stoffe zu α und β“ setze ein: „γ“.
84. S. 11, I a A 1 b, sechste V-spalte (Aufschrift), an Stelle des bisherigen Textes setze: „N. K. Sprengstoffname, [*Explosiv*].“
85. Ebenda. Dritte V-spalte, vor den Worten: „Sogenannte amerikanische Pappefässer“ setze ein: „zu α“).
86. Ebenda. Am Schlusse des gleichen Absatzes füge an: „zu β) Diese Stoffe müssen wasserdicht und ohne Verwendung von Blei verpackt sein.“
87. S. 12, Klasse I a A 1 c, sechste V-spalte, in fünfter Textzeile streiche die Worte: „1. Gruppe“ und umrande das Wort: „[*Explosiv*]“ einmal.
88. S. 12, Klasse I a A 1 d, zweite V-spalte, elfte Textzeile, hinter dem Wort: „entsprechen“ füge ein: „und vom Reichsverkehrsministerium zur Beförderung auf deutschen Eisenbahnen zugelassen sind“.
89. Ebenda, Zeile 11/12, statt des Wortes: „Präposit“ setze ein: „Sicherheitssprengpulver“.
90. Ebenda, sechste V-spalte, statt des bisherigen Textes setze ein: „S. P. (Sprengstoffname), [*Explosiv*].“
91. S. 12, Klasse I a A 2 a, sechste V-spalte (Aufschrift), streiche die Worte: „2. Gruppe“ und umrande das Wort: „[[*Explosiv*]]“ zweimal.
92. S. 13, Klasse I a A 2 b, zweite V-spalte, am Schlusse des Textes füge an: „soweit sie vom Reichsverkehrsministerium zur Beförderung auf deutschen Eisenbahnen zugelassen sind, z. B. Chloratit, Perchloratit mit Zahlen.“
93. Ebenda, sechste V-spalte, für den bisherigen Text setze ein: „(Sprengstoffname) und „Chl.“ oder „Perchl.“ [[*Explosiv*]].“
94. S. 13, Klasse I a A 2 c, sechste V-spalte, (Aufschrift), streiche die Worte: „2. Gruppe“ und umrande das Wort: [[*Explosiv*]] zweimal.
95. S. 13, Klasse I a A 2 d, zweite bis siebente V-spalte, streiche den bisherigen Text.
96. S. 13. Der bisherige Abschnitt I a A 2 e (vgl. Ergänzung II, Ziffer 46) wird Abschnitt I a A 2 d.
97. S. 13. Im neuen Abschnitt I a A 2 d ändere in der zweiten V-spalte das Wort: „Pyrolit“ in: „Pyrolite mit Zahlen und Buchstaben“.
98. Ebenda, ändere in der sechsten V-spalte (Aufschrift) den Text in: „(Sprengstoffname), [[*Explosiv*]].“
99. S. 13, als neuer Unterabschnitt I a A 2 e ist einzusetzen:
    in V-spalte 1— „I a A 2 e.“
    „ „ 2— „Nitroglyzerinpulver mit Zahlen.“
    „ „ 3— „wie I a A 1 a.“
    „ 2 6— „(Sprengstoffname), [[*Explosiv*]].“
100. S. 13, Klasse I a A 3 a, sechste V-spalte (Aufschrift), streiche die Worte: „3. Gruppe“ und umrande [[[*Explosiv*]]] dreimal.

101. S. 13, Klasse I a A 3 b, sechste V-spalte, streiche die Worte: „3 Gruppe" und umrande: „Explosiv" dreimal.
102. S. 14, Klasse I a A 3 c, zweite V-spalte, streiche im Text die Worte: „z. B. Alkalsite" bis zum Schlusse.
103. S. 14, Klasse I a A 3 c, sechste V-spalte (Aufschrift). Der Text erhält die Fassung: „(Sprengstoffname) und „Chl." oder „Perchl." Explosiv."
104. S. 14, Klasse I a A 3 d, zweite V-spalte, am Schlusse des Textes füge an: „z. B. Sprengpulver 1—3, Sprengsalpeter 1."
105. Ebenda, sechste V-spalte (Aufschrift), der Text erhält die Fassung: „(Sprengstoffname), P. Explosiv."
106. S. 14, Klasse I a A 3 e, zweite V-spalte, streiche die Worte: „z. B. Gelatinedynamit" bis „usw." und setze dafür: „z. B. Gesteinssprengstoffe, wie Dynamit, Gelatit, oder Wettersprengstoffe, wie Wetter-Astralit, Wetter-Agesid usw."
107. Ebenda, sechste V-spalte, streiche die Worte: „Dynamitpatronen usw. 3. Gruppe" und setze dafür: „(Sprengstoffnamen), Dyn. Explosiv."
108. S. 15, Klasse I a A 3 g, sechste V-spalte (Aufschrift), streiche die Worte: „3 Gruppe" und umrande das Wort: „Explosiv" dreimal.
109. S. 15, Klasse I a B 1, sechste V-spalte, streiche die Worte: „1. Gruppe" und umrande „Explosiv" einmal.
110. S. 15, Klasse I a B 2, sechste V-spalte, streiche die Worte: „2. Gruppe" und umrande „Explosiv" dreimal.
111. S. 16 bis 19. Das Güterverzeichnis der Klasse I b, Munition, erhält beiliegende Neufassung.
112. S. 20, Klasse I c 1 c, dritte V-spalte. Der Text erhält am Schluß den Zusatz: „Außer bei Wunderkerzen mit nicht explosionsfähiger Kerzenmasse und ohne Zündkopf Kistenwandstärke mindestens 18 mm, außerdem Eisenbandarmierung oder Kreuznagelungssystem."
113. S. 20, Klasse I c 1 c, siebente V-spalte, als Text ist aufzunehmen: „Bei Kreuznagelung kreuzen die Längsrichtungen der in einer Ecke zusammenstoßenden Bretter und die Richtung der Nägel in diesen Brettern um 90 Grad. Die Nägel werden stets in Langholz, nie in Hirnholz getrieben."
114. S. 20, Klasse I c 1 f (Zündschnuranzünder), fünfte V-spalte, als Text ist aufzunehmen: „100 kg Rohgewicht (20 kg Brandsatz)."
115. S. 23, Klasse I d, weitere Ausnahmen zu I d 5, zweite V-spalte, im zweiten Unterabsatz des Textes, beginnend mit: „Behälter von Eismaschinen" ist hinter dem Wort: „Säure" einzuschalten: „oder flüssigen Ammoniak."
116. S. 26, Klasse I e, Ziffer 2 a, dritte V-spalte. Am Schlusse des Textes füge an: „Vorläufig ausnahmsweise zugelassen: Trommeln ohne Holzumschließung aus gewelltem Blech, bis 54 kg Rohgewicht 0,6 mm, bis 108 kg 0,8 mm Wandstärke, wenn Längsnähte und Boden autogen geschweißt oder doppelt (mindestens 6 mm breit) gefalzt und Deckel aufgelötet, aufgeschweißt oder mit aufgeschweißtem Überdeckel versehen ist."
117. S. 31, Klasse III 3, zweite V-spalte, Textzeile 13, hinter: „Methylalkohol" füge in Klammern an: „(Methanol)."
118. S. 32, Klasse III, Ziffer 5, 6 und 7, zweite V-spalte, füge jedesmal hinter dem Wort: „Holzgeist" ein: „(Methanol)."
119. S. 32, Klasse III, 5, zweite V-spalte, am Schlusse des Textes füge an: „Butanon (Methyläthylketon)."
120. S. 37, Klasse VI a 4, dritte V-spalte, am Schlusse hinter: „Wellblechfässer" füge an: „Bis 59 kg Rohgewicht können Stoffe auch in Papierbeuteln in starke, dichte, sicher verschlossene Holzkisten mit verlötetem Zinkeinsatz verpackt werden. Kisten aus Hartholz, Bretter geleimt oder gefedert und genutet."
121. S. 37, Klasse VI a 6 (vgl. Ergänzung II, Ziffer 56), die dritte V-spalte erhält den neuen Text: „Feste imprägnierte oder nicht imprägnierte Jutesäcke oder dichte Holzbehälter, beide mit oder ohne Kraftpapiereinlage."
122. S. 38, Klasse VI b 5, zweite V-spalte, Textzeile 4, hinter dem Wort: „Maisstärkefabrikation" ist einzufügen: „Mahlerzeugnisse aus Reis (Reisschrot, Reismehl, Reisfuttermehl u. dgl.)."
123. Ebenda, Zeile 8, die Worte: „und Reis (ricemeal)" sind zu streichen.
124. S. 40, Zeile 25 von unten, streiche: „Alzünder" mit den Angaben dazu durch alle V-spalten.
125. S. 41, Zeile 27 von unten, streiche: „Brandeln" mit den Angaben dazu durch alle V-spalten.
126. S. 46, dritte V-spalte, Zeile 3, 5, 6 von unten streiche jedesmal den Buchstaben „n".
127. Im alphabetischen Verzeichnis ändere:

Auf Seite	bei Stoff	in V-spalte	setze ein	statt
41	brisante Sprengladungen	2	I b 7	I b 5
43	Geschoßzünder	2	I b 1 c, I b 5	I b 4 c
43	Geschützmunition	2	I b 5	I b 7
43	Unter „gefettete pp. Stoffe“	1	Gefüllte Geschosse	
		2	I b 5	
		3	d, o	
43	Unter Geschützmunition	1	Geschützpatronen	
		2	I b 5	
		3	d, o	
43	Unter Geschützpatronen	1	Gewehrpatronen	
		2	I b 6	
		3	d	
43	Kanonenschläge	2	I b 9 a	I c 4
43	Knallhaltsignale	2	I b 9 e	I b 5 b
43	Unter „Haare, gefettet“	1	Handfeuerwaffen-patronen	
		2	I b 4	
		3	d	
43	Unter „Handfeuerwaffen-patronen“	1	Handgranaten	
		2	I b 6	
		3	d, o	
44	Leuchtmittel	2	I b 8	I b 1
44	Minenzündungen	2	I b 2	I b 4 b
44	Unter „Minenzündungen“	1	Minenwerfer-patronen	
		2	I b 5	
		3	d, o	
44	Munition für Geschütze	2	I b 5	I b 7
44	Unter Natronlauge	1	Nebelmittel	
		2	I b 11	
		3	d	
45	Patronenhülsen	2	I b 1	I b 3 b
45	Patronen	2	I b 4	I b 6
45	Raketen	2	I b 8	I b 1
45	Unter Raketen	1	Rauchentwickler	
		2	I b 10	
		3	d	
46	Schlagröhren	2	I b 1 b	I b 3 c
46	Signalmittel	2	I b 8	I b 1
46	Signalfeuerwerk	2	I b 9	
46	Sprengkapseln	2	I b 2	I b 4 a
46	Sprengladungen aus Pikrinsäure	2	I b 7	I b 5
46	Sprengkräftige Zündungen	2	I b 2	I b 4 a, b
47	Zündschnüre „Schnell“	2	I b 3	I b 2 a
47	Zündschnüre „Moment“ streiche durch alle V-spalten			
47	Zündungen, nicht sprengkräftige	2	I b 1	I b 3
47	Zündungen, sprengkräftige	2	I b 2	I b 4

128. S. 48, Tabelle I, Ziffer 5, „Besondere Bescheinigungen“, unter V-spalte: „I a“ setze ein den Buchstaben: „n“, und unter V-spalte „I b“ den Buchstaben: „w.“
129. S. 49, an Stelle des gestrichenen Textes unter „n“ setze ein: „n) bei den Sprengstoffen unter I a A, Ziffern 1 a, 1 d, und 2 b ist zu bescheinigen, daß und wann der Sprengstoff vom Reichsverkehrsministerium zur Beförderung auf deutschen Bahnen zugelassen ist“.
130. S. 49, unter Buchstabe „O“, erste Zeile des Textes ändere: „Ziffer 4“ in: „Ziffer 2.“
131. Ebenda, dritte Zeile des Textes, ändere: „Ziffern 5, 7 und 8“ in: „Ziffern 5, 6, 7, 8 und 9“.
132. Ebenda, vierte Zeile des Textes, ändere: „Ziffer 7“ in: „Ziffer 5.“
133. S. 50, hinter dem Text des Buchstabens „v“ ist neu aufzunehmen: „w) Bei Sprengkapseln mit anderem Knallsatz als Knallquecksilber und Kaliumchlorat (I b, 2) ist anzugeben, daß sie vom Reichsverkehrsministerium zur Bahnbeförderung zugelassen sind, und daß Höchstmenge des Knallsatzes den Zulassungsbedingungen für den Eisenbahntransport entspricht.“
134. S. 49, am Schlusse des Textes des Buchstabens „p“ füge hinter einem Komma an: „bei pyrotechnischen Zündstäbchen (I c, 1 c), ob die Zündköpfe mit einem Lacküberzug ver-

sehen sind, und bei Wunderkerzen (1 c I c), ob die Kerzenmasse explosionsfähig ist, und ob sie einen Zündkopf haben."

135. Tabelle II, 1 zwischen S. 50/51, H-spalte: „Sprengmittel, Schießmittel pp. I a A, B, C, Allgemein", in sechster V-spalte (I b, Ausnahme) setze in vierter Textzeile ein: „(I b, 2)" statt: „(I b, 4)."

136. Ebenda, H-spalte: „Zündschnüre ohne Zünder pp.", in dritter V-spalte setze ein: „3" statt „2," ferner: „1" statt „3" und: „4" statt „6".

137. Ebenda, H-spalte: „Sicherheitspatronen pp.", in V-spalte 3 setze ein: „4 a und 4 b" statt „6 a und 6 b."

138. Ebenda, H-spalte: „Sprengkräftige Zündungen", dritte V-spalte, setze ein: „2" statt: „4 a, b."

139. Tabelle II, 1, zwischen den Seiten 50/51, H-spalte: „Sprengkräftige Zündungen", in fünfter V-spalte (I b) setze als neuen Text ein: „○, bei 1 b 5, 6, 7, 8 und 9".

140. Ebenda, in sechster V-spalte: „(I b, Ausnahme)" setze statt des bisherigen Textes ein: „**10**, bei I b 5, 6, 7, 8 und 9."

141. Ebenda, unter H-spalte: „Überallzünder" füge in erster V-spalte in neuer Zeile ein: „Pyrotechnische Zündstäbchen", in zweiter V-spalte: „I c", in dritter V-spalte: „1 c", in vierter und fünfter V-spalte je: „○ 3" und in einundzwanzigster V-spalte („besondere Verladungsbedingungen"): „**13**."

142. Ebenda, am Schlusse des Textes unter Ziffer „13" füge an: „Pyrotechnische Zündstäbchen mit Zündkopf dürfen nur unter Deck verladen werden, wenn der Zündkopf mit Lacküberzug versehen ist."

142. Tabelle II, 3, unter H-spalte: „Ammonsalpeter und Ammonsalpeter enthaltende Düngemittel (VI a, 6)", in sechster V-spalte (I b, Ausnahmen) setze ein: „(I b 1, 3, 4, +)" statt: „(I b 2, 3, 6, +)".

144. Tabelle II, 3, hinter der Ziffer „**36**" ist der Text wie folgt zu ändern: „**36** Mahlerzeugnisse aus Reis (Schrot, Mehl, Futtermehl) u. dgl., Maiskleie und Rückstände aus der Maisstärkefabrikation sind dauernd vor Nässe zu schützen usw." wie bisher.

145. Tabelle II, 3, H-spalte: Massengüter, VI b, Allgemein, in einundzwanzigster V-spalte, (besondere Verladungsbedingungen), ist als neue Ziffer aufzunehmen: „**41**" und am Schlusse der Tabelle II, 3, neu anzufügen: „**41**-Laderäume für Massengüter der Ziffern 3—8 des Güterverzeichnisses sind dauernd, auch für die unteren Teile wirksam, gut zu durchlüften, täglich ist ihr Wärmegrad zu beobachten. Betreten nur nach Prüfung der Luft mit Sicherheitslampen gestattet."

Anlage zu Ziffer 111.

I b 1, a, b.

Ib. Munition.

Klasse Gruppe Ziffer	Zur Beförderung mit Seeschiffen sind bedingungsweise zugelassen	Verpackungsart außen	Verpackungsart innen	Höchstgewicht eines Stückes	Deutliche Aufschrift auf einzelnem Stück	Zulassungsbedingungen
I b 1	Nichtsprengkräftige Zündungen. a) Zündhütchen für Schußwaffen (Metallhütchen mit festsitzendem Zündsatz). b) Reib- und Schlagzündschrauben, Schlagröhren u. dgl. mit kleiner Schwarzpulverladung oder Zündmasse, Zünder für Handgranaten (auch in Stielen), Pulverkapseln für Übungsstielhandgranaten.	Starke, sicher verschlossene Behälter, auch Holzkisten. zu a) auch Blechkasten.	Papp- oder Blechschachteln, zu Paketen vereint, in Außenpackung fest eingesetzt.	zu a) 80 kg Rohgewicht	zu a) Nichtsprengkräftige Zündungen. I b. Munition zu b), c) und d) wie a)	Die Ladung muß so klein sein, daß sie eine bemerkenswerte Sprengwirkung nicht äußern kann.

Klasse Gruppe Ziffer	Zur Beförderung mit Seeschiffen sind bedingungsweise zugelassen	Verpackungsart		Höchstgewicht eines Stückes	Deutliche Aufschrift auf einzelnem Stück	Zulassungsbedingungen
		außen	innen			
	c) Geschoßzünder ohne Sprengkapseln oder sonstige Einrichtungen, die eine brisante Wirkunghervorrufen. Zündmittel zu Geschoßzündern u. dgl.					
	d) Patronen und Kartuschhülsen mit Zündvorrichtungen für Geschütze, Patronenhülsen für Handfeuerwaffen.	zu d) für leere Patronenhülsen auch Säcke.				
I b 2	Sprengkräftige Zündungen.					
	a) Sprengkapseln (auch mit Zeitzündung).	Haltbare Holzkisten von mindestens 20 mm Wandstärke oder Blechkisten, diese in Überkiste von Holz von mindestens 23 mm Wandstärke. Fest eingesetzt. Mit Schrauben verschlossen. Kisten über 25 kg Rohgewicht mit Handhaben und Leisten.	Angebohrte Holzklötzchen oder starke, wasserdichte Pappbehälter oder Blechbehälter zu Paketen vereint. Zündungen gut fest gelegt und fest in Außenbehälter eingesetzt		Sprengkapseln I b, Munition, nicht stürzen.	Knallsatz aus Knallquecksilber und Kaliumchlorat, mit anderen Füllungen nur, wenn vom Verkehrsministerium zur Bahnbeförderung zugelassen. Höchst zulässiger Knallsatz bei Knallquecksilber pp. 20 kg, bei anderen nach Bedingung des R. V. M.
	b) Sprengkapseln mit elektrischen Zündern (auch mit Zeitzündung).	wie zu a) Holz- oder Blechkisten.	durch Papierumhüllung zu Paketen vereint, diese in Außenpackung fest eingesetzt.		wie a)	Knallsatz wie a)

Klasse Gruppe Ziffer	Zur Beförderung mit Seeschiffen sind bedingungsweise zugelassen	Verpackungsart		Höchstgewicht eines Stückes	Deutliche Aufschrift auf einzelnem Stück	Zulassungsbedingungen
		außen	innen			
Ib 2	c) Sprengkapseln in fester Verbindung mit Schwarzpulverzündschnur.	Überkiste wie a)	Zündschnur ringförmig aufgerollt, in Papier zu Paketen vereint, diese in Holzkiste fest eingesetzt (12 mm Wandstärke).		wie a)	Knallsatz wie a)
	d) Sprengkapseln in Verbindung mit Übertragungsladung aus gepreßtem Sprengstoff (sogenannte Detonatoren).	Holzkiste von mindestens 22 mm Wandstärke, Wände gezinkt, Boden und Deckel aufgeschraubt. Bei Zinkblecheinsätzen Wände mindestens 16 mm starck.	Ladungen durch Holz oder Metalleinlagen gut festgelegt.		Zündladungen, Ib, Munition, nicht stürzen, oder Zündladungen für Torpedos (geladene Gefechtspistolen) pp.	Sprengstoff nicht gefährlicher als Tetranitromethylanilin.
	e) Sprengkapseln in Geschoßzündern mit und ohne Übertragungsladung.	wie zu d)			Sprengkräftige Geschoßzünder, Ib, Munition, nicht stürzen.	
Ib 3	Zündschnüre Schwarzpulverzündschnüre s. Ic 1d)	Haltbare, dichte sicher verschließbare Holzbehälter, auch amerikanische Pappefässer. Ausstreuen oder Verstäuben des Pulvers muß sicher verhindert sein.		60 kg Zündschnur in einem Behälter.	Zündschnüre, Ib, Munition.	
	a) Schnellzündschnüre, (Zündschnüre aus dickem Schlauch mit Schwarzpulverseele von großem Querschnitt oder mit Seele aus nitrierten Baumwollfäden).					

Klasse Gruppe Ziffer	Zur Beförderung mit Seeschiffen sind bedingungsweise zugelassen	Verpackungsart außen	Verpackungsart innen	Höchstgewicht eines Stückes	Deutliche Aufschrift auf einzelnem Stück	Zulassungsbedingungen
	b) Detonierende Zündschnüre.	wie a)		wie a)	wie a)	dünnwandige Metallröhren mit Sprengstoff wie zu I b 2 d oder dünngesponnene Schnüre mit Seele aus abgestumpftem Knallsatz, nicht gefährlicher als Schwarzpulver.
I b 4	Patronen für Handfeuerwaffen. a) Fertige Metallpatronen mit Metallhülsen, Geschoß fest eingesetzt. b) Fertige Patronen z.T. aus Metall, Pulver muß durch Pfropfen gut gesichert sein. c) Flobert-Munition (Zündhütchen mit Kugel oder Schrot).	Starke, dichte, sicher verschlossene Holzkisten. Alles durch Füllstoff gut festgelegt.	Patronen in Blech-, Holz- oder Pappbehälter fest eingelegt.	80 kg Rohgewicht.	Patronen für Handfeuerwaffen, I b, Munition.	
I b 5	Patronen und gefüllte Geschosse für Geschütze und Minenwerfer, Torpedoausstoßpatronen und Zündpatronen für Torpedos.	Haltbare Holzkisten oder andere von der Heeres- (Marine)verwaltung eingeführte Behälter. Fest und sicher verpackt. Holzkisten mit Schrauben verschlossen. Behälter müssen sichere Handhaben haben.	Patronen im Innern der Packgefäße so sicher festgelegt, daß Verschieben unmöglich.		Fertige Geschützpatronen, oder Geschützpatronen in getrenntem Zustandeoder Geschützladungen in Kartuschbeuteln, oder: Gefüllte Geschosse, oder: Gefüllte Wurfminen, oder: Torpedoausstoßpatronen, oder Zündpatronen für Torpedos, I b, Munition.	Müssen aus einer zur Herstellung berechtigten deutschen oder zum Versand auf deutschen Bahnen ermächtigten ausländischen Fabrik stammen. Geschosse dürfen sprengkräftige Zündungen nicht enthalten.

I b 5a—e, 6.

Klasse Gruppe Ziffer	Zur Beförderung mit Seeschiffen sind bedingungsweise zugelassen	Verpackungsart		Höchstgewicht eines Stückes	Deutliche Aufschrift auf einzelnem Stück	Zulassungsbedingungen
		außen	innen			
	a) Fertige Geschützpatronen wie Granatpatronen, Schrapnellpatronen, Brandgeschoßpatronen, Leuchtgeschoßpatronen, Kartätschpatronen.					
	b) Geschützpatronen im getrennten Zustande Geschützladungen (rauchschwaches Pulver in Metallhülsen oder Kartuschbeuteln auch mit Schwarzpulver gefüllte Geschosse wie zu a).					
	c) Wurfminen mit Treibladung wie Wurfminen mit brisanter Ladung, Leuchtminen, Nachrichtenminen und andere Minen mit Rauchladung.					
	d) Wurfminen ohne Treibladung.					
	e) Torpedoausstoßpatronen und Zündpatronen für Torpedos.					
I b 6	Hand und Gewehrgranaten.	Holzkisten (16 mm Wandstärke) oder andere von Heeres- (Marine-) verwaltung eingeführte Behälter. Alles fest eingelegt. Bei Handgranaten Beiladung bis zu 26 Sprengkapseln in durchbohrten Holzklötzchen gestattet. Plombenverschluß oder Siegel auf 2 Schraubenköpfen des Deckels. Sichere Handhaben.			Geladene Nahkampfmittel, I b, Munition.	

Ib 7, 8, 9 a—e.

Klasse Gruppe Ziffer	Zur Beförderung mit Seeschiffen sind bedingungsweise zugelassen	Verpackungsart		Höchstgewicht eines Stückes	Deutliche Aufschrift auf einzelnem Stück	Zulassungsbedingungen
		außen	innen			
I b 7	Brisante Sprengladungen für Geschosse, Torpedos und Minen, Sprengbüchsen u. dgl., sämtlich ohne Sprengkapsel.	Starke, dichte, sicher verschließbare Holzkisten. Fest verpackt. Torpedogefechtsköpfe und Seeminenladungen, auch in Stahlhülle oder Packgefäßen der Heeres-(Marine-)verwaltung. Kisten über 25 kg mit Handhaben.			Brisante Sprengladung, I b, Munition.	
I b 8	Leucht- und Signalmittel wie Leuchtpatronen, M.-Patronen, Signal-Patronen, R.-Patronen, Granatsignale, hochsteigende Granatsignale, gefüllte Lichtspurhülsen für Heer, Marine und Rettungswesen.	Haltbare, dichte, mit Ölpapier ausgelegte Holzkisten. Fest verpackt. Kistenwände mindestens 18 mm stark, verzinkt, Deckel und Boden verschraubt, Handhaben.	Fabrikverpackung.	100 kg Rohgewicht	Leuchtmittel oder Signalmittel, I b, Munition	Der Treib- oder Leuchtsatz muß so stark verdichtet sein, daß die Gegenstände beim Abbrennen nicht mehr explodieren.
I b 9	Signalfeuerwerk a) Kanonenschläge u. dgl. für Heer, Marine und Rettungswesen. b) Handleuchtzeichen. c) Zielfeuer. d) Blitzpatronen	zu a)—d) Haltbare Holzbehälter, Ausstreuen auszuschließen. Fest verpackt. Keine eisernen Bänder, Nägel, Schrauben. Auch amerikanische Pappefässer.	Fabrikverpackung	100 kg Rohgewicht	zu a)—d) Signalfeuerwerk I b, Munition.	
	e) Knallkapseln (Petarden), Knallhaltsignale für Eisenbahn.	zu e) Dicht schließende Kisten (mind. 22 mm Wandstärke), gespundet, verzinkt oder verschraubt. Diese in dicht schließende Überkisten von höchstens 0,96 cbm Fassung. Alles fest verpackt.			zu e) Signalfeuerwerk (Knallkapseln für Haltesignale) I b, Munition.	

Klasse Gruppe Ziffer	Zur Beförderung mit Seeschiffen sind bedingungsweise zugelassen	Verpackungsart		Höchstgewicht eines Stückes	Deutliche Aufschrift auf einzelnem Stück	Zulassungsbedingungen
		außen	innen			
I b 10	Rauchentwickler.	Haltbare Holzbehälter. fest verpackt.			Rauchentwickler, I b, Munition.	
I b 11	Nebelmittel wie Nebelbüchsen, Nebeltrommeln und Nebelapparate, Nebelbojen.	Fabrik- (Ursprungs-) Doppelverpackung.			Nebelmittel, I b, Munition.	

Ausnahmen wie unter Klasse I a.

Druckfehlerberichtigung.

Auf Seite 137 Zeile 20 von oben ist hinter „Prozentsatz" einzufügen: *„gesättigt ist"*.

Auf Seite 140 Zeile 3 von unten muß es in der zweiten Spalte statt „Schi . . sbewegung" heißen: *„Schiffsbewegung"*.

Auf Seite 141 Zeile 6 von unten muß es statt „fälliger" heißen: *„auffälliger"*.

FSC
www.fsc.org
MIX
Papier | Fördert
gute Waldnutzung
FSC® C083411

Kolibri 360 GmbH
Ferdinand-Jühlke-Straße 7
99095 Erfurt, Deutschland
produktsicherheit@kolibri360.de